Andreas Roser

Einführung in die Ethik

Einführung in die Ethik
Skriptum zur Vorlesung

Andreas Roser

Sokrates, Platon, Aristoteles, die Stoa,
Epikur, Machiavelli, Rousseau, Kant, Hegel,
der Utilitarismus, Wittgenstein, Jonas, Habermas

Bibliografische Information der Deutschen Nationalbibliothek: Die Deutsche Nationalbibliothek verzeichnet diese Publikation in der Deutschen Nationalbibliografie; detaillierte bibliografische Daten sind im Internet über http://dnb.dnb.de abrufbar.

Verlag: BoD · Books on Demand GmbH, In de Tarpen 42, 22848 Norderstedt

Druck: Libri Plureos GmbH, Friedensallee 273, 22763 Hamburg
ISBN: 978-3-7693-1519-6

Inhaltsverzeichnis

V

Philosophie als Wissenschaft

Philosophie ist eine Wissenschaft und ihre ältesten uns bekannten Dokumente im europäischen Kulturraum entstanden ungefähr 500 Jahre v. Chr. Philosophie, die „Liebe zur Weisheit" (φιλοσοφία / philosophía), war bereits in ihren archaischen Anfängen eine Suche nach Antworten auf grundlegende Fragen. Zwar sind etliche jener Textfragmente, die uns aus der Zeit der sogenannten *vorsokratischen Philosophie* erhalten geblieben sind, in einer Sprache und Form verfasst, die heute nicht mehr geeignet zu sein scheint, diese Texte mit wissenschaftlichem Denken in Verbindung zu bringen. Dennoch begegnet uns in diesen Fragmenten erstmals ein Denken, das die Entwicklung der Wissenschaften, vor allem aber die Entwicklung der Ethik, maßgeblich beeinflusst hat. Philosophieren ist in der griechischen Antike – wie auch heute noch – im Wesentlichen ein Nachdenken über das, was vor aller Augen liegt. Auch wenn wir heute unter „Weisheit" eher ein Denken verstehen, das aus der Reflexion subjektiver Erfahrungen entstehen mag, so ist doch dieses Nachdenken über unsere *Lebenswelt* immer auch ein Nachdenken über unsere Natur und über die Natur, die uns umgibt. Auch archaische Reflexionen über die Natur der Dinge waren Formen wissenschaftlichen Denkens; und was zur Zeit der griechischen Antike als „Liebe zur Weisheit" galt, war zumindest in der griechisch-römischen Philosophie eine Einübung in wissenschaftliches Denken überhaupt. In dieser Tradition steht die Philosophie bis heute. Sie ist keine Sammlung von Lehrschriften. Ihre Texte dokumentieren vielmehr ihre wissenschaftliche Entwicklung und die Dynamik ihrer Theorien. Philosophie ist - in ihren frühen Entwicklungsstadien - der erkennbare Versuch, volksmythologische Überzeugungen und religiöse Lehrschriften durch frühe Formen wissenschaftlichen Denkens zu ersetzen.

Unsere heutige Einteilung der Wissenschaften war der Antike noch weitgehend unbekannt und wäre den Menschen jener Zeit unverständlich erschienen. Obwohl bereits mit Aristoteles eine Systematisierung der Wissenschaften einsetzte, galt die Philosophie dieser Zeit noch als „Universalwissenschaft" und - bis weit in die Neuzeit hinein - als transdisziplinäre Wissenschaft, in der beispielsweise auch Fragen der Astronomie, der Musik, der Rhetorik oder der Arithmetik behandelt wurden. Zugleich zeigen uns diese frühen Anfänge der Wissenschaft, erstmals in der Wissenschaftsgeschichte, dass die argumentative Kraft philosophischer Gedanken aus rationalen Motiven abzuleiten war, unabhängig von den religiös-mythologischen Konventionen der Zeit, aber auch weitgehend unabhängig von den jeweiligen regionalen machtpolitischen Konstellationen griechischer Stadt-Staaten.

Anders gesagt: Die europäische Geschichte der Philosophie ist die Geschichte einer ursprünglich als Universalwissenschaft gedachten Philosophie, die sich im Laufe der Jahrhunderte in eine stets größer werdende Anzahl von Einzelwissenschaften ausdifferenzierte. Einzelwissenschaften, die sich ihrerseits aus ihrem ursprünglichen Entstehungskontext zu lösen begannen.

Die Geschichte dieser Wissenschaft beginnt zwar nicht erst mit Sokrates, aber zweifellos beginnt mit Sokrates die Ethik als wissenschaftliche Disziplin, die vor dieser Zeit und als ein spezifisch wissenschaftliches Denken in der Philosophie der Antike noch kaum nachweisbar ist.

Die griechische Philosophie unterscheidet sich in ihrer wissenschaftlichen Ethik deutlich von reinen Weisheitslehren, wie wir sie etwa zeitgleich in Asien bei *Konfuzius* (551 - 479 v.Chr.) oder im indischen Buddhismus finden. Weisheitslehren finden wir im Mittelmeerraum erst in der Spätantike, an den Schnittstellen der griechisch-römischen und christlichen Strömungen der Philosophie[1]. In ihren Anfängen begegnen uns nahezu ausschließlich Formen des Denkens, die weniger an Fragen einer gelingenden Lebensführung als vielmehr an naturphilosophische Probleme erinnern[2]. Was hält die Welt zusammen? Wasser, Feuer oder Luft? Sind es atomare Teilchen, geometrische Urformen oder sind es vielmehr deren Ideen, denen wir verdanken, dass überhaupt etwas existiert? Was bedeutet es, dass etwas *ist*, anderes aber nicht? Diese und verwandte - ebenso archaische wie zeitlose - Fragen nach der Natur der Dinge verhalfen der Philosophie der Antike aus dem Bannkreis ausschließlich mythologischer Weltbeschreibungen und Schöpfungsmythen herauszutreten und ein vernunftgeleitetes Denken zu entwickeln. Hier – wenn überhaupt irgendwo – sind die Anfänge des verschriftlichten wissenschaftlichen Denkens im europäischen Kulturraum zu finden und damit auch die Anfänge der Ethik als einer philosophischen Wissenschaft.

---

1   Etwa bei den Philosophen *Seneca* (1-65 n. Chr.), *Marc Aurel* (121-180 n.Chr.) oder *Boethius* (480-524 n. Chr.).

2   Beispielsweise bei Thales von Milet (624-545 v.Chr) , Anaximander (610-547 v.Chr.), Anaximenes (585-525 v.Chr.), Parmenides aus Elea (520-460 v. Chr.), Empedokles (495-435 v.Chr.), Demokrit (460-370 v. Chr.).

Anfänge ethischer Theoriebildung

In dieser frühen Epoche Europas, in einer Zeit der Suche nach den Grundlagen unseres Wissens, war es naheliegend, nichts weiter vorauszusetzen oder im Denken zu fordern als das, was entweder vor den Augen aller lag oder im Nachdenken über Probleme ein für alle naheliegender Gedanke war. „Vor aller Augen" lagen aber nicht nur die erwähnten „Urelemente": Feuer, Erde, Wasser und Luft[3]; vor aller Augen lag auch das gesellschaftliche Leben auf den Plätzen, Märkten und in den öffentlichen Versammlungen und Beratungen jener, die sich aktiv an der Gestaltung des Lebens in den griechischen Stadt-Staaten beteiligten. Griechenland, war der Ort, an dem man sich intensiv mit der Frage beschäftigte, wie in Gemeinschaften zu handeln sei, deren Mitglieder nach einem guten Leben streben. Die Lehre von dem, was in der Gemeinschaft und für die Gemeinschaft zu tun ist, war von Anfang an mit einem methodischen Denken verbunden, das wir heute für jede Wissenschaft als selbstverständlich voraussetzen. Auch wenn in den überlieferten Texten Probleme und Fragen des richtigen Handelns durchaus kontrovers diskutiert wurden, finden wir in diesen Diskussionen die methodischen Elemente früher Formen wissenschaftlichen Denkens, nämlich rationale, überprüfbare und erweiterbare Argumentationen. Die Werkzeuge der Philosophie waren damals wie heute begrifflicher Natur. Die Frage, warum Menschen untereinander bestimmte

---

3   Die Tätigkeit der Seele wird seit der Antike als etwas der Luft Verwandtes gedacht, weil Wind und Seele gleichermaßen durch die Natur gelenkt werden können.

4

Verhaltensweisen bevorzugen und andere ablehnen, wurde in diesen frühen Ethikdiskussionen mit Hilfe von Argumenten entschieden und nicht durch Berufung auf vermeintliche oder tatsächliche Autoritäten, nicht durch Berufung auf religiöse Offenbarungen oder unreflektierte Konventionen.

Beschreibende und normative Ethik

Der natürliche Ausgangspunkt der Ethik ist die teilnehmende Beobachtung des Lebens der Mitmenschen und die Beschreibung ihres Umgangs miteinander. Manchem mag diese Form der deskriptiven Ethik naiv erscheinen, aber es gab - zur Zeit der griechischen Antike - keine vernünftige Alternative zu dieser Methode, nämlich mit dem Offensichtlichen zu beginnen. Wer nicht weiß, was um ihn herum geschieht, kann auch nicht vernünftig darüber nachdenken, was um ihn herum geschehen soll. Jede Ethik ist daher - systematisch gesehen - deskriptiv und normativ zugleich. Am Anfang muss immer die Beschreibung des gelebten Lebens der Menschen stehen. Darauf weist schon der Philosoph Protagoras (490-411 v. Chr.) hin. Von ihm stammt der berühmte Ausspruch, der Mensch sei das Maß aller Dinge. Protagoras wurde vorgeworfen, es sei „vermessen", dies zu behaupten, denn das Maß aller Dinge sei die Gottheit und nicht irgendein Mensch. Dabei hat Protagoras auf ganz unspektakuläre Weise eine alte Wahrheit ausgesprochen: Menschen setzen Maßstäbe, wenn sie Dinge messen. So gesehen ist jeder, der ein Maß benutzt, mit seinem Maß auch das Maß der Dinge, die er misst. Der Mensch ist ein Maßnehmer; und so gesehen ist er zweifellos nicht nur ein Maßnehmer, sondern er legt auch die

Maßeinheiten fest und bestimmt die Methode des Messens. Als man sich Ende des 19. Jahrhunderts auf die sogenannte Meterkonvention einigte und mit Hilfe eines Urmeters definierte, was unter der physikalischen Längeneinheit des Meterstabes zu verstehen ist, wurde es erstmals auch möglich, mit Hilfe dieses Urmeters die metrische Länge eines Gegenstandes zu messen. Es liegt in der Anwendungsform eines Maßstabs, dass er sowohl normierend als auch beschreibend verwendet werden kann. Diese Doppelfunktion unserer Maßstäbe finden wir auch in der Ethik. Auch ethische Maßstäbe werden sowohl normativ als auch deskriptiv verwendet.

Überhaupt führt uns die Metapher des Maßes und des Maßnehmens ins Zentrum der Ethik, denn diese liefert uns sittliche Maßstäbe, sowohl in der Beschreibung als auch in der Bewertung menschlicher Handlungen. Ethik ist, insbesondere in ihren Anfängen, immer auch deskriptive Ethik, denn sie sagt uns *wie* die Menschen leben, welchen Sitten und Gepflogenheiten sie folgen[4]. Auch heute noch wird jeder Soziologe oder Ethnologe, der die Gelegenheit hat, z.B. die Lebensformen indigener Gemeinschaften zu erforschen, deren Verhaltensweisen beschreiben, um darin nach Regeln zu suchen. Ethik (ἔθος) bedeutet - in der ursprünglichen Verwendung dieses Begriffs: die Sitten und Gebräuche im Zusammenleben der Menschen an einem Ort, zu einer

---

4   Die Frage, wie ein Maßstab beschaffen sein muss, um unser Verhalten zu vermessen, ist z.B. in Platons Dialog „Philebos" ein Diskussionsthema.

bestimmten Zeit und in einem überschaubaren Personenkreis zu beschreiben und in Regeln zu fassen.

Der Handlungsmaßstab

Der Übergang von der Beschreibung einer Handlung zu ihrer moralischen Bewertung vollzieht sich auf ganz natürliche und gleichsam intuitive Weise. Wenn wir uns die Beschreibung einer Handlung als einen Maßstab vorstellen, den wir auch an die Beschreibungen anderer Handlungen anlegen können, wird deutlicher, wie sich die Beschreibungen ergänzen. Die Beschreibung konventioneller Handlungen liefert uns in den von uns beschriebenen Handlungskonventionen die Maßstäbe, mit deren Hilfe wir klären können, ob jemand konventionsgemäß richtig handelt oder in seinem Handeln von einer Konvention abweicht.

Nur in einer hinreichend friedlichen und am Gemeinwohl interessierten Gesellschaft ist es den Menschen möglich, sowohl das für sie individuell Gute als auch das für andere Menschen Gute anzustreben. Bei diesem Streben sind aber alle Mitglieder einer Gemeinschaft darauf angewiesen, die genannten Maßstäbe zur Beschreibung und Bewertung dessen zu finden, was in ihrer Gemeinschaft als gut erkannt und angesehen wird. Offenbar reicht es nicht aus, wenn sich jeder nur auf das von ihm angestrebte Handlungsziel bezieht, denn das individuell für gut Befundene kann auch Konflikte zwischen den Mitgliedern einer Gemeinschaft auslösen. Gesucht wird also ein geeigneter und allgemein anwendbarer Maßstab, mit dessen Hilfe das Leben in einer Gemeinschaft, typischerweise das Leben in einem antiken griechischen Stadtstaat, gemessen werden kann. Spätestens hier kommt

das ins Spiel, was uns als Begriff der „Proportionalität"
vertraut ist[5].

Auf den großen Plätzen der antiken Städte, insbesondere auf
den Marktplätzen, war allen Marktteilnehmern bekannt,
welche Waren zu welchen Preisen angeboten wurden. Was
unter den zu erwartenden Preisen konkret zu verstehen war,
wurde zwar von Fall zu Fall ausgehandelt, hatte aber in der
Regel keinen beliebigen Spielraum, sondern war Teil der zu
erwartenden Marktkonventionen. Märkte sind vielleicht die
am leichtesten zu veranschaulichenden Beispiele dafür, was
mit dem Maßstab der „Verhältnismäßigkeit" menschlichen
Handelns gemeint ist. Märkte zeigen uns, wie allgemeine
Handlungsmaßstäbe auf alltägliche Weise entstehen und
beispielsweise das ökonomische Verhalten der
Marktteilnehmer/innen bestimmen. Wäre es anders, wüssten
die Bürger/innen also nicht, ob eine Ware günstig ist oder ob
ein genannter Warenpreis unverhältnismäßig hoch ist, dann
hätten Begriffe wie „günstig", „angemessen" oder „teuer"
keine erkennbare Bedeutung. Das erwartete Waren-Preis-
Verhältnis bestimmt auch die zu erwartenden Kauf- und
Verkaufsgespräche. Was unter moralischem Verhalten auf
Marktplätzen zu verstehen ist, wird niemanden überraschen,
der Märkte beobachtet. Märkte sind Beispiele für das
Verhältnis von Beschreibungen und Normierungen
menschlichen Handelns. Proportionalitätsverhältnisse in der
Funktion von Handlungsmaßstäben finden wir auch
anderswo. Wer nach Handlungsmaßstäben sucht, braucht

---

5   Wir werden dieses Konzept einer Ethik des „angemessenen
     Verhaltens" im Kontext der aristotelischen Philosophie an
     anderer Stelle näher betrachten.

sich nur umzuschauen. Die Geometrie von Straßen, die Architektur einer Stadt, die Ausführung kultischer Bauten oder auch nur die Bewegungsmuster der Menschen an diesen Orten bilden gleichsam begehbare Maßstäbe gesellschaftlicher Konventionen.

Konventionen des Handelns

Viele der überlieferten Texte zu den Anfängen der Ethik sind nur durch Zufall erhalten geblieben. Glücksfälle der Geschichte. Dass ausgerechnet der Philosoph und Ethiker, von dem die wichtigsten Impulse für die antike Philosophie und ihr ethisches Denken ausgingen, einen Schüler fand, der die Gespräche seines Lehrers aufzeichnete, war ein solcher Glücksfall. Dass dieser Schüler seinerseits einer der bedeutendsten Philosophen der Antike war, ermöglicht uns heute tiefe Einblicke in diese uns oft rätselhaft erscheinenden Anfänge der Philosophie als Wissenschaft.

Es war Sokrates, von dem noch die Rede sein wird, dessen philosophische Gespräche, die sogenannten „Sokratischen Dialoge", den Beginn einer Systematisierung der Ethik markierten. Sokratische Gespräche beginnen mit der Erörterung einer bestimmten Frage, die sich auf eine den Gesprächsteilnehmern bekannte Situation bezieht. In diesem Fall genügt es, diejenigen zu befragen, die als Mitglieder einer Konventionsgemeinschaft entscheiden können, ob eine gesetzte Handlung einer Konvention entspricht. Wie es sich im Einzelfall verhält und ob dieser Einzelfall beispielhaft für allgemeine Verhaltensnormen ist, kann in Gesprächen geklärt werden, die zur systematischen Lösung eines Problems oder einer gestellten Aufgabe beitragen. Wenn Mitglieder einer

Konventionsgemeinschaft gefragt werden, ob eine ihrer Meinung nach bestehende Handlungskonvention auch als Handlungsnorm gelten kann, dann müssen Meinungen ausgetauscht, geprüft, angenommen oder verworfen werden. Im Sokratischen Dialog finden wir verschiedene Formen solcher Gespräche, an denen in der Regel ein Fragender, ein Befragter und ein oder zwei Zeugen teilnehmen[6]. Diese klären gemeinsam, ob und wie ein Handlungsmaßstab anzulegen ist oder ob ein angelegter Maßstab möglicherweise nicht geeignet ist, mit seiner Hilfe ein Handlungsgeschehen zu beschreiben.

Die Beschreibung einer Konvention ist - wie bereits erwähnt - immer auch geeignet, die Funktion einer normativen Bewertung des Handlungsgeschehens zu übernehmen. Mit dieser methodischen und dialogischen Transformation einer Handlungsbeschreibung in eine Handlungsnorm beginnt das, was wir heute „Ethik" nennen. Ein kleiner Schritt für die Philosophie, aber ein großer methodischer Sprung für die Entwicklung der Ethik als Wissenschaft. Ein Schritt, der nicht möglich gewesen wäre, wenn man nicht erkannt hätte, dass gesellschaftliche Formen der Handlungsbeschreibung in der Regel nicht „wertfrei" sind, weil Beschreibungen die Konventionen widerspiegeln, denen sie sich verdanken.

---

6   Diese Konstellation entspricht nicht nur dem szenischen Aufbau der sokratisch-platonischen Dialoge, sondern auch dem der griechischen Tragödie oder Komödie.

Gutes und Güter

Jahrhunderts ist der Begriff des „Guten" aus mehreren
Gründen begriffsgeschichtlich belastet. Nicht nur erscheint er
uns heute teils zu abstrakt, teils zu verstaubt, um komplexe
Verhaltensweisen in einer modernen Gesellschaft zu
beschreiben. Es ist für uns auch fraglich geworden, ob dieser
Begriff in seiner unübersehbar vielfältigen, kulturell und
religiös geprägten Geschichte überhaupt nicht-relativistisch
verwendet werden kann. „Das Gute" scheint vor allem mit
religiösen oder religionsphilosophischen Bedeutungen
gleichsam überfrachtet zu sein. „Ethik" - so scheint es - ist
vielfach zu einer Frage der Lebenskunst oder der subjektiven
Geschmacksästhetik geworden, weil die Menschen zu
verschiedenen Zeiten und an verschiedenen Orten
unterschiedliche Vorstellungen vom „Guten" hatten.
Das Problem einer wissenschaftlichen Ethik ist nicht, dass sie
sich entwickelt und dass die heutigen ethischen Theorien
nicht mit denen früherer Jahrhunderte übereinstimmen. Es ist
auch kein Problem der Naturwissenschaften, dass die
Positionen der vorsokratischen Naturphilosophen heute nicht
mehr in den Lehrbüchern der Physik zu finden sind.
Wissenschaften entwickeln sich, und auch der Ethik als
Wissenschaft sollten Entwicklungsoptionen zugestanden
werden. Neben vielfältigen Unterschieden - zwischen antiken
Formen der Ethik einerseits und der Ethik des 21.
Jahrhunderts andererseits - finden wir auch weitreichende
Gemeinsamkeiten ethischer Konzepte. „Gut" nennen wir zum
Beispiel etwas, das uns vertraut ist. Etwas, das uns umgibt
oder mit dem wir uns umgeben, weil wir es brauchen, weil es
uns - auf welchen Wegen und Umwegen auch immer - „gut

tut". Etwas galt und gilt auch heute noch als „gut", wenn es den Menschen auf unverstellte Weise gut tut. „Gut" für uns sind z.B. die in ihrer Alltäglichkeit ebenso vertrauten wie unauffälligen Dinge, die uns durch den Tag begleiten, seien es Nahrungsmittel, Werkzeuge oder andere Handelsgüter.

Die Einsicht, dass etwas Vertrautes und Unauffälliges für uns etwas Gutes sein kann, zeigt sich in unserem Wortschatz: Wir sprechen z.B. von „Gütern" und nennen etwas „gut", weil wir diese Güter zum Überleben brauchen. Wasser zum Beispiel ist für uns Menschen ein ebenso natürliches wie kostbares Gut. Viele sprachliche Wendungen erinnern uns an diese alltäglichen Bedeutungen dessen, was wir „gut" nennen. Etwas „tut uns gut", wurde als „Gut" erworben oder wird als „bewegliches Gut" gehandelt. Wenn jemand etwas gut kann, sagen wir zum Beispiel, dass er „seine Sache gut macht". Wer ein Musikinstrument baut, hat seine Sache gut gemacht, wenn das Instrument den künstlerischen Ansprüchen seiner Kunden genügt. Wer Schiffe baut, hat seine Sache gut gemacht, wenn das Schiff den Erwartungen seiner Auftraggeber entspricht. Würde es sofort im Hafen versinken, wäre wohl niemand bereit zu sagen, dass hier etwas besonders „gut gelungen" ist.

Wir sprechen immer von beweglichen oder unbeweglichen Gütern. Wenn jemand ein landwirtschaftliches Gut besitzt, dann besitzt er etwas, das für ihn etwas Gutes ist. Menschen kommunizieren also nicht nur mit Worten, sondern auch mit Gütern, und dieser wechselseitige Austausch von Worten und Gütern dürfte vor 2400 Jahren nicht viel anders ausgesehen haben als heute auf einem Marktplatz.

„Gut" kann also etwas in vielerlei Hinsicht bedeuten. Die Menschen in einer Gemeinschaft streben auf unterschiedliche

Weise nach dem Guten, aber sie sind sich darin einig, dass es etwas ist, wonach alle anderen Mitglieder der Gemeinschaft auch streben, wenn auch oft auf unterschiedliche Weise. Offenbar leben Menschen in Gemeinschaften, deren Mitglieder nach dem für sie Guten streben, um ein Leben zu führen, das auch unter harten Lebensbedingungen und bei relativ geringer Lebenserwartung noch als ein gutes Leben gelten kann. Niemand kann aber das Gute erlangen, wenn andere Menschen es ihm vorenthalten. Das Gute ist also von Anfang an etwas, das seine Anerkennung fordert und voraussetzt, um als ein für alle Menschen Gutes erkannt und anerkannt zu werden.

In diesem Zusammenhang ist auf ein mögliches Missverständnis hinzuweisen: Die Rede vom Guten in Form von Gütern könnte dazu verleiten, das Gute als Folge des gemeinsamen Handelns mit Gütern zu beschreiben. Ethik" wäre dann eine Teildisziplin der Ökonomie. Die Suche nach dem Guten funktioniert aber anders als die Suche nach etwas, das einem Marktteilnehmer nützt, aber anderen schadet. Kein Händler auf einem Marktplatz kann sich wünschen, dass andere Händler die gleichen Produkte zu den gleichen Preisen und Bedingungen anbieten. Kein Händler wird sich wünschen, dass alle anderen Händler es ihm gleichtun, denn dann würde er als Marktteilnehmer jeglichen Wettbewerbsvorteil verlieren. Anders verhält es sich mit dem Streben nach dem, was für alle gut ist: Wer ethische Handlungsnormen mit anderen teilt, verbessert die Handlungsbedingungen aller Akteure. Würde dagegen ein Unternehmer seine Wettbewerbsvorteile und sein Alleinstellungswissen mit allen Konkurrenten teilen, könnte er nur verlieren. In der Ethik hingegen gilt das Handlungsprinzip "Gewinne durch Teilen! Das Gute für alle mag also auch auf den Marktplätzen der Antike gefunden worden sein, denn auch dort suchten die Philosophen ihre Gesprächspartner, aber dieses immaterielle Gut kann nicht auf Kosten anderer gehandelt, verkauft, besessen oder ausgespielt werden. Das Gute, das die Philosophen auf den Marktplätzen griechischer oder römischer Städte im Gespräch mit den Bürgern suchten, war nicht etwas, das man sich - auf Kosten anderer - hätte aneignen können. Gut ist nur, was nicht auf Kosten anderer instrumentalisiert wird.

Aber warum sollten wir etwas suchen wollen, von dem wir annehmen müssen, dass wir es nicht zu unserem persönlichen Vorteil nutzen können? Wie auch immer diese Frage zu beantworten ist, sie setzt voraus, dass eine Antwort nur im Dialog gefunden werden kann. Wir müssen Argumente und Gegenargumente erwägen und prüfen, um Antworten auf die Fragen zu finden, die sich uns stellen. Die Frage nach dem Guten kann nur im Dialog beantwortet werden. Die Suche nach dem Guten ist bereits ein erstes Gutes, denn das, worüber wir sprechen, muss allen Gesprächspartnern gemeinsam sein, sonst wüssten sie nicht, wovon die Rede ist. Die Suche nach dem für alle Gesprächspartner Guten beginnt also damit, über dieses Gute zu sprechen.

Sokrates war wohl der erste unter den Philosophen der Antike, der klar erkannte, dass die Suche nach dem Guten, was immer das im Einzelfall sein mag, damit beginnen muss, dass man gemeinsam darüber spricht. Im philosophischen Gespräch begeben sich Menschen auf die Suche nach etwas, das ihre gemeinsame Anerkennung als etwas für alle Vernünftiges finden kann, und diese Suche wäre sinnlos, wenn ein vernünftiges Gespräch darüber nicht möglich wäre. Wir suchen etwas, weil wir wissen, was wir suchen. Die Suche nach dem Guten ist also keine voraussetzungslose Suche. Das sokratische Gespräch selbst ist dieser erste Maßstab des Guten, denn in ihm wird das Gute für alle verhandelt, ausgetauscht und erinnert.

Das Sokratische Gespräch

Die antiken Philosophen entdeckten schon früh, dass öffentliche Plätze besonders geeignet sind, um mit Menschen ins Gespräch zu kommen. In zahlreichen überlieferten Anekdoten und Berichten wird deutlich, wie Philosophen Marktplätze nutzten, um mit ihren Zeitgenossen ins philosophische Gespräch zu kommen.

So berichtet der Philosophiehistoriker Diogenes Laertius (3. Jh. n. Chr.) von einem gewissen Diogenes von Sinope (400-323 v. Chr.), der bei strahlendem Sonnenschein mit einer Laterne über den Marktplatz von Athen ging. Auf die Frage, warum er dies tue, soll er geantwortet haben: "Ich suche einen Menschen! Diogenes hatte bereits verinnerlicht, was vor ihm Sokrates (469-399 v. Chr.) gelehrt hatte: Maßstäbe für das Gute lassen sich nur im gemeinsamen und ganz persönlichen Gespräch finden. So zeitgemäß uns diese Einsicht heute erscheinen mag, so ungewöhnlich und befremdlich muss sie vor 2500 Jahren geklungen haben, denn wenn das Gute etwas Göttliches, das Göttliche aber etwas Ewiges und Unveränderliches wäre, wie könnte es dann in flüchtigen Gesprächen gefunden werden? Wie könnte man von einem unveränderlichen Guten sprechen, wenn das, worüber man spricht, sich verändert, geprüft und bewertet, angenommen oder verworfen wird? Wenn das Gute etwas ist, das im gemeinsamen Gespräch entstehen kann, dann - so scheint es - wäre es etwas Veränderliches. So veränderlich und flüchtig wie die Gespräche selbst, aus denen es - angeblich - hervorgeht. Wie aber kann ein Handlungsmaßstab immer wieder neu verhandelbar werden, ohne seine Funktion als Maßstab zu verlieren?

Wendet man den Blick von den vielfältig verhandelten Inhalten ab und betrachtet nicht mehr diese, sondern die Bedingungen, unter denen Gespräche geführt werden, so erkennt man bestimmte Voraussetzungen unserer wechselseitigen Verständigung.

Obwohl zum Beispiel über den Preis der angebotenen Waren gestritten werden kann, obwohl Klatsch und Tratsch auf Marktplätzen die Regel sind und obwohl das Niveau der Gespräche sicher nicht an eine philosophische Akademie erinnert, verlassen Käufer und Verkäufer in der Regel den Ort in der Gewissheit, ein gutes Geschäft gemacht zu haben. Hätten sie sich auf diesen Märkten nicht an die ritualisierten Verhandlungsregeln gehalten, wäre es wohl kaum zu einem guten Geschäft gekommen. Die Idee, dass sich ein gemeinsames Gutes für alle Marktteilnehmer finden lässt, ist also keine Spinnerei antiker Philosophen, denn dieses gemeinsame Gute ist auch in den Bedingungen gelingender Verständigung zu suchen. Das sokratische Gespräch ist der Versuch, diese Suche nach dem Guten - unter Anleitung eines erfahrenen Gesprächsleiters - auch jenseits aller Marktplätze in Gang zu setzen.

Wenn wir uns auf diese Weise der Frage nähern, wie Ethik in der griechischen Antike entstanden ist, dann bieten uns die erwähnten sokratischen Gespräche, die von Platon (428-348

v. Chr.), einem Schüler des Sokrates, aufgezeichnet oder
teilweise aus dem Gedächtnis rekonstruiert wurden,
anschauliche Beispiele. (→ Sokrates / Platon)
Die Praxis der gemeinsamen Arbeit an einer Frage war in den
sokratisch-platonischen Dialogen eng mit allgemeinen
theoretischen Überlegungen und Argumenten verbunden.
Philosophie wurde aber nicht nur betrieben, um
theoretisches Wissen zu vermitteln. Auch das praktische
Handeln war Gegenstand der Erörterungen und Diskussionen.
Beides war zu bedenken: Theorie und Praxis des Handelns.

Theorie und Praxis der Ethik

Das Sprichwort „Das mag in der Theorie richtig sein, taugt
aber nicht für die Praxis" verweist auf das bekannte Problem
der Trennung zwischen Philosophen, die im Rahmen ihrer
Grundlagenforschung über ein Problem nachdenken, und
jenen Praktikern, die bereits gewonnene Erkenntnisse
anwenden. Eine Trennung zwischen „Theorie" und „Praxis" ist
jedoch in vielen Fällen weder sinnvoll noch zweckmäßig.
Letzteres lässt sich leichter erkennen, wenn man elementare
Formen sprachlicher Kommunikation betrachtet. Wenn eine
sprachliche Äußerung mit ihrem Vollzug verbunden ist, kann
niemand ein Versprechen nur „theoretisch" abgeben.
Aussagen wie „Hiermit verspreche ich dir, dass..." erlauben
keine Trennung von Theorie und Praxis des Sprachgebrauchs.
Dies mag unter anderem ein Grund dafür gewesen sein, dass
vielen antiken Philosophen nur das gesprochene, nicht aber
das geschriebene Wort geeignet erschien, philosophische
Probleme zu erörtern. Das uns heute vertraute Lehrer-
Schüler-Verhältnis verzerrt diesen Sprachgebrauch. So legte

Sokrates großen Wert darauf, nicht mit einem Lehrer verwechselt zu werden, der seinen Schülern theoretisches Wissen vermittelt, das diese lediglich zu akzeptieren haben. Sokratische Dialoge sind kein „Buchstabenwissen", sondern greifen in das Handeln selbst ein. Das Verhältnis von Lehren und Lernen wird austauschbar: Der Lehrende ist nicht weniger ein Lernender als der Lernende ein Lehrender ist. Ein Bildungsideal, das für viele Jahrhunderte in Vergessenheit geraten sollte.

Wenn wir heute über das Verhältnis von Theorie und Praxis sprechen, gehen wir davon aus, dass ein theoretisches oder praktisches Problem - so oder so - lösbar ist. Wenn die Theorie versagt, findet sich vielleicht in der Praxis eine Lösung. Umgekehrt, wenn keine praktische Anwendung gefunden werden kann, ist es immer noch möglich, dass ein Problem zumindest in der Theorie gelöst werden kann. Was wir aber in den erwähnten sokratischen Dialogen finden, ist gerade nicht ein Wechselspiel zwischen theoretischen und praktischen Lösungsansätzen für ein Problem. Wenn ein argumentativer Lösungsversuch eines ethischen Problems scheitert, dann scheitert er nicht nur in der Theorie. Wenn andererseits eine Handlungspraxis scheitert, dann sind theoriegeleitete Begründungen möglich, die dieses Scheitern erklären. Wenn ein praktisches Beispiel die Anwendung einer allgemeinen Theorie oder einer allgemeinen theoretischen Annahme ist, dann scheitert mit der Praxis auch eine theoretische Verallgemeinerung dessen, was im praktischen Anwendungsfall geschehen ist. Unter dieser Voraussetzung kann eine Situation nicht eintreten, nämlich dass etwas in der Praxis funktioniert, in der Theorie aber nicht. In der sokratischen Philosophie war die Praxis des gemeinsamen

Arbeitens an einer Frage so eng mit allgemeinen theoretischen Überlegungen und Argumenten verbunden, dass es unmöglich gewesen wäre, diese Gespräche gleichsam als Unterrichtseinheiten zur Vermittlung theoretischen Wissens zu beschreiben.

Und doch ist diese Trennung - bedingt durch Formen wissenschaftlicher Arbeitsteilung - auch heute noch üblich, auch wenn allenthalben zu hören ist, es sei an der Zeit, Theorie und Praxis zu versöhnen und die Wissenschaft aus ihren praxisfernen Elfenbeintürmen zu befreien.

Die Unterscheidung von Theorie[7] und Praxis geht im Wesentlichen auf Aristoteles zurück, bezieht sich dort aber auf Vermittlungsprozesse zwischen Lehrenden und Lernenden, also gerade nicht auf Gespräche unter Wissenschaftlern, die gemeinsam nach Antworten suchen, um eine Frage zu beantworten oder um ein gestelltes Problem zu lösen. In Lehrer-Schüler-Verhältnissen und bei vorausgesetztem Wissensgefälle haben wir es nicht länger mit der Einheit von Theorie und Praxis zu tun, wie sie uns noch in der Akademie Platons begegnet. Aristoteles vertritt das Prinzip der wissenschaftlichen Arbeitsteilung. Theorie und Praxis der Forschung repräsentieren diese Arbeitsteilung jedoch nur, solange beide unterschiedliche Ziele verfolgen. Weil es aber Aufgabe der Ethik ist, die für alle gemeinsamen Handlungsziele zu beschreiben, muss auch Aristoteles in seiner Ethik die Trennung von Theorie und Praxis wieder

---

7   „θεωρεῖν / theoreîn": „beobachten, betrachten, schauen" und „πρᾶγμα / prâgma: Tat, Handlung, Verrichtung.

zurücknehmen[8]. Traditionsbildend wurden in der Folge dennoch beide Ansätze: das sokratisch-platonische Modell der *Einheit von Theorie und Praxis* ebenso wie jenes der wissenschaftlichen Arbeitsteilung und das Auseinandertreten von Theorie und Praxis in der aristotelischen Philosophie. In den aktuellen wissenschaftstheoretischen und ethischen Debatten zeigt sich glücklicherweise deutlich die Tendenz, Theorie und Praxis nicht länger zu trennen und die Praxistauglichkeit einer Theorie nicht weniger zu fordern als die Theorietauglichkeit der Praxis.

Geschichte und System der Ethik

So verwirrend die Unterscheidung zwischen Theorie und Praxis in der Philosophie sein mag, noch verwirrender ist wahrscheinlich die Unterscheidung zwischen historischen und systematischen Aspekten der Philosophie. Woher kommt diese Verwirrung?
Jede Geschichte kann auf unterschiedliche Weise erzählt werden. Aber selten besteht eine Geschichte aus einer Abfolge von Ereignissen. Man könnte die Geschichte der Philosophie als eine chronologische Abfolge von Lehrmeinungen beschreiben. Aber das wäre eine sehr oberflächliche Erzählung. Diejenigen, die schon in der Antike die Aufgabe hatten, diese Geschichte aufzuzeichnen, konnten

---

8   Die „Nikomachische Ethik" des Aristoteles wurde nach seinem Sohn (Nikomachos) benannt, und deutet bereits im Titel die Verbindung Theorie und Praxis an, die jede Handlungstechnik voraussetze.

dieser Aufgabe nur gerecht werden, indem sie entweder die Fülle der zu vermittelnden Informationen einschränkten oder die Informationslücken durch subjektive Rekonstruktionen oder fiktionale Erzählungen zu füllen versuchten.

Wenn heute Zeitschriften oder Zeitungen ihre Zielgruppen bedienen und die Weitergabe von Informationen filtern, setzen sie damit eine Technik fort, die wir bereits in der Antike finden. Auch die Reporter oder Chronisten früherer Zeiten bedienten die Interessen ihrer Auftraggeber oder des Publikums. Was als wichtig genug erachtet wurde, um darüber zu berichten, hing damals wie heute von Faktoren ab, die sich zwar im Laufe der Zeit verändert haben, aber nie in einem sozusagen interessenfreien gesellschaftlichen Vakuum entstanden sind. Zum anderen ist die Frage, welche Texte überliefert werden, auch dem Zufall überlassen, denn zahllose unvorhersehbare Ereignisse spielen ebenfalls eine entscheidende Rolle bei der Textüberlieferung. Oft sind nur jene Texte überliefert, die nicht den Flammen oder anderen verheerenden Ereignissen zum Opfer gefallen sind. Schätzungen gehen davon aus, dass aus den Beständen antiker Bibliotheken heute vielleicht nur noch jeder tausendste Text erhalten ist. Der Gesamtbestand der heute bekannten antiken Texte (ca. 3000 Schriftrollen) könnte in jedem größeren Raum untergebracht werden. Manchmal kennen wir nur die Schriftenverzeichnisse und Berichte späterer Autoren, die uns eine gewisse Kenntnis der damaligen Literatur vermitteln. So berichtet der Philosophiehistoriker Diogenes Laertius (3. Jh. n. Chr.) von Texten, die bis heute unauffindbar sind oder nur in Fragmenten die Zeiten überdauert haben. Von zahllosen Texten der antiken Philosophiegeschichte sind nicht einmal die Titel überliefert. Dass es sie dennoch gegeben haben muss, lässt sich indirekt erschließen. Zum Beispiel aus dem Rauminhalt der Ruinen antiker Bibliotheken. Kurz: Es grenzt an ein Wunder, dass sich aus den Schriften überhaupt ein einigermaßen gesichertes Wissen über die Philosophie dieser Zeit rekonstruieren lässt. Die erhaltenen antiken Schriften zu Fragen der Ethik sind oft nur in Abschriften oder Übersetzungen aus zweiter Hand bekannt. Nicht wenige der auf oft abenteuerlichen Wegen überlieferten Werke griechischer Philosophen wirken heute auf den unbefangenen Leser so, als habe jemand mit Schere und Klebstoff aus Bruchstücken etwas zusammengesetzt, das zwar den Anschein eines in sich geschlossenen Textes erwecken mag, tatsächlich aber auf einer fragwürdigen Zusammenstellung überlieferter Fragmente beruht. Wenn es dennoch möglich ist, einen gewissen Konsens darüber zu finden, was die Philosophen dieser Epoche gelehrt haben, so verdanken wir diesen Konsens der philologischen und textvergleichenden Forschung.

Gelegentlich erinnert die Rekonstruktion dieser Texte an den Versuch, den Verlauf einer antiken Straße aus verstreuten Pflastersteinen zu rekonstruieren. Erstaunlicherweise gelingt dies oft, denn unter normalen Umständen berücksichtigt der Verlauf einer Straße die geographischen und geologischen Gegebenheiten einer Trasse. Überträgt man diese methodische Analogie auf die Rekonstruktion antiker Texte, so wird man auch hier in vielen Fällen die Textgestalt rekonstruieren können. Bedenkt man andererseits, dass zur Kenntnis der Entwicklung philosophischer Positionen und Theorien auch die Kenntnis der historischen Kontexte ihrer Entstehung gehört, so wird deutlich, dass trotz aller philologischen, komparatistischen oder archäologischen Leistungen und Errungenschaften ein erheblicher Teil des überlieferten Wissens in seiner überlieferten Form problematisch bleiben muss. Die Geschichte der Philosophie gleicht in gewisser Weise einem komplizierten Puzzle, dessen wenige überlieferte Teile Anlass zur Hoffnung geben, aus ihnen auf den Inhalt eines viel größeren Bildes schließen zu können. Ein beträchtlicher Teil der heute als gesichert geltenden Geschichte der antiken Philosophie beruht auf solchen Rekonstruktionsversuchen, philologischen Analysen, historischen Interpolationen, paläographischen Rekonstruktionen und anderen Methoden der Textrekonstruktion.

Dennoch ist die Frage, was unter „Philosophiegeschichte" zu verstehen ist, häufig mit Klischees verbunden. Zum einen ist die Vorstellung einer Philosophiegeschichte als Chronik von Ereignissen irreführend. Eine Geschichte so zu erzählen, dass in ihr eine kulturgeschichtliche Entwicklungslinie des Denkens sichtbar wird, kann niemals in einer inhaltsleeren Aneinanderreihung verstreuter Texte enden, so als seien Herkunft, Überlieferungs- und Rezeptionsgeschichte etwas fraglos Gegebenes. Zum anderen ist die Philosophiegeschichte bereits der erste Anwendungsfall philosophischer Theoriebildung, in dem sie sich zu bewähren hat. Die Suche nach Motiven und Gründen für die Überlieferung eines Textes schließt die Suche nach einer Theorie der Wissenschaftsentwicklung ein. Niemand wird behaupten können, ein Philosoph aus Athen habe diese oder jene Auffassung vertreten, wenn man nicht zugleich weiß, welche Auffassungen von Natur und Gesellschaft zu dieser Zeit und an diesem Ort üblich oder zu erwarten waren.

Andererseits setzt ein Vergleich der damals und heute verwendeten Begriffe natürlich auch voraus, dass man zumindest annähernd weiß, welche Wandlungen philosophische Begriffe im Laufe der Jahrhunderte durchlaufen haben. Erst wenn diese Fragen geklärt sind, macht eine systematische Darstellung der Begriffe Sinn. Kurz: Systematisch nennt man jene Form der Philosophie, die das Funktionieren eines Begriffs unter der methodischen Voraussetzung beschreibt, dass seine Verwendung zu allen Zeiten im Wesentlichen vergleichbar ist, weil - über alle Zeiten hinweg - ein und dasselbe Problem geblieben ist. Beispielsweise ist die Frage, unter welchen Bedingungen welche Handlungen ethisch geboten sind, eine zu allen Zeiten im Wesentlichen vergleichbare Frage, deren Antworten systematisch verglichen werden können. Mit anderen Worten: Systematische Philosophie setzt voraus, dass philosophische Begriffe und Theorien über die Jahrhunderte hinweg vergleichbare Probleme untersuchen konnten. Ein philosophisches Problem der Antike ist in gewisser Weise zeitlos, wenn wir heute noch an seiner Lösung arbeiten, auch wenn sich die wissenschaftlichen Arbeitsmethoden und Theorien natürlich ständig verändern und verbessern. Wenn eine Geschichte der Philosophie diese systematische Ebene der Vergleichbarkeit von Problemen erreicht, ist sie nicht länger eine Chronologie verstreuter Lehrmeinungen.

Ethik und Moral

Nicht weniger verwirrend als die begrifflichen Konsequenzen unserer Unterscheidung zwischen Theorie und Praxis oder zwischen Geschichte und System der Ethik ist die

Unterscheidung zwischen Ethik und Moral. Ethik im ursprünglichen Sinne bedeutet die Sitten und Gebräuche der Menschen an einem bestimmten Ort und zu einer bestimmten Zeit.

Als der römische Rechtsanwalt, Schriftsteller und Philosoph Marcus Tullius Cicero (106-43 v. Chr.) begann, griechische Texte ins Lateinische zu übersetzen, suchte, fand und erfand er lateinische Begriffe, sozusagen sprachliche Entsprechungen der griechischen philosophischen Fachterminologie für die lateinische Sprache. Aus dem altgriechischen „êthikê" wurde „philosophia moralis" und daraus das deutsche Lehnwort „Moral" bzw. „Moralphilosophie". Dennoch hält sich bis heute die Auffassung, Ethik und Moral seien unterschiedliche Disziplinen, weil die Moralphilosophie die Aufgabe habe, konkrete Handlungsnormen zu finden, während die Ethik die Aufgabe habe, den theoretischen Überbau der Moralphilosophie zu beschreiben.

Diese noch immer verbreitete Auffassung ist aus mehreren Gründen zurückzuweisen. Jeder Mensch ist, wenn er handelt, Mitglied einer Gemeinschaft. Wenn also derjenige, der denkt und plant, auch derjenige ist, der handelt und seine Pläne im Handeln umsetzt, dann ist jede Handlungspraxis das Ergebnis rationaler Überlegungen. Man könnte auch sagen, dass jede Handlung theoriegetränkt ist, weil es unmöglich ist, Mittel und Zweck einer Handlung zu bestimmen, ohne über ihr Verhältnis zueinander nachzudenken. Genau für diesen Fall wurde in der Antike der Begriff „Ethik" geprägt, denn moralisch handelt, wer als Individuum und in Übereinstimmung mit gesellschaftlich anerkannten Sitten handelt. Ein Athener handelte im Stadtstaat der Athener als Athener, sonst wäre er kein Athener. Wollte man einem

Athener sagen, er handele wie ein Spartaner, der sich nach Athen verirrt habe, so würde man ihn beleidigen.

Die bereits angedeutete Unmöglichkeit, Theorie und Praxis in einer Handlungskonvention zu trennen, wird vielleicht noch deutlicher, wenn wir diese Unterscheidung am Beispiel eines Gesellschaftsspiels erläutern. Niemand kann ein Gesellschaftsspiel nur in der Theorie spielen, denn jedes Beispiel, das die Theorie beschreibt, ist ein Beispiel für die Spielpraxis dieses Gesellschaftsspiels. In jedem Fall erklärt die Spielpraxis das Spiel nicht weniger als die Theorie, die dieses Spiel beschreibt. Wenn wir also zwischen „Ethik als Theorie" und „Moral als angewandter Ethik" unterscheiden müssen, dann können wir diesen Unterschied als einen Aspekt desselben moralischen Handelns beschreiben. Wir wären auch fiktiv nicht in der Lage, Beispiele für ein angeblich theoriefreies Handeln zu finden. Auch eine Moral setzt eine Handlungstheorie voraus, sonst wäre sie nur blindes aktionistisches Handeln. Soweit Fragen der Anwendung einer Ethik ins Spiel kommen, können wir von angewandter Ethik oder von Bereichsethiken sprechen, nicht aber davon, dass Moral für unreflektiertes Handeln steht und „Ethik" nur für praxisferne Theorie der Moral.

Bereichsethiken sind z.B. Sozialethik, Medizinethik, Umweltethik, Medienethik etc. Insofern sich Ethik und Moral auf das oben beschriebene Verhältnis von Theorie und Praxis beziehen, ist die Trennung dieser Begriffe (Ethik / Moral) in unserer Sprachpraxis zwar noch präsent, aber die Gründe, die gegen die Trennung von Theorie und Praxis sprechen, sind auch die Gründe, die gegen die Unterscheidung von Ethik und Moral sprechen.

Aufbau der Ethik

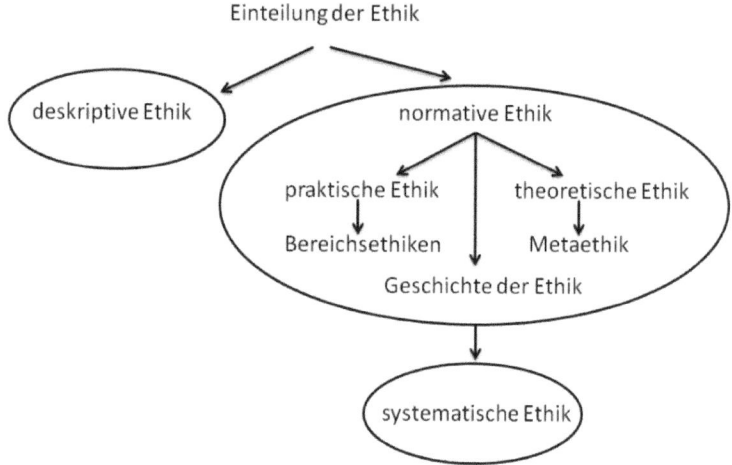

Auf der Grundlage der bisher beschriebenen begrifflichen Differenzierungen lässt sich die Ethik - grob gesprochen - wie folgt gliedern:

Die deskriptive Ethik beschreibt das Verhalten von Menschen, bewertet es aber nicht. Die normative Ethik hingegen formuliert ethische Imperative, entweder auf der Grundlage allgemein gültiger Regeln oder auf der Grundlage der Anwendung einer Theorie anhand von Beispielen. Deskriptive Ethik, die sich der normativen Bewertung menschlichen Handelns enthält, ist die Voraussetzung jeder normativen Ethik, denn niemand kann sagen, was in einer

Situation zu tun ist, wenn er nicht in der Lage ist, diese Situation adäquat zu beschreiben. Ob dies der Fall ist, kann wiederum nur die deskriptive Ethik zeigen, mit deren Hilfe wir beschreiben, was geschieht.

In diesen Skripten werden sich die meisten Texte auf normative Ethiken beziehen. Eine Ausnahme bilden die deskriptive Ethik Wittgensteins und die Diskurstheorie bei Habermas, letztere aber nur insofern, als in ihr immer auch Geltungsansprüche der Diskursteilnehmer/innen beschrieben werden können, ohne aus der Beschreibung dieser Ansprüche diese auch in ihrer normativen Verallgemeinerung behaupten zu müssen.

Die noch nicht erwähnte „Metaethik" beschreibt das Verhältnis verschiedener Theorien der Ethik zueinander. Auch die Metaethik ist eine Form der deskriptiven Ethik, denn sie entscheidet nicht, welcher der von ihr analysierten Theorien der Ethik der Vorzug zu geben ist. Vielmehr analysiert sie den Stufenbau der Ethik, der bei individuellen Handlungsentscheidungen beginnt und bei allgemeinen Theorievergleichen universeller Handlungsnormen endet.

Lernziele

- Verstehen des Unterschieds zwischen deskriptiven und normativen Aussagen
- Verstehen, warum und wie in der Ethik nach Handlungsnormen gesucht wird
- Erste Einsicht in die Interdependenz von gesellschaftlichen Konventionen und Handlungsregeln

- Einsicht in die einerseits vielfältige, andererseits universale Bedeutung des "Guten
- Erste Einsicht in die Funktion des Diskurses bei der Suche nach allgemeingültigen Bestimmungen des Guten
- Verständnis des Verhältnisses von Theorie und Praxis
- Erstes Verständnis der Unterscheidung zwischen „Geschichte" und „System" der Ethik
- Verständnis der Begriffe "Ethik" und "Moral

Übungen

Übungen zur Begriffsanalyse:
- Was bedeutet es, wenn Menschen etwas als „gut" bezeichnen?
- Übungen zur Klärung der folgenden Begriffsbeziehungen:
- Diskutieren Sie die folgenden Begriffsbeziehungen und suchen Sie nach analytischen Beschreibungen der verwendeten Begriffe:

Übungen zur Frage, ob und inwiefern Beschreibungen theoriegetränkt sind:
- Diskutieren Sie, ob die Auswahl eines Beschreibungsausschnittes bereits eine Bewertung des zu Beschreibenden enthalten muss.
- Diskutieren Sie, ob eine theoriefreie Beschreibung unserer Umwelt möglich ist.

Übungen zur Frage der Unterscheidung von deskriptiven und normativen Aussagen:

- Diskutieren Sie die Frage, was man tun muss, um mit einem Maßstab eine Länge zu normieren, und was man tun muss, um mit diesem Maßstab etwas zu beschreiben.
- Was kann man unter „Verhältnismäßigkeit" verstehen, wenn man menschliches Handeln beschreibt?

Übungen zur Frage der Vergleichbarkeit von ökonomischen und ethischen Gütern:

- Wodurch unterscheiden sich ökonomische und ethische Güter?

Übungen zu den diskursiven Grundlagen der Anerkennung des Guten:

- Inwiefern ist ein Diskurs über das Gute Voraussetzung für die begriffliche Bestimmung des Guten?
- Wie kann das, was dauerhaft gut ist, aus Diskursen mit wechselndem Inhalt hervorgehen?
- Was versteht man unter einer relativistischen Ethik?
- Was spricht für, was gegen einen ethischen Relativismus?
- Nennen Sie Beispiele für die vielfältigen Bedeutungen von „gut" im alltäglichen Sprachgebrauch.

Übungen zur Unterscheidung der Begriffe „Theorie" und „Praxis":

- Warum ist es problematisch, Theorie und Praxis der Ethik gegeneinander auszuspielen?

Übungen zur Unterscheidung von „Ethik" und „Moral":

- Diskutieren sie die Frage, was für und was gegen eine Trennung von Theorie und Praxis in den Wissenschaften spricht.

Übungen zur Unterscheidung von Geschichte und Systematik der Philosophie:

- Was unterscheidet eine chronologisch berichtete Abfolge von Ideen von einer Entwicklungssystematik dieser Ideen?

Sokrates (469-399 v.Chr.)
Die Suche nach dem Guten

Was Abraham für die drei Weltreligionen war, ist Sokrates (469-399 v. Chr.) für die Philosophie der Antike. Alle philosophischen Strömungen und Schulen dieser Zeit beziehen sich direkt oder indirekt auf Elemente oder Methoden der sokratischen Philosophie, sei es die Philosophie seines Schülers Platon, seien es die Lehren der Stoa, der Kyniker oder der Epikureer.
Spätestens mit diesem Denker war die Philosophie der griechischen Antike auch aus dem öffentlichen Diskurs und dem politischen Leben Athens nicht mehr wegzudenken. Sokrates verzichtete darauf, sein philosophisches Denken schriftlich niederzulegen. Er hat sein ganzes Leben lang keine Zeile geschrieben, jedenfalls keine, die uns bis heute bekannt ist. Was wir über Sokrates wissen, wissen wir aus den Aufzeichnungen seines Schülers Platon. Wir wissen aber nicht, welche Teile der erhaltenen Texte auf Platon und welche auf Sokrates zurückgehen. Über eine angemessene Antwort auf die Frage, welche der Dialoge (διάλογος / diálogos / Gespräch) eher sokratische oder eher platonische Inhalte vermitteln, streiten sich die Gelehrten seit Jahrhunderten. Umstritten ist bereits, ob alle Texte, die unter dem Namen Platons überliefert sind, tatsächlich von Platon stammen. Immer wieder wurden Platon auch Texte zugeschrieben, die nicht von ihm, sondern von seinen Schülern und/oder von Nachlassverwaltern der Akademie verfasst worden waren. Die Diskussion über die Authentizität

dieser Texte hält bis heute an[9]. Insbesondere in den späten Dialogen Platons ist der Grad der Authentizität der Aussagen des Sokrates zweifelhaft, da ein Maßstab fehlt, um diese Frage außerhalb der Kontexte der platonischen Schriften überprüfen zu können. Lediglich die von Xenophon, einem Schüler des Sokrates, überlieferten Texte erlauben im Falle einzelner Dialoge („Symposion", „Apologie", „Glaukon") vage Vergleichsmöglichkeiten. In allen anderen Fällen fehlen uns die Maßstäbe für vergleichende Textanalysen, da uns kaum andere Quellen zur Einschätzung und Bewertung des sokratischen Denkens zur Verfügung stehen als die, die uns Platon hinterlassen hat. Immerhin lassen sich in den von Platon überlieferten Gesprächen wiederkehrende Argumentationsmuster der Gesprächsführung erkennen, die für die sokratischen Dialoge typisch sind. So drängt Sokrates seine Gesprächspartner, die Antworten auf die ihnen gestellten Fragen durch eigenes Nachdenken zu finden, verwickelt sie immer wieder in ein Geflecht von Fragen, Einwänden und neuen Problemstellungen oder hilft ihnen, ihre eigenen Thesen präziser zu formulieren. Sokrates geht es

---

9   Bereits im 19. Jahrhundert wurden erhebliche Zweifel an der Authentizität einiger angeblich von Platon verfasster Texte geäußert. So wurde beispielsweise ein Platon zugeschriebener Text mit dem Titel „Die Gesetze" (Νόμοι / Nómoi) von den Philologen Zeller und Ast als nicht authentisch angesehen. Vgl. Ast, Friedrich (1816) Platons Leben und Schriften, S. 587-594, Leipzig. Vgl. Zeller, Eduard (1839) Platonische Studien, S. 144, Tübingen. Als Fälschungen gelten heute auch die Dialoge Alkibiades II, Epinomis, Anterastai, Hipparch und einige andere Texte zweifelhafter Herkunft.

in diesen Gesprächen aber nicht nur darum, neue Antworten auf alte oder neue Fragen zu finden; sein Interesse an diesen Dialogen ist vielmehr von der Absicht motiviert, seine Gesprächspartner in einen Zustand zu versetzen, den die Stoiker, die sich ebenfalls auf Sokrates beriefen, als Zustand der Seelenruhe beschrieben, weil er die Voraussetzung für klares und vorurteilsfreies Denken sei. Die uns heute vertraute Vorstellung, dass der Zweck eines Problems seine Lösung sei oder dass eine Frage nur dort bestehe, wo es auch eine Antwort gebe, war weder vorrangiges Motiv noch Ziel des sokratischen Philosophierens. Möglicherweise hat Sokrates als Philosoph nur deshalb zahllose andere Philosophen nachhaltig beeinflusst, weil in seiner Person das philosophische Denken erstmals nicht unter dem selbst auferlegten Zwang leidet, auf jede Frage zwingend auch eine Antwort finden zu müssen. Dieser offene Zugang zur Philosophie findet sich allerdings nur in den frühen sokratischen Dialogen. In den späteren Dialogen scheinen immer mehr Gedanken und Überzeugungen Platons in die Aufzeichnungen der sokratischen Gespräche einzufließen. Die Frage nach der Authentizität der von Platon überlieferten Gespräche des Sokrates ist daher ein Dauerthema ihrer Interpretationsgeschichte.

Unabhängig von Fragen der Authentizität dieser Texte ist die Wirkungsgeschichte der sokratisch-platonischen Texte ein kulturgeschichtliches Faktum, an dem sich auch dann nichts ändern würde, wenn einzelne Texte von anderen Autoren als bisher angenommen verfasst worden wären. Die Wirkungsgeschichte eines Textes ist nicht notwendigerweise eine Folge unserer Kenntnis der Textquellen bzw. unserer

Kenntnis ihrer Verfasserschaft. Dies kann hier nur angedeutet werden.

Auf den ersten Blick erscheinen die Texte, die uns Platon als Aufzeichnungen der Gespräche und Dialoge des Sokrates überliefert hat, seltsam unspektakulär. In diesen Gesprächen geht es um ganz alltägliche Menschen, Dinge oder Ereignisse, die uns vertraut erscheinen. In diesen sokratischen Gesprächen werden Menschen geschildert, die auf die ihnen gestellten Fragen zunächst auf eher trivial erscheinende Weise zu antworten versuchen. Unter der Oberfläche dieser scheinbar trivialen Gesprächsbeiträge verbergen sich jedoch meist tiefgründige philosophische Probleme. So finden wir in diesen Dialogen existenzielle Fragen ebenso diskutiert wie Fragen der theoretischen und praktischen Philosophie oder Fragen nach den Wesensbestimmungen des Guten. Vor allem letztere sollen hier unser Thema sein. Der Komplexität der in den sokratischen Dialogen geführten Gespräche gerecht zu werden, ist in der Regel eine Herausforderung. Unterschiedliche Problemstellungen sind in den sokratischen Dialogen eng miteinander verwoben und erwecken beim Leser unwillkürlich den Eindruck einer entweder fehlenden oder leicht chaotisch anmutenden Technik der Gesprächsführung. Verwirrend ist auch die Quellenlage. Zwar wissen wir, dass Platon die sogenannten sokratischen Dialoge teils als Ohrenzeuge aus dem Gedächtnis, teils aus zweiter Hand aufgezeichnet hat, doch ist ebenso klar, dass diese Aufzeichnungen - wie erwähnt - auch Platons Gedankenwelt widerspiegeln. Ohne die von Platon aufgezeichneten Gespräche, die teils aus der Erinnerung, teils aus Berichten rekonstruiert wurden, wüssten wir so gut wie nichts über die Lehrtätigkeit dieses Philosophen.

Aber auch ohne die schriftlichen Rekonstruktionen seiner Reden war Sokrates zu Lebzeiten einem Publikum bekannt, das sich nicht für philosophische Fragen interessierte und dessen Kenntnis seiner Person entweder auf Gerüchten beruhte oder beispielsweise auf dem Inhalt einer Komödie des Dichters Aristophanes (450-380 v. Chr.), der Sokrates zur zentralen Figur einer dieser Komödien machte („Die Wolken"/ αἰ νεφέλαι/ hai nephélai). Es ist nicht auszuschließen, dass dieses komisch-spöttische Werk das Publikum im späteren Prozess gegen Sokrates teilweise negativ beeinflusst hat. Aber auch unabhängig von dem zweifelhaften Ruhm, den ihm diese Komödie einbrachte, war Sokrates den politischen Machthabern in Athen als eher kritischer Zeitgenosse bekannt. Sokrates wandte sich an die Menschen auf den Straßen und Plätzen Athens und verwickelte sie in oft lange Diskussionen.[10]. Der Inhalt dieser öffentlich geführten Gespräche und das Interesse der daran teilnehmenden Männer Athens bildeten den Kern der späteren Anklage, auf deren Grundlage ein Gerichtsverfahren stattfand, in dem Sokrates wegen Gottlosigkeit und Verführung der Jugend angeklagt wurde. Sokrates wurde in diesem Prozess zum Tode verurteilt und vollstreckte dieses Urteil schließlich an sich selbst („Schierlingsbecher").

Alle, die in den folgenden Jahrhunderten in der Philosophie Rang und Namen erlangten, beriefen sich auf das moralische Vorbild, das dieser Philosoph den Menschen durch sein Leben und seinen Tod gegeben hatte und dessen philosophisches

---

10   Wie ungeplant und zufällige diese Gesprächsanbahnungen geschahen, vermitteln uns die jeweilige Einleitungspassage (προοίμιον / prooímion) seiner Dialoge.

Leitmotiv einer Inschrift am Apollontempel in Delphi entlehnt war: "Erkenne dich selbst!

Was wir aus diesen Gesprächen nicht erfahren, ist die Motivation derer, die diese Gespräche suchten. Erstaunlich oft aber finden wir in den sokratischen Dialogen Gesprächspartner, die nicht Rat und Hilfe suchten, denn viele Dialogpartner sind Menschen, die Sokrates zufällig über den Weg gelaufen sind. Auch sie konnten nur deshalb für ein philosophisches Gespräch gewonnen werden, weil nicht abstrakte Ideen, sondern praktische Fragen diese Gespräche motivierten, etwa die Frage, was ein gutes Leben sei („Parmenides"), was unter Liebe und Freundschaft zu verstehen sei („Protagoras"), was erotisch („Symposion") oder lustvoll („Philebos") sei oder wie man ein glückliches Leben führen könne („Eutyphron", „Gorgias"). Warum gerade diese Fragen ausgewählt wurden oder ob sie überhaupt beantwortet werden konnten, geht aus den überlieferten Gesprächsaufzeichnungen nicht immer hervor. Sokrates deutet zumindest an, dass es eine innere Stimme war, die ihn bei der Gesprächsführung leitete. Offenbar hatte sich zur Zeit des Gerichtsverfahrens gegen ihn herumgesprochen, dass Sokrates die bestehenden Ordnungen unter Berufung auf eine „innere Stimme" kritisierte, nicht aber unter Berufung auf religiöse oder staatliche Gepflogenheiten. Wer - wie Sokrates - eine göttliche Stimme in der eigenen Seele zu hören glaubte, musste sich zwangsläufig dem Verdacht aussetzen, die öffentliche Ordnung zu gefährden, denn diese Stimme folgte nicht unbedingt den Sitten und Gebräuchen der Athener. Die Befürchtung der Machthaber, dass die Aufrechterhaltung traditioneller religiöser Praktiken und Rituale durch Philosophen ins Wanken geraten könnte, war nicht unberechtigt. Auch in den nachfolgenden sokratischen Schulen stand eine Sorge im Mittelpunkt aller Interessen, aber es war eine Sorge um die seelische Verfassung der

jeweiligen Gesprächspartner und nicht um die Wahrung
staatlicher oder religiös motivierter Interessen der jeweiligen
staatlichen Machthaber.
Sokrates' Ziel war es, seinen Gesprächspartnern zu helfen,
sich selbst zu erforschen. In der Tradition des sokratischen
Denkens verstanden sich Philosophen direkt oder indirekt als
Seelsorger. Jahrhunderte bevor dieses Denken im Rahmen
der frühchristlichen Philosophie wiederentdeckt und neu
belebt wurde. Da nach antiker Überzeugung zumindest der
vernunftbegabte Teil der menschlichen Seele als unsterblich
galt, war zwar unstrittig, dass sich die Philosophie der Pflege
dieser Seele widmen müsse, umstritten war jedoch, auf
welche Weise dies geschehen könne oder solle.
Eine gewisse Sonderstellung in der Bewertung der sokratisch-
platonischen Philosophie nimmt die Philosophie und Lehre
des Platon-Schülers Aristoteles ein, da viele Gedanken der
aristotelischen Philosophie aus Abgrenzungsbemühungen vor
allem gegenüber der Philosophie Platons entstanden sind und
sich nicht primär an sokratischen Techniken des
Philosophierens orientieren. Allerdings ist auch diese
Einschätzung problematisch, da viele aristotelische Texte, die
beispielsweise der römische Rhetor und Philosoph Cicero
noch gekannt haben muss, in der Folgezeit ebenfalls verloren
gegangen sind. Wären diese Texte erhalten geblieben, ließe
sich besser überprüfen, ob und welche aristotelischen
Schriften von sokratischen Gesprächstechniken beeinflusst
waren. Die Fernwirkungen sokratischen Denkens reichen
jedenfalls weit über die Antike hinaus. Letzteres mag auch
damit zusammenhängen, dass viele Fragen und Probleme, die
wir heute auch in der Philosophie arbeitsteilig und in
verschiedenen philosophischen Disziplinen behandeln, bei
Sokrates noch in ursprünglicher Weise miteinander
verbunden waren und diese ganzheitliche Form des
Philosophierens in der Geschichte und Entwicklung der

Philosophie immer wieder in den Mittelpunkt des Interesses gerückt ist.

Merkmale Sokratischer Dialoge

Sokratische Dialoge sind methodisch geführte Gespräche (dialégesthai), deren Zweck oder Argumentationsziel nicht immer offensichtlich ist. In der Regel wird ein aufgeworfenes philosophisches Problem durch eine richtige Antwort gelöst und bleibt im Falle einer falschen Antwort ungelöst. Die Unterscheidung zwischen „richtig" und „falsch" bzw. zwischen wahren und falschen Antworten hilft aber in vielen Dialogen nicht weiter, weil in vielen der frühen sokratischen Dialoge die zu Beginn eines Dialogs gestellten Fragen nicht abschließend beantwortet werden. Wir haben es hier mit einem Charakteristikum dieser Dialoge zu tun, das die Interpreten - zu allen Zeiten - sehr verwirrt haben muss. Welchen Sinn kann ein Gespräch haben, wenn der Versuch, eine Frage zu beantworten, im Laufe des Gesprächs zu erheblichen Unklarheiten, ja oft zu größeren Unklarheiten und Problemen führt, als sie zu Beginn des Gesprächs zur Debatte standen? Wenn ein Gespräch mehr Verwirrung hinterlässt, als zu Beginn vorhanden war, dann scheint das Ziel des Dialogs, Orientierung im Denken und Handeln zu geben, unerreichbar. In vielen sokratisch-platonischen Dialogen finden wir Argumente und Gegenargumente, die zu keiner erkennbaren Problemlösung führen.
Von diesen offenen Gesprächen sind solche zu unterscheiden, in denen die Gesprächsteilnehmer erstaunlicherweise nur die Rolle von Statisten übernehmen und in einem - im übrigen dogmatisch geführten - Lehrgespräch auf geschlossene Fragen mit geschlossenen Antworten reagieren. Insbesondere das Spätwerk Platons lässt oft die lebendige Gesprächsführung der frühen sokratischen Dialoge vermissen.

Da die Abgrenzungsproblematik in der Überlieferungsgeschichte der sokratisch-platonischen Texte nicht eindeutig zu klären ist, ist es auch nicht möglich, im Rahmen der Philosophie Platons eine Position zu finden, die eindeutig und zweifelsfrei nicht die seines Lehrers Sokrates wäre. Dennoch kann man davon ausgehen, dass in diesen Texten viele Elemente der platonischen Philosophie zu finden sind, die nicht aus rekonstruierten Aufzeichnungen sokratischer Gespräche stammen. Es handelt sich um Texte, in denen Sokrates zwar als Gesprächspartner genannt wird, deren Gedankengänge aber zum Teil so komplex sind, dass möglicherweise real existierende Gesprächspartner völlig überfordert gewesen wären, auf diese Texte zu reagieren oder einen konstruktiven Beitrag zu ihrer Weiterentwicklung zu leisten. Wie bei so vielen Überlieferungsgeschichten antiker Texte verliert sich auch die Überlieferung der Dialoge Platons im Nebel der Geschichte. Die meisten der heute bekannten Texte Platons stammen nicht in ihrer ältesten überlieferten Fassung aus der Zeit ihrer Entstehung. Eines der ältesten erhaltenen Textfragmente stammt aus dem 3. Selbst im günstigsten Fall liegen in der Regel mehr als 600 Jahre zwischen den Originalen und den überlieferten Abschriften dieser Texte. Was sich in dieser Zeit - abgesehen von Textverlusten - an Umarbeitungen, redaktionellen Korrekturen, „Ergänzungen", Übersetzungen oder Fälschungsversuchen ereignet haben mag, liegt vielfach im Bereich der Spekulation, denn auch die Referenztexte der Zeitgenossen, in denen Platons Texte zitiert wurden, sind verloren gegangen oder liegen ebenfalls nur in mehrfach überlieferter und redaktionell bearbeiteter Form vor. Dennoch ist die Lage nicht hoffnungslos, denn die überlieferten Texte können textkritisch miteinander verglichen werden. So sind z.B. die Texte, die heute als sokratische Dialoge im engeren Sinne bezeichnet werden, an der lebendigen Form der Gesprächsführung unter aktiver Beteiligung der jeweiligen Gesprächspartner zu erkennen. Sokratische Gespräche zeigen auch thematische Schwerpunkte in ethischen Fragen, die wir in den eher platonisch geprägten Dialogen nicht finden.

An den genannten sokratischen Gesprächen sind in der Regel mehr als zwei Personen beteiligt (die Bezeichnung „Dialoge" ist also eher unpassend), und nicht immer berichtet Platon direkt über ein Gespräch, das Sokrates mit anderen Personen direkt geführt hat, denn gelegentlich lässt Platon Berichterstatter auftreten, die über ein mit Sokrates geführtes Gespräch berichten. Letzteres entspricht den Tatsachen, da Platon nachweislich nicht an allen Gesprächen, über die er schriftlich berichtet, selbst teilgenommen haben kann.

Nicht in allen Gesprächen wird - wie erwähnt - das verhandelte Problem auch gelöst. In diesen Fällen spricht man von sogenannten aporetischen, weil ausweglosen Dialogen (ἡ ἀπορία / he aporía / die Ausweglosigkeit). Als aporetisch werden in der folgenden Auflistung jene Dialoge bezeichnet, in denen das dort verhandelte Problem keiner Lösung zugeführt werden kann.

Neben der Gruppe der sokratischen Gespräche, in deren Zentrum in der Regel Diskussionen über einzelne Tugenden stehen[11], finden wir unter den durch Platon überlieferten Dialogen auch einige (wenn auch wenige) Gespräche, in denen die Gesprächspartner übereinstimmend feststellen,

---

11   Z.B. die Themen Beständigkeit (Kriton), Besonnenheit (Charmides), Frömmigkeit (Euthyphron), Tapferkeit (Laches), Liebe (Lysis), Gerechtigkeit (Politeia), Lust und Unlust (Philebos)

dass das von ihnen verhandelte Problem tatsächlich gelöst worden sei[12].

Diese Dialoge werden in der nachfolgenden Aufstellung als „konsensuale Gespräche" bezeichnen. „Konsensuale Gespräche" stehen für jene Problemdiskussionen, die von den Gesprächsteilnehmern im Konsens beendet werden. Sokratische Gespräche vermitteln uns ein breites Spektrum unterschiedlich argumentativer Techniken, die zu kennen auch heute noch in der philosophischen Ausbildung unverzichtbar ist. Darunter finden sich rhetorische Techniken, unterschiedliche Formen der Begriffsanalyse, unterschiedliche Formen des dialogischen und existenziellen Denkens, Beispiele des Denkens in Analogien, Gleichnissen, Metaphern und eine Fülle gesprächstherapeutischer Methoden der Argumentation, die – für ihre Zeit – revolutionär waren und der Philosophie völlig neue Wege eröffneten, um mit Menschen aller gesellschaftlichen Schichten in ein sowohl persönliches als auch objektivierendes Gespräch einzutreten. Ein Gespräch, das geführt wurde, um Menschen zu befähigen, sich ihrer eigenen Vernunft zu bedienen. Kurz: Sokrates ist gleichsam das Geschenk Griechenlands an die Philosophie aller nachfolgenden Jahrhunderte. Ein Glücksfall der Geistes- und Kulturgeschichte.

Nahezu jeder sokratische Dialog (διάλογος /diálogos / Gespräch) ist der gemeinsamen Arbeit an einer Frage, an einem zu lösenden Problem gewidmet. Platon weist in seinen Gesprächsaufzeichnungen - mit wenigen Ausnahmen -

---

12   Z.B. die Dialoge Ion und Phaidon.

Sokrates die Rolle des Moderators dieser Gespräche zu. Im Zentrum dieser Gespräche steht die Suche nach dem Guten oder zumindest nach dem, was für „gut" gehalten wird. Gut ist etwas z.b., weil jemand eine Technik beherrscht und sein Handwerk versteht (z.B. ein Handwerker). Das Gute kann durch Übung erworben, also auch vermittelt werden. Andererseits zeigt sich in diesen Gesprächen, dass wir etwas als „gut" bezeichnen oder eine Handlung als tugendhaft ansehen, wenn sie das Ziel unserer Bemühungen ist, wenn wir etwas anstreben, ohne es bereits zu besitzen oder über es zu verfügen. Diese Form des Guten begegnet uns bereits in einfachen Mittel-Zweck-Beziehungen, in denen das Ziel einer Handlung bestimmt, wonach Menschen jeweils streben. Das aber, wonach alle streben, ist etwas, das um seiner selbst willen erstrebt wird. Im Gegensatz zu der später von Aristoteles aufgestellten These, das Glück sei etwas, wonach alle streben, weil es um seiner selbst willen erstrebt wird, findet sich diese ungebrochen optimistische Form der Beschreibung des Guten weder bei Sokrates noch bei Platon. Sokrates selbst, dessen Suche nach dem Guten zu seinem Todesurteil führte, suchte nicht das Glück im Sinne eines gelingenden Lebens in der Gemeinschaft seiner Mitmenschen. Das „Gute" ist für Sokrates das Gute in Form jenes Friedens, den die Seele mit sich und ihrem Körper schließen muss, um vor sich selbst bestehen zu können. Dieser Zustand der Gerechtigkeit der Seele ist nicht notwendigerweise einer, der im harmonischen Zusammenleben der Menschen erreicht werden kann. Gerecht ist die Seele, wenn sie nach dem Vorbild der Gottheit in sich ruht. So gesehen kann auch der Tod etwas Erstrebenswertes sein, weil er die Seele von ihren

körperlichen Fesseln befreit. Die späteren Lehren der
stoischen Schulen, die sich bis in die Spätantike behaupten,
haben diesen sokratischen Gedanken aufgegriffen und zu
einem zentralen Lehrinhalt erhoben. Platon seinerseits hat
diese sokratische Auffassung vom Wesen der Seele -
gewissermaßen das philosophische Testament des Sokrates -
im Dialog „Phaidon" beschrieben.

Man mag aus der Perspektive des 21. Jahrhunderts diese
Form des Denkens für mythologisch belastet und
metaphysisch überladen halten, aber dieser Einwand trifft
nicht die Fragen, die im Zentrum des sokratischen Denkens
stehen: die Suche nach dem Guten. Philosophie als
Wissenschaft ist die Suche nach dem Guten in allen Aussagen,
Begründungen und Hypothesen. Wenn es das höchste Ziel
der Philosophie ist, die besten Begründungen, die am besten
begründeten Hypothesen für eine Aussage zu finden, dann
suchen wir das Gute, wenn wir Wissenschaft betreiben. Ethik
und Wissenschaft zeigen sich in der sokratischen Philosophie
noch als ungebrochene Einheit, die auch das eigene Leben
des Philosophierenden einschließt. Die Suche nach dem
Guten und damit nach dem Ziel aller Wissenschaft ist ein
Denken, das der Wahrheit verpflichtet ist, notfalls auch um
den Preis des eigenen Lebens.

Verzicht auf die Schriftform

Der Verzicht auf die Schriftform ist der Verzicht auf
wissenschaftliche Verallgemeinerungen überhaupt, weil
wissenschaftliche Erkenntnis nur noch in den Erinnerungen
der Zeitzeugen bewahrt wird. Kann Wissenschaft allein auf
Erinnerungen beruhen? Sokrates und mit ihm Platon scheinen

in dieser Frage kaum ein Problem zu sehen. Für beide Denker ist Wissen ein Produkt der Erinnerungen der Seele, die dieses Wissen aus der Schau der Ideen in einem früheren Leben und durch die Kraft der vernünftigen Argumentation gleichsam rekonstruieren kann. Wenn Wissen aus der Erinnerung (ἀνάμνησις / anámnēsis / Erinnerung) entsteht, dann wird verständlicher, warum Erinnerungstechniken in der Antike eine so herausragende Rolle spielten, denn die Einübung in die Erinnerung an einen Gesprächsverlauf war zugleich eine Einübung in die Wiedergewinnung vergessen geglaubten Wissens.

Wissenschaftlicher Gedankenaustausch setzt für Sokrates voraus, dass die jeweilige Lebenssituation der Gesprächspartner nicht nur in deren Argumentationspraxis einfließt, sondern auch das eigene Denken und Handeln zu verändern vermag. Die Wissenschaft selbst wird zur Lebensform derer, die sich ihr widmen, sie wird zur Einheit von Denken und Leben. Ganzheitliches Denken ist Programm. In der Geschichte der Wissenschaften, vor allem in der Geschichte der Wissenschaftstheorien, sind nur selten vergleichbar radikale Thesen vertreten worden.

Neben diesen eher programmatischen Vorteilen der sokratischen Gesprächsführung finden wir auch praktische und pädagogische Vorteile gegenüber einer Praxis, die sich auf Verfahren der Verschriftlichung wissenschaftlicher Argumente beruft. So können in der direkten Rede Gleichnisse und Metaphern helfen, komplexe Inhalte zu vermitteln. Platon verwendet häufig die Erzählform, um philosophische Probleme in Gleichnissen und verbal beschriebenen bildlichen Analogien anschaulich zu erläutern. Die direkte und oft bildhafte Rede fördert auch die kreative

Improvisation der Gesprächspartner, deren gegenseitige Fragen und Antworten nicht im Voraus bekannt sind. Auch aus anderen Gründen wurde auf die schriftliche Form verzichtet: Sokratische Gespräche wurden nicht im Sitzen geführt. Im Gehen aber lässt sich gesprochene Sprache schlecht schriftlich festhalten. Die Erinnerung an das Gesagte, an Argumente und Gegenargumente wird wieder vorausgesetzt. Die allgemein geteilte Auffassung war, dass die Bewegung des Körpers auch die Seele in Bewegung setzt und dass das kreative Denken eher behindert als gefördert worden wäre, wenn man sich beim Philosophieren nicht in Gärten, Wandelhallen oder auf Plätzen bewegt hätte. Hier gleicht das Denken - buchstäblich - einer fortwährenden Bewegung, einer Reise ins Unbekannte, einer wissenschaftlichen Prozession, einer Wallfahrt der Vernunft oder ähnlichen Bildern und Metaphern, die entstehen, wenn Philosophen diskutierend umherziehen und unterwegs Menschen finden, die sich ihnen anschließen.

Begriffsanalyse

Ein ebenso einfaches wie wirkungsvolles Verfahren, Begriffe zu ordnen und ihre Verwendung zu klären, ist die sogenannte „Begriffsteilung" (διαίρεσις / diaíresis). Tiere können beispielsweise in gefiederte und ungefiederte Tiere unterteilt werden. Die ungefiederten Tiere können wiederum in Tiere mit zwei Beinen und Tiere mit mehr als zwei Beinen unterteilt werden. Es wäre voreilig, wenn jemand vorschlagen würde, Menschen als ungefiederte Zweibeiner zu definieren, denn auch gerupfte Hühner sind ungefiederte Zweibeiner. Menschen unter den ungefiederten Zweibeinern zu finden,

könnte gelingen, wenn es erkennbare Unterschiede zwischen vernünftigen und unvernünftigen Zweibeinern gäbe. Wir könnten zum Beispiel zwischen sprechenden und nicht sprechenden Zweibeinern unterscheiden. Wie auch immer wir diese Einteilung vornehmen, sie leistet nur das, was von einer konstruierten Begriffssystematik erwartet werden kann. Wir brauchen Begriffssystematiken, wenn wir z.b. nach Ordnungsschemata für Bücher in einer Bibliothek oder für die Einteilung von Wissenschaften suchen. In der Philosophie waren und sind solche sogenannten „kategorialen" Begriffe immer dann beliebt, wenn Begriffe geordnet und systematisiert werden sollen. Die einfache, aber wirkungsvolle Technik, Begriffe mit Hilfe von Begriffsteilungen zu klassifizieren und zu analysieren, findet sich bei zahlreichen Autoren der Antike. Aristoteles, der bekannteste Schüler Platons, versuchte beispielsweise mit ihrer Hilfe eine zoologische Systematik aufzubauen. Große Teile der sogenannten Kategorienphilosophie enthalten solche „Begriffsteilungen". Ein gewisses Problem bei diesen Versuchen, unser begriffliches Instrumentarium zu differenzieren, liegt im Medium der Sprache. So ist z.B. jede bildliche Mitteilung, die wir in unserer Kommunikation verwenden, wesentlich komplexer als ihre verbale Beschreibung („Ein Bild sagt mehr als tausend Worte").
Ein ganz anderes Problem der Klärung begrifflicher Zusammenhänge liegt im methodischen Ansatz dessen, was heute als „Begriffsanalyse" bezeichnet wird. Wären Begriffe tatsächlich analytisch aufeinander bezogen, dann dürfte am Ende einer Analyse nur das stehen, was von Anfang an bekannt sein musste. Das Ergebnis einer Analyse wäre

begrifflich nicht reicher als ihr Ausgangspunkt. Warum aber sollten wir überhaupt Begriffe analysieren wollen? Die Analyse eines Begriffs bringt uns kein neues Wissen, auch wenn sie uns zumindest deutlich macht, was schon bekannt war, und uns daran erinnert, dass wir wissen, was wir suchen, weil wir es suchen. Gesucht werden kann nur, was bereits bekannt ist, sonst wüssten wir nicht, wonach wir suchen. Auch hier begegnen wir dem rätselhaften Begriff der Erinnerung an das, was uns irgendwie schon bekannt gewesen sein muss.

Die Lehre von der Wiedererinnerung ist aber nur eine von vielen methodischen Neuerungen der sokratisch-platonischen Philosophie. Grob lassen sich noch folgende weitere Methoden in den sokratischen Gesprächen unterscheiden: analytische, rhetorische, dialektische und therapeutische Methoden. Methoden, die dazu dienen, wissenschaftliche Argumente zu analysieren, zu vermitteln, in Erinnerung zu rufen, kritisch zu prüfen und zur Lösung konkreter Probleme anzuwenden. Die Variationsbreite aller argumentativen Methoden, die in den sokratisch-platonischen Dialogen zur Anwendung kommen, ist nach wie vor Gegenstand umfangreicher wissenschaftlicher Debatten und natürlich weitaus differenzierter und umfassender, als dies hier - im Rahmen einer Einführung - skizziert werden kann.

Dialektik

Die Kunst der freien Rede zu beherrschen, war für die Philosophen der sokratischen Tradition eine Selbstverständlichkeit. Wie überzeugend die Philosophen dieser Schule argumentierten, dokumentiert eine Geschichte, in der ein gewisser Karneades über die Frage referierte, ob Gott selbst tugendhaft sein könne. Karneades verneinte dies mit der Begründung, dass Gott nicht die Tugend der Tapferkeit besitze, da er sonst von etwas erschreckt werden könnte. Außerdem erfordere eine vollkommene Tugend auch eine vollkommene Überwindung der Untugend, aber auch diese setze ein menschliches Maß voraus, das Gott nicht unterstellt werden könne. Daher sei Gott frei von allen konventionellen Tugenden, die von Philosophen gelehrt werden.

In dieser Argumentationstradition überwiegt ein gewisses Moment der Überraschung, denn eine These scheint sich in eine Antithese zu verwandeln. Aus der These, Gott sei tugendhaft, wird - gleichsam unter der Hand - das Argument, Gott sei aller Tugenden ledig. Eine Gesprächstechnik, die Vergleichbares zu leisten vermag, nennt man gewöhnlich Dialektik. In diesem Fall wohl eher eine sophistische Dialektik, aber immerhin eine gewisse „Kunst der Gesprächsführung", die zu neuen und überraschenden Einsichten führt.

Die Kunst der Gesprächsführung besteht für Sokrates nicht nur darin, Begriffe zu analysieren oder kritisch zu hinterfragen. Dialektik ist auch Redekunst, ist Rhetorik. Rhetorik galt in der Antike, aber auch noch viel später, als zentrale wissenschaftliche Disziplin, als Technik der verständlichen und überzeugenden Rede. Zur Zeit Platons waren es die bereits erwähnten Sophisten, die ihre Redekunst und Redetechniken gegen Bezahlung anboten oder vermittelten. Platon, der die Reden des Sokrates für uns aufgeschrieben hat, war kein Freund dieser Form der bezahlten Weisheit, denn die Sophisten fühlten sich nicht der

Wahrheit, sondern nur dem zahlenden Kunden verpflichtet. Dennoch war Sokrates auch ein Meister der Rhetorik, der seine Redekunst - wie Platon berichtet - bei Aspasia (470-420 v. Chr.), der Frau des athenischen Staatsmannes Perikles (490-429 v. Chr.), erlernt haben soll. Nicht nur für Sokrates, sondern für alle antiken Autoren galt es als ausgemacht, dass wahre Erkenntnis niemals durch schlechte Redekunst vermittelt werden kann. Wer etwas Gutes tut, kennt bereits eine Technik, dieses Gute - im weitesten Sinne des Wortes - „herzustellen". Wer das Gute herstellt, kann sich nicht einer schlechten Vermittlungstechnik bedienen, um dieses Gute zu vermitteln. Die Rhetorik stand also im Dienst der Suche nach dem Guten, und das Gute verlangte nach einer Kunst seiner Vermittlung. „Dialektik" - im engeren Sinne - bedeutet aber weit mehr als nur die Kunst der Gesprächsführung. „Dialektik" ist auch jene Form des Argumentierens, die mit argumentativen Widersprüchen umzugehen weiß. Nicht um sie zu vermeiden, sondern um mit ihrer Hilfe Argumente zu prüfen und weiterzuentwickeln. Ein Meisterwerk dieser Form der Dialektik finden wir z.B. im sokratisch-platonischen Dialog „Parmenides".

In der von Platon überlieferten Form des sokratischen Gesprächs gehen die Gesprächspartner wechselseitig davon aus, dass es mit Hilfe begründeter Gegenbeispiele möglich ist, Argumente gewissermaßen auf ihre Brauchbarkeit hin zu überprüfen. Ein Gesprächspartner antwortet auf eine Frage und Sokrates weist in der Regel darauf hin, dass diese Antwort zu Konsequenzen führt, die der Fragesteller entweder nicht bedacht hat oder die der Überzeugung des Gesprächspartners widersprechen. Wenn also jemand behauptet, Liebe sei nur dort, wo sie erwidert wird, so weist

Sokrates darauf hin, dass Liebe auch dort ist, wo der Geliebte sie nicht erwidern will oder kann. Beispielsweise lieben Eltern ihre Säuglinge nicht deshalb, weil diese ihre Liebe erkennbar erwidern, sondern weil diese Erwiderung in diesem Alter der Kinder für die Eltern keine Rolle spielt. Akzeptiert man diesen Einwand, akzeptiert man also, dass Liebe keine erkennbare Gegenseitigkeit einer Liebesbeziehung voraussetzt, dann führt dies zur Aufgabe des Arguments, denn eine gegenteilige Annahme erscheint nicht weniger vernünftig. Diese gegenteilige Annahme wäre z.B., dass Menschen einander nur dann lieben, wenn sie sich gegenseitig ergänzen. Es zeigt sich aber, dass auch dieses Argument nicht weniger vernünftig ist als die gegenteilige These, dass sie sich nicht ergänzen, sondern sich gerade deshalb lieben.

Das „Abklopfen" von Thesen und Antithesen zur Frage, was „Liebe" sei, finden wir z.B. im Dialog „Lysis". Der Dialog endet mit dem Eingeständnis, dass eigentlich alle Beteiligten wissen, was „Liebe" ist, aber nur, solange man sie nicht danach fragt. Eine etwas peinliche Situation, die Sokrates aber gerade als solche anspricht, denn es kommt häufig vor, dass ein Problem im Rahmen eines sokratischen Gesprächs nicht gelöst werden kann, und es stellt sich die Frage, wie sinnvoll es ist, ein sokratisches Gespräch zu führen, wenn das Ergebnis dieser Bemühungen ist, dass man am Ende des Gesprächs noch weniger weiß als zu Beginn. Welchen Sinn hat die Anwendung der sokratischen Dialektik, wenn sie philosophische Probleme durch Thesen und Antithesen (Dihairesis) zwar ordnen, aber nicht lösen kann? Die Antwort auf diese Frage ist in der Fachliteratur umstritten und kann auch hier nur als Hypothese formuliert werden. Wir werden später bei der Diskussion des berühmten Höhlengleichnisses von Platon sehen, dass Platon diese Frage anders beantwortet als ein heutiger Lehrer oder Pädagoge. Wir suchen nicht nach einer Lösung für ein Problem, weil es möglich sein muss, sondern weil wir uns gezwungen sehen, nach einer Lösung zu suchen, auch wenn wir sie nicht finden sollten. Es sind die Probleme, die uns bedrängen und die wir nicht abwehren können, wenn wir uns vernünftig verhalten. An diesem Punkt angelangt und von hier aus betrachtet, erscheint die Entwicklung der nachsokratischen Philosophie erst im Rückblick verständlicher, denn auch spätere Philosophen haben auf begriffslogische Probleme existenzielle Antworten gefunden, die mit begrifflichen Mitteln allein nicht zu finden gewesen wären. Die noch später zu beschreibenden Schulen der Stoiker und Kyniker versuchten nicht nur, mit für sie unlösbaren Problemen umzugehen, sondern diese Herausforderung zu nutzen, um ihren Seelenfrieden zu finden. Dies war der späteren christlichen Ethik in vielerlei Hinsicht sehr ähnlich.

Mnemotechnik

Nur eine frei gehaltene Rede, in der Blickkontakt und Körpersprache nicht durch das Ablesen von vorbereiteten Schriftstücken unterbrochen werden, kann überzeugen. In der Antike war es unüblich, bei öffentlichen Reden von Wachstafeln oder beschriebenem Papyrus abzulesen. Eine Rede wurde frei gehalten. Spätestens im 6. Jahrhundert v. Chr. waren in Griechenland sogenannte Mnemotechniken nicht nur bei Rednern und Schauspielern, sondern auch bei Philosophen bekannt und beliebt. Ein einfaches Beispiel für die Anwendung einer sogenannten Mnemotechnik finden wir in den bereits erwähnten bildhaft beschriebenen Gleichnissen, denn es ist nicht schwer, sich ein Bild einzuprägen und aus der visuellen Erinnerung eine Beschreibung abzuleiten. Sehr viel mühsamer ist es, Texte auswendig zu lernen. Bei sokratischen Gesprächen entsteht der Eindruck einer freien Gesprächsführung nicht nur dadurch, dass sich Fragen und Antworten der Gesprächspartner einer Gesprächsplanung entziehen. Fragen und Antworten mussten erinnert werden, um im laufenden Gespräch bereits erreichte Standpunkte nicht zu vergessen. Auch hier erwies sich der Einsatz von Mnemotechniken als vorteilhaft.

In der Mnemotechnik ist es z.B. üblich, Teile der umgebenden Architektur, wie Türen, Ein- und Ausgänge oder Treppen und Säulen, mit bestimmten Teilen einer Rede zu verknüpfen und sozusagen in der visuellen Kulisse eines Gesprächs erinnerungstechnisch zu „verankern". Obwohl wir in den Aufzeichnungen der sokratischen Dialoge keine direkten Hinweise auf die Anwendung solcher Techniken finden, macht Platon selbst von ihnen ausgiebig Gebrauch. Eines der auffälligsten Beispiele hierfür findet sich in der Beschreibung des Höhlengleichnisses in Platons Dialog Politeia (Πολιτεία /Politeía). Die vorgestellte Visualisierung dieses Höhlengleichnisses ist nicht nur geeignet, dessen verbale Beschreibung anhand dieser visuellen Vorlage zu rekonstruieren, sondern es lassen sich auch viele weitere, im Höhlengleichnis selbst nicht beschriebene Aspekte der sokratisch-platonischen Philosophie aus der visuellen Darstellung der Höhlenszenerie ableiten. (Diese Form der visuell unterstützten Mnemotechnik findet sich noch in den Bilderbibeln des Mittelalters). Ob Sokrates oder Platon tatsächlich Mnemotechniken in der Gesprächsführung eingesetzt haben, ist eine offene Frage. Sokrates war nicht bereit, alle Feinheiten der sokratischen Gesprächsführung öffentlich mitzuteilen. So finden wir im Dialog „Menexenos" (Μενέξενος / Menéxenos) Berichte über Geheimhaltungsvorbehalte in der Frage der Vermittlung erfolgreicher rhetorischer Techniken. Die Mnemotechnik beschreibt gleichsam praktisch die spekulativen Aspekte einer philosophischen Lehre, die auch als Teilhabe an erinnerten Ideen beschrieben werden kann.

Hebammenkunst

In Platons Dialog „Theaitetos" bezeichnet Sokrates sein Philosophieren als „Hebammenkunst" (μαιευτική / maieutiké [téchnē]), deren Ausübung in der Antike ausschließlich Frauen vorbehalten war. Platons Mitteilung, dass er, Sokrates, diese Hebammenkunst ausübe, dürfte bei seinen Gesprächspartnern eher Gelächter hervorgerufen haben, denn nach den Sitten und Gebräuchen der Griechen, nicht nur der Athener, war es Männern nicht erlaubt, als Hebammen tätig zu sein, und sie hätten dies auch nie in Erwägung gezogen.

Auch wenn sich hinter dieser Form sokratischer Ironie aus heutiger Sicht die Absicht verbergen mag, die Rolle der Männer in Fragen der Geburtshilfe etwas kritischer zu betrachten, so war der Zweck dieser ironischen Bemerkung doch eher der Hinweis auf das Selbstverständnis seiner eigenen Tätigkeit als Philosoph. Sokrates schrieb sich in der von Männern dominierten Wissenschaft eine Aufgabe zu, die nur Frauen erfüllen können. Eine Hebamme erfüllt in der

Philosophie eine göttliche Aufgabe: bei der Geburt der Ideen zu helfen. Gleichzeitig war und ist es die Aufgabe einer Hebamme, die Schmerzen der Geburt zu lindern. Den Schmerz, den neue Ideen verursachen, hat Sokrates selbst erfahren müssen, nachdem er von einem Gericht in Athen zum Tode verurteilt worden war. Dieser Schmerz wurde nur durch den Trost der Freunde gelindert. Sokrates selbst starb für eine damals noch namenlose Idee, die erst Jahrhunderte später, im Zeitalter der Aufklärung, den Titel erhielt, unter dem wir sie heute noch kennen: Selbstbestimmung des Denkens aus eigener Vernunft. Die Geburt dieser Idee hat Sokrates das Leben gekostet.

Umgang mit ethischen Dilemmata

Sokrates wurde zum Tode verurteilt, weil er die Jugend Athens verführt, die religiösen und politischen Autoritäten missachtet und Dinge verbreitet haben soll, die manchen Zeitgenossen geeignet erschienen, die öffentliche Ordnung und das politische System Athens zu erschüttern. Als Philosoph wurde er der erste Märtyrer der Philosophie. Andere sollten seinem Beispiel folgen (z.B. Seneca, Boethius, Giordano Bruno).
Philosophen sind für Sokrates Menschen, die ihre Selbstbestimmung als vernünftig denkende und handelnde Wesen auch dort bewahren, wo es keine Lösungen für Probleme gibt. Es ist das Schicksal tragischer Helden, mit ungelösten und unlösbaren Problemen zu leben oder zu sterben. Die griechischen Tragödien sind für dieses Handlungsmuster bekannt. In den sokratischen Dialogen finden wir nicht nur die Darstellung des tragischen Schicksals

eines Philosophen, dessen Botschaft nur von wenigen gehört und verstanden wird, sondern in der Beschreibung der Verurteilung auch alle Merkmale eines echten ethischen Dilemmas. Ein solches liegt vor, wenn es unmöglich ist, unter sich ausschließenden Handlungen eine Alternative zu finden, die nicht erneut tragische Konsequenzen nach sich zieht. Das Handlungsdilemma im Falle seiner eigenen Person hat diese Form: Entweder rettet Sokrates für sich, seine Familie und seine Freunde das Leben, nimmt ein Fluchtangebot an und entgeht so der Vollstreckung eines ohnehin ungerechten Urteils, oder er beugt sich diesem ungerechten Urteil, lehnt das Fluchtangebot ab, enttäuscht die Erwartungen seiner Familie und seiner Freunde und findet den Tod. Sokrates entscheidet sich dafür, ein ungerechtes Urteil zu akzeptieren und einem Urteil Geltung zu verschaffen, das auf Unwissenheit und Verleumdung beruht. Hätte er sich anders entschieden, wäre er geflohen und hätte damit gegen die Gesetze Athens verstoßen. Sein Dilemma bestand also darin, in jedem Fall gegen die Gesetze Athens zu verstoßen, entweder indem er das von ihm erkannte Unrecht zum Recht erklärte und das Urteil akzeptierte oder indem er sich dem Todesurteil durch Flucht entzog und damit das Recht der Athener zum Unrecht erklärte. Dass Sokrates sich entschloss, ein Unrecht zu akzeptieren, mag auch damit zusammenhängen, dass er der schon erwähnten Auffassung war, es sei besser, Unrecht zu dulden, als Unrecht zu tun. Aber auch dieser Grundsatz erneuert das Dilemma nur, statt es zu lösen, denn die Duldung eines Unrechts ist seine Billigung durch die Hinnahme eben dieses Unrechts. Die Billigung des Unrechts ist selbst Unrecht. Was auch immer Sokrates getan hätte, er hätte keine Lösung für das vorliegende Problem gefunden, es sei denn, das Verharren in einer Dilemmasituation würde selbst zur Tugend. Es sind die Stoiker, die die freiwillige Annahme dieses Handlungsdilemmas zum leitenden Handlungsmotiv machen. Der Ursprung der stoischen Ethik liegt in den frühen sokratischen Dialogen, in denen unlösbare oder unüberschaubar komplexe Handlungsprobleme beschrieben werden. Ich werde darauf im Kapitel über die Stoiker zurückkommen.

Ethische Orientierungen

Die Wirkungsgeschichte der sokratischen Philosophie für die Theoriebildung in der Ethik ist eng mit der Überzeugung verbunden, dass alle Probleme der Philosophie letztlich auf Fragen nach der Erkennbarkeit des Guten hinauslaufen, das in den unterschiedlichsten Formen, Gütern, Lebenshaltungen, Wertungen oder Ideen zu finden ist. In diesen Konzepten sokratischen Denkens finden wir eine Verbindung dessen, was heute oft in verschiedenen Disziplinen der Ethik behandelt wird: die Verbindung von Theorie und Praxis, von Beschreibungen und Normen hypothetischer, aber auch konkreter Lebens- und Existenzprobleme.
Der bereits erwähnte diskursive Ansatz dieser Form einer Gesprächsethik ist auch heute noch von erheblicher Bedeutung, denn die Geltungsansprüche der Gesprächspartner können in Dialogen nicht einfach übersprungen oder ausgeklammert werden, sie sind - im Gegenteil - die treibenden argumentativen Kräfte jener Gespräche, in denen Entwicklungsschritte der Argumentation auf Konsens aufbauen oder aber - in den Fällen, in denen

dieser Konsens nicht erreicht wird - in offenem Dissens expliziert werden müssen. Der sokratische Dialog steht für die erste dokumentierte Form einer diskursiven Ethik, in der die Geltungsansprüche der subjektiven Wahrhaftigkeit, der objektiven Wahrheit, der normativen Richtigkeit und ihrer wechselseitigen Anerkennung im Zentrum der Suche nach einer Antwort auf die Frage stehen, was zu tun ist, um ein gutes Leben zu führen. Dieser Gedanke wird uns in der Sozialphilosophie des 20. Jahrhunderts bei einem Vertreter der sogenannten „Frankfurter Schule" wieder begegnen.

Die Bedeutung der sokratischen Philosophie in der Praxis

In der Geschichte der Deutung und Auslegung sokratischer Dialoge wurden unterschiedliche Vorschläge entwickelt, wie mit diesen Texten umzugehen sei; ungeachtet der Tatsache, dass Interpretationen natürlich zu allen Zeiten auch die philosophischen Interessen jener spiegeln, die diese Texte zu deuten versuchen. Gelegentlich wurden in der Geschichte der Interpretation sokratisch-platonischer Dialoge auch eher rätselhafte Deutungsversuche unternommen. Beispielsweise wurde ernsthaft und intensiv der Vorschlag diskutiert, man möge auch die ungeschriebene Lehre Platons zur Deutung der Intentionen dieser sokratischen Gespräche heranziehen. Wie es sich mit diesen vielfältigen Vorschlägen auch verhalten mag: deutlich wird, dass sich in allen diesen Deutungen letztlich ein Philosophieren fortsetzt, das nicht zur Ruhe kommt, weil auch die Kritik der sokratischen Philosophie - wie diese selbst - von Fragen getrieben ist, die nicht ignoriert werden können. Erstaunlicherweise wiederholt die Kritik an Sinn- und Zweckhaftigkeit der sokratischen Gespräche deren eigene Motivation, nämlich ein Denken leidenschaftlich zu betreiben, ohne Rücksicht auf Konventionen, Befindlichkeiten oder Nützlichkeitserwägung. Was in diesem Kreislauf der Deutung und Kritik noch als „Wissen" zu beschreiben wäre, das durch sie oder in ihnen gewonnen werden kann, bleibt fraglich. Dieses Problem jedoch war bereits Sokrates bewusst. Ein Wissender ist für Sokrates nur der, der um das eigene Nichtwissen wissend, dieses Nichtwissen in einem sokratischen Gespräch erkennt und Reichweite und Grenzen unseres Wissens näher zu bestimmen sucht.

Es empfiehlt sich aber, den berühmten und Sokrates zugeschriebenen Ausspruch „Ich weiß, dass ich nichts weiß!" nicht wörtlich zu verstehen[13]. Dieser Ausspruch charakterisiert eher die im sokratischen Denken häufiger anzutreffende Form der ironisch-distanzierenden Beschreibung der eigenen philosophischen Tätigkeit. Von „Ironie" wäre zu sprechen, wenn ein Philosoph in heiterer, aber auch in kritisch-selbstdistanzierender Form neue Wege der Wahrheitsfindung sucht. Nur ein Denken, dem es auf ironische Weise gelingt, sich von sich selbst zu distanzieren, ist ein unparteiliches, unbestechliches und ein der Wahrheit verpflichtetes Denken. Das zumindest dürfte die Überzeugung des jungen Sokrates gewesen sein. Überhaupt war Sokrates

---

13   In Platons „Apologie" (21d–22a) findet sich nur diese Formulierung „...ich dagegen weiß zwar auch nichts, glaube aber auch nicht, etwas zu wissen". Cicero, ein prominenter römischer Übersetzer griechischer Texte, nahm sich die literarische Freiheit, diese Stelle in der uns heute bekannten Form zu überliefern: „Ich weiß, dass ich nichts weiß".

vermutlich einer der ersten Philosophen, der Formen der Selbstironie auch als didaktisches und pädagogisches Mittel im Umgang mit philosophischen Problemen einsetzte. Das Mitbedenken der Endlichkeit des eigenen Denkens in ironischen Wendungen geriet in der Spätantike und im frühen Mittelalter nahezu vollkommen in Vergessenheit, wurde aber in der Renaissance, im aufkommenden Existenzialismus des 19. Jahrhunderts und in der Romantik wieder neu entdeckt. Sokrates selbst ist ein Beispiel dafür, wie ein Leben in kritischer Selbstdistanzierung des eigenen Denkens und Handelns zu führen ist. Sie zeigen einen Menschen, der auch im Wissen um ein drohendes Todesurteil noch das Gespräch mit jenen sucht, die ihm Übles wollen[14].

In der Antike wirkte die sokratische Philosophie über die Schulen der Kyniker, der Stoa und der Epikureer bis in den Neuplatonismus des dritten nachchristlichen Jahrhunderts jahrhundertelang fort. Die kritische Selbstprüfung der Vernunft („Erkenne dich selbst") und die Forderung, nicht mehr an Wissen anzustreben, als die menschliche Vernunft zu leisten vermag, fanden im frühen Christentum (Augustinus) und im Humanismus (Erasmus von Rotterdam) Anerkennung. Skeptische Denkformen, die sich auch in der sokratischen Philosophie finden, waren auch ein Thema der Aufklärung und der Romantik. Für den philosophischen Existentialismus des 19. Jahrhunderts (Kierkegaard) war Sokrates ein Kronzeuge für jene Formen vernünftigen Argumentierens, in

---

14   Die sokratischen Reden rund um diesen Prozess finden sich in den Dialogen „Eutyphron", „Apologie", „Kriton" und „Phaidon".

denen die individuellen und existentiellen Probleme eines Gesprächspartners ins Zentrum der Aufmerksamkeit rücken. Vernünftig ist etwas nicht schlechthin, sondern nur im Lebensvollzug der Zeugen dieser Vernünftigkeit. Erst mit Sokrates rückt das dialogische Gespräch ins Zentrum der Philosophie und ist eng mit dem Wohl und Wehe der Menschen verbunden, die dieses Gespräch führen. Die Kunst der sokratischen Gesprächsführung findet sich bis heute in unterschiedlichen praktischen Anwendungsfeldern, nicht zuletzt in den vielfältigen Anwendungen einer gesprächszentrierten Pädagogik, in der Seelsorge ebenso wie in der Psychoanalyse, um nur einige Beispiele zu nennen.

Lernziele

- Kenntnis der Charakteristika sokratischer Dialoge
- Kenntnis der Funktionsweise einer dialogischen Ethik

Übungsfragen

- Wie wird im sokratischen Dialog nach dem, was zu tun ist, gesucht?
- Braucht Sokrates eine eigene Ethik für verschiedene Anwendungsfälle?
- Inwiefern ist die sokratische Ethik eine Gesprächsethik / Diskursethik?
- Was versteht man unter einem „aporetischen Dialog"?
- Warum bevorzugt Sokrates das direkte mündliche Gespräch?

- Was unterscheidet ein sokratisches Gespräch von einem Vortrag?
- Was bedeutet „Hebammenkunst"?
- Was ist zu tun, wenn ein sokratisches Gespräch nicht zu einer Antwort auf eine gestellte Frage führt?
- Was ist mit „sokratischer Ironie" gemeint?
- Was bedeutet „Mnemotechnik"?
- Was ist an der Unterscheidung von Theorie und Praxis problematisch?

Literatur

- Sokrates: Eine Einführung, von Ekkehard Martens , 2004, 178 Seiten, Verlag: Reclam
- Sokratische Gesprächsführung in Therapie und Beratung: Ein Handbuch für Psychotherapeuten, Berater und Seelsorger, von Harlich H. Stavemann , 2015, 366 Seiten, Verlag: Beltz
- Sokrates zur Einführung von Christoph Kniest. 2012, 200 Seiten, Herausgeber: Junius Hamburg.

Platon (428-348 v.Chr.)
Die Idee des Guten

Die sokratisch-platonischen Dialoge spiegeln das Lebenswerk Platons wider. Wir können davon ausgehen, dass Platon zumindest den Teil seines Werkes, der nicht primär der Wiedergabe sokratischer Gespräche gewidmet war, im Laufe seines Lebens mehrfach verändert und erweitert hat. Grundsätzlich lassen sich bei allen Philosophen bestimmte Entwicklungsstufen ihres Denkens rekonstruieren. Bei Texten aus der Antike ist ein vergleichbares Unterfangen ungleich schwieriger.

Abgesehen von der Frage, wie es nach mehr als 2300 Jahren gelingen soll, ein Werk zu rekonstruieren, dessen ursprüngliche Konturen im Dunkel der Geschichte verblasst sind und das Gegenstand zahlloser (mehr oder weniger wohlmeinender) Bearbeitungen geworden ist, abgesehen also von textphilologischen und überlieferungsgeschichtlichen Herausforderungen, stellt uns Platons Werk auch vor erhebliche systematische Probleme. Nicht nur ist oft unklar, wer hier eigentlich mit wem in welcher Weise und zu welchem Zweck spricht. Unklar ist auch, welche philosophische Methodik zur Anwendung kommt. Bleiben wir aber vorerst bei der Einteilung dieser Dialoge nach ihrer Gesprächsform. Grob lassen sich in Platons Werken die folgenden drei Dialogformen unterscheiden:

Ein Dialog ist aporetisch, wenn Argumente und Gegenargumente im Verlauf einer kontroversen Diskussion letztlich nicht entschieden werden können. In Anlehnung an das bekannte Sprichwort „Der Weg ist das Ziel" ist auch in diesen Dialogen die zielorientierte Suche das Maximum dessen, was in dieser Dialogform erreicht werden kann. Aporetische Dialoge sind jedoch nicht ethisch neutral, denn auch sie dokumentieren den guten Willen aller, die an der Lösung eines Problems arbeiten. Es ist die Suche nach dem für alle Guten, die sie letztlich motiviert, auch dann in dieser Suchbewegung zu bleiben, wenn dieses für alle Gute nicht unmittelbar vor Augen steht. Diese Form der Ethik begegnet uns in den sokratisch-platonischen Dialogen, vor allem im Frühwerk Platons, aber auch in einem seiner späteren Dialoge, von dem noch die Rede sein wird.

Konsensual ist ein Dialog dann, wenn die Gesprächsteilnehmer zu einvernehmlichen Antworten kommen. Obwohl es fraglich erscheint, aus welchen Gründen ein Dialog überhaupt eröffnet werden sollte, wenn ein Konsens über die Beantwortung einer Frage nicht zustande kommt, ist diese Dialogform in den Werken Platons erstaunlicherweise die Ausnahme, denn nur selten einigen sich die Gesprächsteilnehmer darauf, die Antwort auf die meist von Sokrates gestellte Frage gefunden zu haben.

Ein Dialog ist dogmatisch, wenn die Lehrinhalte nicht kritisch hinterfragt werden. Die folgende Übersicht zeigt, dass die zentralen Gesprächsthemen in den Dialogen Platons zum überwiegenden Teil in Form von dogmatischen Lehrvorträgen behandelt werden. In diesen Dialogen überwiegt der Anteil der zu vermittelnden Lehrinhalte, verbunden mit der durchaus erkennbaren Absicht, von einer bereits festgelegten Lehrmeinung im Wesentlichen nicht mehr abzuweichen. Eine kritische Auseinandersetzung mit den vorgetragenen

Lehrmeinungen findet nicht statt. Diese Dialogform
unterscheidet sich deutlich von aporetischen Dialogen, da die
dogmatischen Lehrinhalte oft nur die diskursive Form eines
Gesprächs imitieren. Der Stil dieser Gespräche ist
überwiegend teils belehrend, teils erzählend; ironisch-
kritische Gesprächsbeiträge sind die deutliche Ausnahme.[15].
Obwohl auch diese Texte in gewisser Weise als Dialoge zu
bezeichnen sind, ist die Rolle der Gesprächspartner in diesen
Texten eher vernachlässigbar. Die sparsamen Wortbeiträge
der Gesprächspartner dienen oft nur der Bestätigung der
vorgetragenen Thesen. Typisch für diese Dialogform ist auch
die Verwendung von Gleichnissen oder fiktiven szenischen
Darstellungen, die an griechische Theaterstücke erinnern, in
denen ein antiker Theaterchor das Bühnengeschehen
begleitet. Diese Rand- und Hintergrundstimmen übernehmen
bei Platon gleichsam die Rolle von Kronzeugen der
philosophischen Gespräche, in denen sie sich gelegentlich
durch Ausrufe wie „So ist es!", „Wie kann es anders sein!"
oder ähnliche affirmative Äußerungen bemerkbar machen. Im
Gegensatz zu den frühen sokratisch-platonischen Schriften
dominiert hier die Vermittlung von Lehrinhalten den
Gesprächsverlauf.

---

15   Der Dialog „Symposium" ist beispielsweise einer jener
      Dialoge, in dem die oben vorgeschlagene Zuordnung nicht
      eindeutig gelingt, denn er beschreibt zwar in
      mythologischen Formen die Suche nach dem Guten, doch
      enthält er auch überraschende und teils komödiantische
      Elemente, zeigt aber dadurch auf noch überzeugendere
      Weise, dass die Suche nach dem Guten ein Dauerthema in
      allen Dialogformen der sokratisch-platonischen Texte ist.

Die Frage, welche dieser Texte eher platonische und welche eher sokratische Positionen wiedergeben, verläuft entlang der Trennlinie zwischen aporetischen Dialogen einerseits und dogmatischen Texten andererseits. Entlang dieser Trennlinie finden wir auch unterschiedliche methodische Zugänge zu Fragen der Ethik. Auf der einen Seite dieser Trennlinie finden wir Fragen der Ethik, die in Form von Begriffsanalysen in aporetischen Dialogen erläutert werden. Dialoge, in denen Thesen einer begriffslogischen Prüfung und einem wissenschaftlichen Diskurs unterzogen werden. Auf der anderen Seite der genannten Trennlinie wird Ethik als Lehre und Vermittlung von Wissensinhalten beschrieben, nicht selten mit Hilfe von Gleichnissen, mythologischen Bildern oder offenbarungsähnlichen Beschreibungen des Guten. Die methodische Vielfalt der Dialoge erschöpft sich freilich nicht in dieser Typologie. Wir finden z.B. auch dogmatische Dialoge, die gelegentlich die skeptisch-aporetische Form der sokratischen Dialoge übernehmen, ohne jedoch die Rolle der Diskurspartner und ihrer skeptischen Einwände wirklich zu entfalten.

Auch wenn Platon - wie mehrfach erwähnt - die sokratischen Gespräche aufgezeichnet oder aus eigener Erinnerung oder aus Berichten anderer rekonstruiert hat, sind die stilistischen und methodischen Brüche in der Argumentation bisweilen verwirrend. Nicht zufällig ist die Frage nach der Autorschaft dieser Texte ein Dauerthema der Platon-Forschung. Zwischen der gelehrten Ignoranz des Sokrates und dem dozierenden Vortrag im Stile eines Philosophenkönigs klaffen nicht nur literarische und stilistische Lücken. In den dogmatischen Dialogen seiner späteren Schaffenszeit wird Platon zu einem

Philosophen, dessen Gedanken gelegentlich mythologisierende Formen annehmen, während die früheren Texte aus seiner Feder tatsächlich an einen Philosophen erinnern, der auf den Plätzen und Straßen Athens die Bürger der Stadt in Gespräche verwickelt oder sich in sie verwickeln lässt, immer bereit, dem skeptischen Zweifel den Raum zu geben, den eine kritische Prüfung der vorgebrachten Argumente erfordert. Warum von diesem lebendigen Philosophieren im Spätwerk Platons nur noch wenig zu finden ist, bleibt unklar[16], das uns in den frühen sokratisch-platonischen Gesprächen begegnet.

Grob lassen sich die in diesen Dialogen zu findenden Ethiken wie folgt unterscheiden:

(a) Ethik skeptisch-aporetischer Dialoge, die wir zwar nicht philosophiegeschichtlich, wohl aber systematisch einer Diskursethik zuordnen können.

(b) eine Ethik konsensual-deskriptiver Dialoge, in denen sich alle Beteiligten auf bekannte Konventionen beziehen. Diese Ethik entspräche - systematisch gesehen - einer deskriptiven Ethik, wie wir sie später auch in der sprachanalytischen Philosophie finden werden, in der der konventionelle Gebrauch der verwendeten Begriffe beschrieben, aber nicht allgemeingültig normiert wird.

---

16   Beispielsweise, wenn Platon darüber spricht, dass Komödien nur von Fremden, nicht aber von freien Bürgern des eigenen Staates aufgeführt werden sollen (im Dialog „Nomoi") oder wenn er die Behauptung aufstellt, die Steinigung und Verbannung einer Leiche sei ein Vollzugsmittel der Rechtsprechung.

(c) Dogmatische Diskursethik, deren allgemeine Normen meist aus Gleichnissen oder mythologischen Bildern abgeleitet werden. Es handelt sich also nicht um überprüfbare wissenschaftliche Aussagen, sondern um mythologische Lehrinhalte oder ethische Forderungen, die zum Teil nicht begründet, sondern einfach aufgestellt oder behauptet werden. Diese Form der Ethik wäre - systematisch gesehen - am ehesten mit einer normativen Ethik zu vergleichen.

Im Werk Platons lassen sich folgende Dialogformen und zentrale Problemstellungen unterscheiden

Dialogform	zentrale Themen	Name des Dialogs
aporetisch	Besonnenheit	Χαρμίδης / Charmídēs
aporetisch	Das gute Leben	Γοργίας / Gorgías
aporetisch	Einheit /Vielheit	Παρμενίδης / Parmenídēs
aporetisch	Erstreben des Guten	Πρωταγόρας / Prōtagóras
aporetisch	Frömmigkeit	Εὐθύφρων / Euthýphrōn
aporetisch	Gerechtigkeit	Εὐθύφρων / Euthýphrōn
aporetisch	Glückseligkeit	Γοργίας / Gorgías
aporetisch	Liebe / Freundschaft	Λύσις / Lýsis
aporetisch	Namen	Κρατύλος Kratýlos
aporetisch	Rhetorik	Γοργίας / Gorgías
aporetisch	Rhetorik	Μενέξενος / Menéxenos
aporetisch	Selbstbeherrschung	Γοργίας / Gorgías
aporetisch	Sophistik	Πρωταγόρας / Prōtagóras
aporetisch	Streitkunst (Eristik)	Εὐθύδημος /

		Euthýdēmos
aporetisch	Tapferkeit	Λάχης / Láchēs
aporetisch	Tugend	Μένων / Ménōn
aporetisch	Unrecht tun / leiden	Γοργίας / Gorgías
aporetisch	Wiedererinnerung	Μένων / Ménōn
aporetisch	Willensschwäche	Πρωταγόρας / Prōtagóras
konsensual	Dichtung	Ἴων / Íōn
konsensual	Inspiration	Ἴων / Íōn
konsensual	Seelenwanderung	Φαίδων / Phaídōn
konsensual	Tod des Sokrates	Φαίδων / Phaídōn
konsensual	Unsterblichkeit d. Seele	Φαίδων / Phaídōn
konsensual	Wiedererinnerung	Φαίδων / Phaídōn
dogmatisch	Atlantis-Mythos	Κριτίας / Kritías
dogmatisch	Begriffsteilung	Πολιτικός / Politikós
dogmatisch	Begriffsteilung	Σοφιστής / Sophistés
dogmatisch	Einheit / Vielheit	Φίληβος / Phílēbos
dogmatisch	Elemente	Τίμαιος / Tímaios
dogmatisch	Erotik / Wahnsinn	Φαῖδρος / Phaídros
dogmatisch	Erotik	Συμπόσιον / Sympósion
dogmatisch	Eugenik	Τίμαιος / Tímaios
dogmatisch	Gattungen	Σοφιστής / Sophistés
dogmatisch	Höhlengleichnis	Πολιτεία / Politeía
dogmatisch	Idee des Schönen	Φαῖδρος / Phaídros
dogmatisch	Idee des Schönen	Συμπόσιον / Sympósion
dogmatisch	Inkarnationszyklus	Φαῖδρος / Phaídros
dogmatisch	Klassen des Seienden	Φίληβος / Phílēbos
dogmatisch	Krankheit	Τίμαιος / Tímaios
dogmatisch	Kritik der Schriftlichkeit	Φαῖδρος / Phaídros
dogmatisch	Kugelmenschen	Συμπόσιον / Sympósion
dogmatisch	Liniengleichnis	Πολιτεία / Politeía
dogmatisch	Lust	Φίληβος / Phílēbos
dogmatisch	Pflichttreue	Κρίτων / Krítōn
dogmatisch	Proportionalität	Φίληβος / Phílēbos

dogmatisch	Rhetorik / Wahrheit	Φαῖδρος / Phaídros
dogmatisch	Rhetorik	Φαῖδρος / Phaídros
dogmatisch	Seelenstruktur	Πολιτεία / Politeía
dogmatisch	Seelenwanderung	Πολιτεία / Politeía
dogmatisch	Seelenwanderung	Τίμαιος / Tímaios
dogmatisch	Seelenwanderung	Φαῖδρος / Phaídros
dogmatisch	Seiendes / Werdendes	Τίμαιος / Tímaios
dogmatisch	Sein / Nichtsein	Σοφιστής / Sophistés
dogmatisch	Sonnengleichnis	Πολιτεία / Politeía
dogmatisch	Sophistik	Σοφιστής / Sophistés
dogmatisch	Staat, idealer	Πολιτεία / Politeía
dogmatisch	Staatsformen	Πολιτεία / Politeía
dogmatisch	Staatskunst	Πολιτικός / Politikós
dogmatisch	Unsterblichkeit d. Seele	Πολιτεία / Politeía
dogmatisch	Verteidigungsrede	Ἀπολογία Σωκράτους / Apología Sōkrátous
dogmatisch	Wahrheit / Lüge	Σοφιστής / Sophistés
dogmatisch	Weber-Gleichnis	Πολιτικός / Politikós
dogmatisch	Weltseele	Τίμαιος / Tímaios
dogmatisch	Zeit / Raum	Τίμαιος / Tímaios

Abgesehen von dieser etwas holzschnittartigen Charakterisierung der Argumentationsziele der platonischen Dialoge ist die Einteilung nach Argumentationszielen, also nach ihrer aporetischen, konsensualen oder dogmatischen Funktion, selbst problematisch, da in allen Dialogformen Philosophie auch um ihrer selbst willen betrieben wird, unabhängig von den dabei angewandten Methoden. Die sokratisch-platonischen Dialoge dokumentieren gemeinsam ein Denken, das eben nicht immer nur auf die Lösung von Problemen abzielt. Auch wenn sich die verschiedenen Dialogformen, die zur Beantwortung der Frage, welche Formen der Ethik in Platons Dialogen zu finden sind, genannt wurden, in ihren Methoden und Gesprächstechniken voneinander unterscheiden, so ist ihnen doch eine Tätigkeit um ihrer selbst willen gemeinsam: ein Denken, das Wissenschaft um ihrer selbst willen betreibt. Der Selbstzweckgedanke, der Gedanke, dass das Gute auch um seiner selbst willen zu suchen ist, orientiert sich also nicht an bestimmten Dialogformen und Denkmethoden, noch wäre es für dieses Denken wesentlich, in unserem heutigen Sinne von Effizienz für etwas „nützlich" zu sein.

Das Philosophieren in der Antike lässt sich nicht an gleichsam ökonomischen Effizienzkriterien messen. Im weitesten Sinne „nützlich" ist das Philosophieren auch in der Perspektive Platons, aber nicht, um das Denken als Werkzeug einzusetzen, sondern um das Philosophieren als eine Tätigkeit sichtbar zu machen, die bereits am Ziel ist, wenn sie um ihrer selbst willen betrieben wird. Die methodischen Unterschiede zwischen den genannten Dialogformen dienen also nur sekundären Aufgaben des Philosophierens und sind von untergeordneter Bedeutung. Für alltägliche Aufgaben lässt sich aus ihnen freilich Nützliches ableiten. Praktische Lösungen für ethische Probleme zu finden, ist jedoch nicht die primäre Aufgabe der Philosophie Platons. Es ist auch nicht das Ziel dieser Ethik, praktische Lösungen für ethische Probleme zu finden, also „nützlich" zu sein. Wenn überhaupt von einem Ziel der Suche nach dem Guten gesprochen werden kann, dann liegt dieses in der Suchbewegung selbst, unabhängig davon, ob sie zu Ergebnissen führt, die für die ethischen Probleme des Alltags nützlich sind. Dennoch hilft Platons Ethik denjenigen, die in dieser Suche nach dem Guten ihr

Glück finden und sich dabei gegenseitig unterstützen[17]. Platon wurde nicht müde, diese Suche nach dem Guten auf immer neue Weise zu beschreiben.

Das vielleicht prominenteste Gleichnis Platons, das alle drei genannten Dialogformen in sich vereint, ist sein berühmtes Höhlengleichnis. An diesem Gleichnis lassen sich die wesentlichen Lehrinhalte der Dialoge Platons verdeutlichen.

Das Höhlengleichnis

In seinem Werk „Politeia" (Πολιτεία / Politeía / Der Staat) beschreibt Platon eine Welt, in der das Streben nach dem Guten anhand eines Szenarios beschrieben wird, das ohne weiteres in einer griechischen Tragödie und in einem Theater der damaligen Zeit hätte inszeniert werden können. Im 7. Buch dieses Werkes finden wir eine Szenerie beschrieben, die uns Menschen zeigt, die seit ihrer Kindheit in einer Höhle gefangen gehalten werden. Diese Gefangenen können ihren Kopf kaum bewegen. Ihr Blick fällt nur auf die ihnen gegenüberliegende Höhlenwand. Hinter ihrem Rücken brennt ein Feuer, und zwischen diesem Feuer und ihnen ist eine Wand errichtet, hinter der Menschen, die an Schausteller und Gaukler erinnern, Gegenstände vor sich

---

17   Aristoteles wird später diesen Gedanken aufgreifen und die Suche nach dem Guten als etwas beschreiben, das ein glückliches Leben in jenen Gemeinschaften ermöglicht, die diese Voraussetzungsbedingungen der Suche nach dem Guten teilen. Gemeinschaften, deren Mitglieder glückliche Menschen sind, weil sie gemeinschaftlich das für sie Gute suchen.

hertragen, ähnlich den schon damals bekannten Puppenspielen. Die Gegenstände, die hinter der Wand vorbeigetragen werden, ragen über die Wand hinaus, und das Licht des Feuers wirft Schatten auf die Höhlenwand.

Die Gefangenen, von denen uns dieses Gleichnis erzählt, sehen und kennen die Gegenstände, die vor dem Feuer vorbeigetragen werden, nicht. Sie kennen nur ihre Schatten, oder genauer: Sie kennen nur die Schatten der Modelle der Dinge, die sie nicht direkt sehen können.
Ob und wie sich die Gefangenen untereinander verständigen, welcher Sprache sie sich bedienen, wird in diesem Gleichnis nicht gesagt. Unklar bleibt im Gleichnis auch, warum die Gefangenen überhaupt in diese Situation geraten konnten und ihr Leben in einer Höhle verbringen müssen. Dass sie dennoch in der Lage sind, die Welt, in der sie leben, zu beschreiben, wird erst im weiteren Verlauf des Gleichnisses deutlich, denn einer von ihnen, ebenfalls ein Gefangener, wird gegen seinen Willen von den Menschen, die am Feuer stehen, aus der Höhle geführt. Sein Weg aus der Höhle ins Freie führt am Höhlenfeuer vorbei, das die Gegenstände beleuchtet, deren Schatten die Gefangenen sehen. Auf dem Weg aus der Höhle wird der Gefangene zunächst vom Feuer geblendet. Feuer und Licht hat der Gefangene noch nie gesehen. Nur die Schatten der Dinge, die das Feuer wirft, sind ihm vertraut. Der Weg hinaus, der Weg zum Licht, ist ein Aufstieg, ein Weg nach oben, denn der Ausgang der Höhle ist der höchste Punkt der Höhle. Durch diesen Ausgang tritt der Gefangene nun ins Licht und ist dort sich selbst überlassen. Diejenigen, die ihn - gegen seinen Willen - ans Licht gebracht haben, werden ihn später nicht daran hindern, in die Höhle

zurückzukehren. Doch zunächst blendet das Sonnenlicht seine Augen und er braucht Zeit, um sich allmählich an die Welt der Farben zu gewöhnen. Dinge, die er bisher nur als Schatten kannte, sieht er nun auch in ihrer räumlichen Form und Anordnung.

Für den ehemaligen Gefangenen ist es schmerzhaft, sich an das von der Sonne reflektierte Licht der Dinge zu gewöhnen. Platon scheint der Meinung zu sein, dass es dem befreiten Gefangenen schließlich gelingt, direkt in die Sonne zu blicken. Da Platon wohl wusste, dass es für den Menschen unmöglich ist, direkt in die Sonne zu blicken, ohne zu erblinden, können wir davon ausgehen, dass die aus der Höhle Geführten möglicherweise über Sehfähigkeiten verfügten, die wir nicht haben. Abgesehen davon stellt sich aber erneut die Frage, wer eigentlich derjenige ist, der hier aus der Höhle befreit und ins Licht geführt wird. Wer waren die Befreier?

Im Wissen um die wahre, von der Sonne erleuchtete Welt erkennt der Befreite seine bisherige Schattenwelt als eine Welt des trügerischen Scheins. Das Gleichnis berichtet von seiner Absicht - sei es aus Freundschaft, sei es aus anderen Motiven - zu den Gefangenen in der Höhle zurückzukehren, ihnen von der Außenwelt zu berichten und ihnen anzubieten, sie zu befreien und aus der Höhle zu führen. Die ehemaligen Mitgefangenen sind jedoch nicht bereit, ihre bisherige Lebenswelt zu verlassen, da sie befürchten, „verraten" zu werden. Sollte er, der befreite ehemalige Mitgefangene, sie wirklich aus der Höhle führen wollen, würden sie ihn töten. Das Gleichnis lässt offen, ob er tatsächlich in die Höhle zurückkehrt oder dies nur in Erwägung zieht. Das Gleichnis macht aber deutlich, dass die in der Höhle Zurückgebliebenen ihn töten würden, wenn er versuchen würde, sie zu befreien.

Es macht auch deutlich, dass diejenigen, die aus dem Licht in die Höhle zurückkehren, von den in der Höhle Zurückgebliebenen verspottet werden, weil sich ihre Augen nur langsam an die Dunkelheit der Höhle gewöhnen und sie von den in der Höhle Zurückgebliebenen behandelt werden, als seien sie diejenigen, die das Sehen verlernt haben.

Dieses Gleichnis ist in mehrfacher Hinsicht bemerkenswert. Nicht nur, dass das geschilderte Szenario an das Leben und Sterben des Sokrates erinnert, es wurde auch in späterer Zeit als ein Gleichnis angesehen, das geeignet war, zentrale Botschaften der christlichen Lehre in Erinnerung zu rufen. Der aus dem Licht Kommende wurde von den Seinen verspottet und getötet, weil er sie von ihren Fesseln befreien und zum Licht führen wollte.

Das Leben und Sterben des aus der Schattenwelt Kommenden ist jedoch nur die Rahmenhandlung dieses Gleichnisses. Die Sonne, die die Dinge vor der Höhle erhellt, steht im Gleichnis für die Idee des Guten. Der Weg aus der Höhle ist der Weg aus dem Schattenreich in das Licht der Erkenntnis. Von hier aus, im Licht der Sonne, erweist sich die Lebenswelt der Gefangenen in der Höhle als eine Welt des Scheins. Das Feuer, das diese Schatten sichtbar macht, steht in Platons Gleichnis für das Licht der Erkenntnis, das die mathematischen Ideen spenden. Doch erst die Sonne macht die Welt außerhalb der Höhle sichtbar. Der zuvor in der Welt der Schatten Gefangene sieht die Dinge außerhalb der Höhle nur, weil es das Licht der Sonne ist, das den Dingen ihre Sichtbarkeit verleiht. Es ist das Licht der Sonne, das im Gleichnis für die Idee des Guten steht, denn nur die Idee des Guten verleiht dem Sichtbaren Sichtbarkeit.

Bis zu diesem Punkt wirft das Gleichnis keine größeren Verständnisprobleme auf, denn die Bilder, die es zur Deutung anbietet, sind - zumindest im Kontext der Dialoge Platons - selbsterklärend. Allerdings gibt es auch in diesem Gleichnis einige eher rätselhafte Punkte, die im Horizont der damaligen Zeit nicht wirklich verständlich sind. Unklar ist zum Beispiel, warum in diesem Gleichnis ein Gefangener gegen seinen Willen ans Licht gebracht wird. Warum wird ein Gefangener nicht mit Argumenten überzeugt, seine Freiheit zu wählen oder zu suchen? Warum wird er gleichsam in die Freiheit gezerrt, ins Licht geführt und in die von der Sonne erleuchtete Welt der Dinge gezwungen?

Unklar ist auch, wie sich die Gefangenen in der Höhle untereinander verständigen können? Welche Sprache haben sie gelernt, wenn nicht die der Menschen? In der Parabel wird angedeutet, dass die gesprochene Sprache der Menschen, die in der Höhle vor dem Feuer stehen, aufgrund der akustischen Gegebenheiten der Höhle am anderen Ende der Höhle nur als Gemurmel oder in verzerrter Form zu hören ist. Man kann also nicht davon ausgehen, dass die Gefangenen und die Schattenerzeuger dieselbe Sprache sprechen. Will die Parabel darauf anspielen, dass die Gefangenen in einer Schattenwelt leben, weil die Philosophen diejenigen sind, die den Menschen vorgaukeln, ihre Schattenwelt sei die einzige und wahre Welt? Sind es die Philosophen, die diesen Irrtum erzeugen, den sie selbst korrigieren, indem sie einen der Gefangenen aus der Höhle führen, in die sie ihn selbst verschleppt haben? Sind es die Philosophen, die zu falschem und wahrem Wissen gleichermaßen verführen oder verleiten?

Die im Gleichnis angedeutete Rollenunklarheit in Bezug auf jene, die sowohl als Schattenproduzenten und Verführer als auch als Befreier und Lichtbringer auftreten, verwirrt den Leser, weil diese Rollenunklarheit es nicht erlaubt, die Philosophie selbst als etwas zu beschreiben, mit dessen Hilfe wir unser Wissen zweifelsfrei erweitern können.

Im Gleichnis sind es die Feuerwehrleute, die für die Welt des Scheins und der Schatten verantwortlich sind. Zugleich sind sie es, die einen der Gefangenen gegen seinen Willen ans Licht führen. Nicht dieser hat seine Befreiung gewählt, noch wünscht er sie sich, sondern die Männer des Lichts haben seine Befreiung gewählt, ohne einen Grund dafür anzugeben. Weder wird im Gleichnis das Motiv der Befreiung angedeutet, noch ist klar, warum der befreite Gefangene nach dem Verlassen der Höhle Mitleid mit seinen ehemaligen Mitgefangenen haben sollte. „Mitleid" galt bei den alten Griechen und Römern nicht als Tugend. Was also veranlasste den befreiten Gefangenen, in die Höhle zurückzukehren? Zumindest die Tugend der Freundschaft bietet sich an, um diese Rückkehr verständlich zu machen. Wenn es aber Freundschaft war, warum vertrauen die in der Höhle verbliebenen Gefangenen ihrem Freund nicht? Warum bedrohen sie den, der sie aus der Gefangenschaft befreien will?

Offensichtlich erinnern viele Bilder dieses Gleichnisses an das Leben und Sterben des Sokrates. Hätte sich der zurückgekehrte ehemalige Gefangene wie Sokrates verhalten, wäre auch er von seinen ehemaligen Freunden getötet worden. Die Frage nach dem Motiv der Freilassung eines Gefangenen, die Frage nach dem Motiv der Rückkehr und die

Feindschaft seiner ehemaligen Mitgefangenen lassen sehr unterschiedliche Interpretationen dieses Gleichnisses zu. Es ist keineswegs ausgemacht, dass die hier skizzierten Unklarheiten vom Verfasser des Gleichnisses als hinzunehmende strukturelle Schwächen des Gleichnisses billigend in Kauf genommen wurden.

Möglicherweise liegen gerade hier die nicht trivialen und interessanten Deutungsmöglichkeiten, die eine durchaus kontroverse Interpretation des Gleichnisses nahelegen. Die Aporien dieses Gleichnisses erinnern auch daran, dass das Gute nicht etwas Gegebenes, gewissermaßen Auffindbares ist. Für Sokrates wie für den befreiten Gefangenen ist es nicht immer entscheidend, dass das Gute gefunden wird. Entscheidend ist, dass es gesucht wird.

Das Höhlengleichnis wurde von Platon durch zwei weitere Gleichnisse ergänzt und kommentiert. Im Sonnengleichnis erläutert Platon noch einmal die Metapher der Sonne, die für die Idee des Guten steht. Das Liniengleichnis bereichert das Höhlengleichnis um das Thema der idealen Proportionalität zwischen der Welt der Schattendinge, der Welt der sinnlich wahrnehmbaren Dinge und der Idee des Guten. Diese ideale Proportionalität, die das Liniengleichnis als verdoppelten „Goldenen Schnitt" beschreibt, dessen Realisierung wir z.B. auch in den geometrischen Proportionen antiker Tempel finden, sei hier nur am Rande erwähnt, weil sie deutlich macht, dass dieses Gleichnis komplexer ist, als es auf den ersten Blick erscheinen mag.

So werden die Personen, die die Gegenstände hinter die Mauer bringen, im Gleichnis als Gaukler oder Puppenspieler dargestellt. Es sind die Puppenspieler oder ihresgleichen, die einen der Gefangenen aus der Tiefe der Höhle ans Licht führen. Warum aber werden die Gaukler und Puppenspieler als Verführer und Retter beschrieben? Wie kann man den Puppenspielern glauben? Und wo sonst könnte die Wahrheit unbefangener und unverdächtiger vermittelt werden als im Theater?[18]

Die Komplexität dieses Gleichnisses liegt auch darin, dass es nicht lebende Menschen oder originale Gegenstände sind, die durch das Feuer Schatten an die Höhlenwände werfen. Es sind Figuren, die vor das Feuer getragen werden. Wenn die Dinge, die am Feuer vorbeigetragen werden, mit anderen Schattenfiguren übereinstimmen, dann sind sie auch Modelle dieser Dinge. Das Licht des Feuers, das im Gleichnis als Licht der mathematischen Erkenntnis die Höhle erhellt, ist ein Licht, das uns nur die Modelle der Dinge an den Höhlenwänden zeigt. Dieser Gedanke ist in mehrfacher Hinsicht rätselhaft, denn nun wäre das Licht des Feuers nicht als etwas zu deuten, das uns verstehen lässt, wie die Schatten in der Höhle entstehen. Die Gefangenen sehen - genau genommen - nur die Schatten der Modelle der Dinge, also sozusagen Schatten der Schatten und nicht Abbilder der Dinge, die wir vor dem Höhleneingang vorfinden. Aber auch vor der Höhle sieht der ehemalige Gefangene die Dinge nicht in ihrem eigenen Licht, sondern im Licht der Sonne, die ihnen gleichsam ihre Sichtbarkeit verleiht. Sichtbar werden die

---

18   Unter den Stoikern werden es die Kyniker sein, die sich gleichsam als Gaukler der Wahrheit verstehen, um Dinge aus- und anzusprechen, die ihnen unter normalen Umständen das Leben gekostet hätten. (→ Ethik der Stoiker)

Dinge nur durch das von der Sonne reflektierte Licht. Die Dinge selbst leuchten nicht.

Im Zentrum all dieser Bilder und Deutungsvarianten stehen nicht nur erkenntnistheoretische Fragen („Was und wie können wir von den Dingen wissen?"), sondern vor allem ethisch relevante Themen. Wir finden in dieser Parabel (1.) nicht nur die kontrovers diskutierbaren Elemente einer Ethik, in der die Motive der Suche nach dem Guten als doppelte Entführung beschrieben werden. Eine Entführung, bei der diejenigen, die in der Finsternis bleiben, das Licht nicht suchen wollen, und diejenigen, die ins Licht entführt werden, in der Finsternis ihrem Tod entgegengehen, weil sie zu ihren ehemaligen Mitgefangenen zurückkehren wollen.

Aber auch andere Deutungen sind möglich, denn dieses Gleichnis enthält (2.) auch eine Botschaft, in der das Gute - allen Deutungsschwierigkeiten zum Trotz - ein universelles Gutes ist, weil es nicht nur die Welt außerhalb der Höhle, sondern indirekt auch die Dinge in ihr erhellt, in der das Höhlenfeuer als gleichsam geborgtes Sonnenlicht denen leuchtet, die im Schatten sind.

Schließlich finden wir (3.) in diesem Gleichnis auch den Gedanken einer Vergegenwärtigung dessen, was Platon mit dem Begriff der „Gerechtigkeit" umschreibt, denn die Suche nach dem Guten ist nicht darauf angewiesen, es in oder außerhalb einer Höhle zu finden, gleichsam als wäre es ein verborgener Schatz, den es zu heben gilt. Die Seele des Menschen selbst ist diese Höhle. Eine Höhle, in der sie dem Guten nahe ist, das sie erkannt hat. Durch ihre Vernunft schenkt sie sich selbst das Licht, das ihre Selbstbesinnung auch in ihren tiefsten Tiefen ermöglicht. Solange wir nicht erkennen, dass das Gute in uns leuchtet, sind wir es, die in der Dunkelheit der Höhle unsere Tage vollenden.

Dialektik

Dass ein Sachverhalt aus verschiedenen Perspektiven unterschiedlich beschrieben werden kann, ist der Normalfall eines sokratischen Gesprächs. Dass etwas aber auch in derselben Hinsicht verschieden ist, weil beide Betrachtungsperspektiven nicht nur gleichberechtigt, sondern identisch sind, war im Rahmen der damals bekannten Aussagenlogik nicht zu erwarten. Platon zeigt uns gelegentlich, dass Sokrates auch an Gesprächen und Diskussionen beteiligt war oder gewesen sein könnte (das bleibt unklar), die sich nicht in der Entwicklung alternativer, sich gegenseitig ausschließender Argumente erschöpften. Vielmehr zeigt dieser Dialog, dass unterschiedliche Perspektiven der Beschreibung eines Sachverhalts auch ununterscheidbar werden können, nämlich dann, wenn Beschreibung und Beschriebenes dasselbe sind. In diesem Fall handelt es sich um ein sich selbst beschreibendes Denken. Beispiele für selbstbezügliches, selbstprädikatives Denken gibt uns Platon an mehr als einer Stelle seines Werkes. Ein berühmtes Beispiel für selbstprädikatives Denken finden wir in Platons Dialog „Parmenides". Einer der Gedanken, die in diesem Dialog entwickelt werden, ist der Begriff der nicht zählbaren Einheit. Wenn wir etwas als Eines begreifen und ein Anderes nicht existiert, dann kann sich das Eine nur dann als etwas begrifflich Abgrenzbares erweisen, wenn es sich zu sich selbst in Beziehung setzt. Diese Differenz des Einheitsbegriffs, der ohne ein äußeres Anderes auskommen muss, setzt den

Selbstbezug eines Begriffs voraus. Etwas wird sich selbst ein Anderes.

Mit diesem Gedanken dürfte Platon fast alle seine Zeitgenossen philosophisch überfordert haben, denn dieser Gedanke war seiner Zeit um Jahrhunderte voraus.

Platons Dialog „Parmenides" ist in der Antike - von wenigen Ausnahmen abgesehen - kaum zur Kenntnis genommen worden. Auch das ist erstaunlich, denn auch in diesem Dialog steht die Ethik im Mittelpunkt. Das Eine, das sich selbst beschreibt, ist die Seele. Sie selbst ist der Maßstab ihrer Beschreibung, sie selbst ist der Maßstab und das, was an diesem Maßstab zu messen ist. Was es aber heißt, etwas durch sich selbst zu erklären, das wird in diesem Dialog vermittelt.

Wir können das, was Platon auf komplexe Weise begrifflich zu entwickeln versucht, annähernd verstehen, wenn wir versuchen, unsere Träume zu beschreiben. Wovon der platonische Sokrates in diesem Gleichnis spricht, ist uns aus unseren Träumen bekannt und vertraut. Wer im Traum einer anderen Person begegnet, weiß nach dem Erwachen, dass diese Traumperson von ihm selbst im Traum übernommen worden sein muss. Der Mensch, dem man im Traum begegnet, ist Inhalt der Gedanken des Träumenden. Er, der Träumende, kann also letztlich nur sich selbst begegnen, auch wenn er im Traum anderen Menschen begegnet. Der Träumende träumt nur das, was er selbst in seinen Träumen konstruiert. Der Andere im Traum ist ein Anderer des Träumenden, und der Träumende begegnet im Traum immer nur einem Anderen seiner selbst. Diese Form der spekulativen Dialektik („Etwas ist ein Anderer seiner selbst") ist uns also aus Träumen vertraut, in denen jeder Andere für uns ein Anderer ist, den wir im Traum aus und in unseren Gedanken erschaffen haben. Dialektisch an dieser begrifflichen Konstruktion ist der Gedanke, dass etwas sich selbst und zugleich ein Anderer seiner selbst sein kann.

Es hat den Anschein, dass diese Argumentationstechnik, in der sich Begriffe in ihrem Gebrauch selbst thematisieren, nur schwer mit der eher spielerischen und oft auch ironischen Form des sokratischen Philosophierens in Einklang zu bringen ist. Andererseits begegnet uns diese Form der Dialektik auch in den frühen sokratischen Dialogen, die oft keine Lösung für ein gestelltes Problem finden und Fragen unbeantwortet lassen[19].

Dennoch verbleibt die Dialektik, im Rahmen der sokratisch-platonischen Ethik, überwiegend im Abwägen von Argumenten und Gegenargumenten. Sie bewegt sich noch im Raum rhetorischer Kunstfertigkeit, um Argumente in Gegenargumente zu verwandeln. Die frühen sokratischen Dialoge bieten verblüffende Beispiele dieser Argumentationstechnik und lassen die praxisnahen Optionen ihrer möglichen politischen Instrumentalisierung erahnen. Die

---

19   Die Unabgeschlossenheit sokratischer Gespräche, in denen widersprüchliche, aber vernünftige Aussagen einander gegenüberstehen, unterscheidet sich nicht wesentlich von der Dialektik, in der die Selbstanwendung eines Begriffs zu Begriffen führt, die ein und dasselbe widersprüchlich beschreiben. Diese spekulative Erkenntnis wird erst im 19. Jahrhundert wieder aufgegriffen. Im Kapitel über Hegels spekulativ-dialektische Ethik wird uns dieses Thema wieder begegnen. Dort werden auch die Konsequenzen einer radikal dialektischen Interpretation der Ethik näher zu erläutern sein.

sokratische Ethik scheint durchaus geeignet zu sein, die Fundamente konventioneller Ordnungsmuster eingespielter Verhaltensweisen in den Gesellschaftsordnungen der griechischen Antike zu erschüttern. Der Strafprozess, dem sich Sokrates aussetzen musste, ist ein deutlicher Beleg dafür, dass diese Ethik den Rahmen gesicherter konventioneller Verhaltensweisen zu sprengen drohte.

Die höchste Tugend: Gerechtigkeit

Die Philosophie in der sokratisch-platonischen Tradition hat den Begriff der in sich ruhenden Seele unterschiedlich interpretiert und weiterentwickelt. Während Platon den Begriff der höchsten Tugend der Gerechtigkeit mit einem Zustand der in sich ruhenden Seele verbindet, haben die Stoiker, die Kyniker und die Epikureer dieses „In-sich-Ruhen" jeweils unterschiedlich interpretiert. Für Platon kennzeichnet die erwähnte Seelenruhe die höchste aller Tugenden: die Gerechtigkeit. Diese ist für Platon keine proportionale oder zuteilende Gerechtigkeit, wie etwa bei seinem langjährigen Schüler Aristoteles, sondern bezeichnet jenen Seelenzustand, in dem sich eine in sich ruhende Seele befindet, wenn sie sich selbst gerecht wird.
Als in sich ruhende Seele verfügt die Seele über die Fähigkeit zur Selbstreflexion und damit auch über die Tugend der Besonnenheit und Weisheit. Gerechtigkeit, Tapferkeit, Weisheit und Besonnenheit sind die sogenannten Kardinaltugenden Platons. Die Gerechtigkeit aber ist die höchste unter ihnen, denn aus ihr lassen sich die anderen Tugenden ableiten. Als in sich ruhende Seele besitzt die Seele die Tugend der Tapferkeit, denn tapfer ist, wessen Seele durch äußere Ereignisse nicht erschüttert wird. Tapfer kann daher für Platon auch derjenige sein, der allein oder an

einsamen Orten lebt. (Auch auf dieses Motiv werden Jahrhunderte später christlich-kontemplative Ordensgemeinschaften zurückgreifen).

Auch Weisheit und Besonnenheit lassen sich aus diesem Begriff der in sich ruhenden Seele ableiten, denn der natürliche Zustand einer in sich ruhenden Seele ist ihre Selbstbesinnung. Nur die Seele, die sich selbst kennt, kann in sich ruhen.

Platons Antworten im Höhlengleichnis lassen kaum Zweifel aufkommen, denn entweder zeigt sich die Teilhabe (methexis / μέθεξις) an der Idee der Gerechtigkeit darin, dass jemand diese Gerechtigkeit sucht, oder darin, dass ein Gerechter jenen Zustand der Seele anzustreben oder zu erhalten sucht, in dem die Seele in sich ruhen kann. Letzteres kann wiederum auf verschiedene Weise erreicht werden, nämlich entweder durch das Erreichen eines Zustandes, in dem die Seele - unabhängig von äußeren Ereignissen - in sich ruht, oder durch ein glückliches Leben, in dem jemand das, was er tut, um seiner selbst willen tut, also nicht, weil er dazu gedrängt oder getrieben wird. Der Weg aus der Höhle ist in einem Fall der Weg, den die Stoiker - in der Tradition dieser sokratisch-platonischen Lehre - beschritten haben. Der Weg aus der Höhle ist im anderen Fall die Suche nach den Bedingungen eines glücklichen Lebens, das ein psychisch stabiles, selbstbestimmtes und selbstreflektiertes Leben ermöglicht. Dieser Weg aus der Höhle, der ein Weg zurück in die Gemeinschaft der Menschen ist, wurde von Aristoteles näher beschrieben und entwickelt.

In jedem Fall ist das Gute etwas, das im Verhalten der Menschen sichtbar und erfahrbar wird. Die Stoiker lehrten die Erfahrbarkeit der Seelenruhe des Gerechten durch die Übung der stoischen Tugenden. Die Aristoteliker versuchten, diese Seelenruhe durch sozialen Frieden inmitten einer Gemeinschaft zu erreichen. Eine gewisse Mittlerrolle zwischen Stoikern und Aristotelikern nahmen später die Epikureer ein, die die Glückseligkeitslehre des Aristoteles mit Elementen der Stoa verbanden.

Wirkungsgeschichte

Die Philosophie Platons hat nicht nur in der griechischen Antike alle Strömungen der Philosophie und insbesondere der Ethik beeinflusst. Für die Geschichte und Systematik der Ethik waren es weniger die spezifischen Inhalte der sokratisch-platonischen Dialoge, die die Entwicklung der Ethik nachhaltig beeinflussten, als vielmehr die Entwicklung von Argumentationstechniken, die sich noch in mittelalterlichen Disputationen und Diskursanalysen des 20.
Die Methode, Argumente zu entwickeln, zu begründen, zu Theorien zu bündeln und ihre Geltungsansprüche diskursiv abzusichern, hat - mehr noch als die thematischen Inhalte der Philosophie Platons - in Antike, Mittelalter und Neuzeit immer wieder an das sokratisch-platonische Denken erinnert und es zugleich weiterentwickelt.
Es ist sicher nicht übertrieben, Platons Werke zu den wirkungsmächtigsten der Philosophiegeschichte zu zählen. So haben z.B. die vielfältigen und komplexen Diskussionen über die Frage, was unter Universalien, d.h. allgemein gültigen und kontextübergreifenden Begriffen zu verstehen sei, die philosophische Diskussion über Jahrhunderte geprägt und auch die Entwicklung der Ethik beeinflusst. Hier nur einige Beispiele für die Wirkungsgeschichte der platonischen Ethik:
- Die Stoiker entwickelten das Prinzip der „Seelenruhe der Gerechten" zu einem neuen Konzept der stoischen Ethik.
- Die Epikureer interpretierten die sokratisch-platonischen Freundschaften der Schule Platons als Prinzip eines jeden Freundschaftsbundes, der dem gegenseitigen Nutzen und damit der Gerechtigkeit dient.

- Aristoteles übernahm von Platon die Idee der um ihrer selbst willen verfolgten Handlungsziele, die für Aristoteles das glückliche Leben in der Gemeinschaft fördern.
- Die Aufklärung übernahm die sokratische Idee der Selbstbesinnung und der Autonomie der Vernunft.
- Die Diskursethik des 20. Jahrhunderts übernahm die sokratisch-platonische Idee der Unhintergehbarkeit dialogischer Verständigung im ethischen Diskurs.
- Die Wissenschaftsethik im 20. Jhdt. übernahm das platonische Motiv der theoriegeleiteten, kontinuierlichen Suche nach dem Guten durch Hypothesenbildung und deren kritische Prüfung.

Lernziele

Ein Ziel der Vorlesung war es, systematische Vergleiche zwischen antiken Konzepten und zeitgenössischen Theorien anhand vergleichbarer Fragestellungen zu erarbeiten.
Die Frage nach der Relevanz der Vermittlung ethischer Lehr- und Lerninhalte aus der Zeit der griechisch-römischen Antike mag für Studierende, die sich mit Grundfragen der Ethik beschäftigen, nicht unmittelbar einsichtig sein. Wenn es darum ginge, die Aktualität eines Satzes von Pythagoras oder Euklid zu beweisen, hätten Studierende in der Regel keine Probleme, einen geometrischen oder mathematischen Beweis aus der Antike zu erkennen. Im Falle der Anerkennung der Leistungsfähigkeit der Ethik in der Antike scheint dies nur deshalb anders zu sein, weil sich die Verhaltensnormen auf das Leben der Menschen beziehen und es heute fraglich erscheinen mag, ob Verhaltensnormen aus dem 4. vorchristlichen Jahrhundert auf die Gegenwart übertragbar sind. Auch wenn die konkreten Probleme und Fragen des zwischenmenschlichen Verhaltens in der Antike nicht unmittelbar auf die Gegenwart übertragbar sind, so bleiben

doch die Grundfragen der Ethik schon deshalb vergleichbar, weil elementare Lebenssituationen vergleichbar bleiben. Was ein Mensch von anderen Menschen erwarten oder erhoffen darf, ist eine zeitlose Frage. Ebenso ist die Frage, wie Normen zu begründen sind, zu allen Zeiten gestellt worden. Auch die Frage, welches ethische Verhalten geboten ist, wenn sich konkrete Probleme als unlösbar erweisen (ethische Dilemmata), ist nach wie vor aktuell. Seien es Fragen der Glücks- oder der Verantwortungsethik: Entscheidende Ideen und Konzepte der heute diskutierten Ethiken wurden in der griechischen Antike entwickelt.

Lernziele im Einzelnen

- Vermittlung der Ziele und Funktionsweise sokratischer Gespräche
- Vermittlung der Leitideen der Ethik Platons im sog. Höhlengleichnis
- Vermittlung eines Leitgedankens der Antike: Platons Begriff der Gerechtigkeit

Übungsfragen

- Welche Dialogformen finden wir in den sokratisch-platonischen Gesprächen?
- Was wird im Höhlengleichnis beschrieben?
- Was bedeutet für Platon „Gerechtigkeit"?
- Wodurch unterscheiden sich skeptische, konsensuelle und dogmatische Dialoge?
- Inwiefern zieht sich die Suche nach dem Guten wie ein roter Faden durch Platons Texte?
- Erfordert ein sokratisch-platonischer Dialog immer einen Konsens der Gesprächspartner?

Literatur

- Paton zur Einführung, von Barbara Zehnpfennig, 2017, 252 Seiten, Verlag: Junius Hamburg
- Die Suche nach dem guten Leben: Einführung in Platons frühe Dialoge, von Ursula Wolf, 2013, 188 Seiten, Verlag: Klostermann
- Das Höhlengleichnis: Sämtliche Mythen und Gleichnisse, von Bernhard Kytzler und Platon, 2009, 222 Seiten, Verlag: Insel: Insel

Aristoteles (384-322 v.Chr.)
Das Gute als gelingendes Leben

Erstmals begegnet uns in der Philosophie der griechischen
Antike ein Philosoph, der sich intensiv mit Fragen der
wissenschaftlichen Methodik und Systematik
auseinandersetzt. In der aristotelischen Philosophie wird die
Universalwissenschaft „Philosophie" zur Wissenschaft
verschiedener wissenschaftlicher Disziplinen mit jeweils
eigenen Fragestellungen und unterschiedlichen
Forschungssystematiken. Diese neu entwickelten
Fachwissenschaften haben sich bis heute erhalten, auch wenn
sie sich als Einzelwissenschaften der universitären Forschung
natürlich weiter ausdifferenziert haben. So verdanken wir
Aristoteles die Begründung der biologischen und zoologischen
Forschung ebenso wie die Weiterentwicklung der Physik, der
Logik, der Botanik, der Astronomie und Meteorologie, der
Theorie der Tragödie oder der philosophischen
Kategorienlehre, um nur einige Beispiele zu nennen.
Aristoteles ordnet die Inhalte unserer Erfahrung mit Hilfe
neuer Ordnungssysteme und entwickelt dafür eine neue
Fachterminologie, die in der Folge zum klassischen
Instrumentarium der Philosophie wird. Es handelt sich um
Begriffe wie „Substanz", „Eigenschaft", „Relation",
„Quantität", „Qualität" und viele andere sogenannte
kategoriale Begriffe, die seit Jahrhunderten und auch heute
noch verwendet werden.
Im Allgemeinen wird Aristoteles wegen seiner
philosophischen Leistungen geschätzt. Tatsächlich aber ist der
weitaus größte Teil seiner heute noch erhaltenen Schriften

eher naturphilosophischen Fragen gewidmet[20]. Nur ein vergleichsweise geringer Anteil aristotelischer Schriften ist Fragen gewidmet, die wir heute als typisch philosophische Fragen beschreiben würden. Unter diesen Texten nimmt die aristotelische Ethik eine Sonderstellung ein, da bei Aristoteles zum ersten Mal Ethik als wissenschaftliche Methode und damit als Fachwissenschaft beschrieben wird. Erstmals finden wir hier das Konzept einer systematisierten Ethik, einer theoretisch-wissenschaftlichen und einer praktischen Ethik mit eigenen und auch neuen Fragestellungen und Problemen. Heute sind uns Fachwissenschaften selbstverständlich, weil wir mit den unterschiedlichsten Formen wissenschaftlicher Arbeitsteilung vertraut sind. Doch im Umfeld der sokratisch-platonischen Tradition muss die aristotelische Ethik ihre Zeitgenossen erstaunt und überrascht haben. „Gut" ist für Aristoteles etwas aufgrund seiner individuellen, sozialen oder empirischen Eigenschaften, nicht aber allein deshalb, weil ein „stabiler Zustand der Seele" erreicht worden wäre. Gut ist etwas nicht mehr in seinen allgemeinen idealen Bestimmungen, losgelöst von gesellschaftlichen Verhältnissen oder losgelöst von Mittel-Zweck-Relationen. Gut ist etwas vielmehr in seinen Beispielen. Wie schon in der sokratischen Ethik steht ein Beispiel für etwas Allgemeines, Universelles. Auch für Aristoteles sind es die Beispiele des Guten, an denen sich das Allgemeine zeigt und in denen es konkretisierbare Eigenschaften annimmt. Beispiele des Guten sind daran

---

20   Wir sprechen heute von der „Naturphilosophie des Aristoteles", aber diese Ausdrucksweise ist missverständlich, weil eine klare Trennung zwischen Natur- und Geisteswissenschaft erst im 19. Jahrhundert nachweisbar ist.

erkennbar, dass sie in einer guten, weil idealen
Proportionalität zu anderen Handlungen, Dingen oder
Ereignissen stehen. Dieser Gedanke ist uns schon in Platons
Höhlengleichnis begegnet, denn auch dort spiegelt sich in der
Proportionalität des Aufstiegs zur Erkenntnis ein Maß der
Vollkommenheit, das nun auch im Kontext der aristotelischen
Ethik die Rolle eines Maßstabs übernimmt. Was wiederum
unter diesem idealen Maß des Guten bzw. seiner idealen
Proportionalität zu verstehen ist, soll im Folgenden näher
erläutert werden.

Die Umkehrung des Höhlengleichnisses

Aristoteles war ein Mann der Praxis, der sich kaum mit
Gleichnissen beschäftigte, wie wir sie häufiger bei Platon
finden, und der sich auch nicht mit spekulativen Fragen nach
dem Wesen des Guten aufhielt. Dennoch ist die aristotelische
Philosophie in vielerlei Hinsicht von Platon beeinflusst, was
auf den ersten Blick widersprüchlich erscheint.
Sokrates starb 399 v. Chr., als Aristoteles 15 Jahre alt war.
Aristoteles kam aber erst mit 17 Jahren nach Athen. Es ist
daher unwahrscheinlich, dass er Sokrates vorher persönlich
kennen gelernt hat. Seine 20-jährige Mitgliedschaft in Platons
Akademie (von 367-347 v. Chr.) macht es jedoch zur
Gewissheit, dass er mit allen Aspekten der Philosophie
Platons bestens vertraut gewesen sein muss; auch wenn
umgekehrt (und das ist verwirrend) Platon seinen besten
Schüler in seinen Dialogen nur am Rande erwähnt[21].

---

21   Betrachtet man die Bedeutung der aristotelischen
      Philosophie für seine Zeitgenossen, sollte man meinen,

Abgesehen davon, dass Aristoteles eine vollständig neue philosophische Fachterminologie ebenso wie viele neue wissenschaftliche Disziplinen begründete, die im Werk Platons nahezu keine Rolle spielen, ist das persönliche und wissenschaftliche Verhältnis beider Philosophen, über das seit Jahrhunderten diskutiert wird, vor allem deshalb verwirrend, weil sich an der Philosophie Platons durchaus auch die aristotelische Philosophie erläutern lässt. Obwohl Aristoteles in seinen Schriften Platons Höhlengleichnis in der von Platon vorgelegten Form nicht diskutiert, lässt sich auch die aristotelische Ethik an dem uns schon bekannten Höhlengleichnis verdeutlichen.

Aristoteles ändert gleichsam nur die Richtung der Betrachtung des Höhlengleichnisses. Jener Punkt, der für Platon das Ziel der Erkenntnis des Guten ausmacht, ist in der aristotelischen Umkehrung der Betrachtungsweise der Ausgangspunkt der Suche nach Erkenntnis, während das Ziel dieser Suche nach dem Guten am genau entgegengesetzten Ende der Höhle liegt, nämlich – um im Höhlengleichnis Platons zu bleiben – in deren tiefsten Tiefen.

Platon hätte ihm in seinen Werken eine größere Rolle zugewiesen als nur die eines gutmütigen Statisten. Warum aber hätte Aristoteles 20 Jahre an Platons Seite als dessen talentiertester Schüler verbringen sollen, wenn diese Beziehung auf Skepsis oder einem Konkurrenzverhältnis bestanden hätte? Waren es vielleicht Mitglieder und Schüler beider Philosophenschulen, die in späterer Zeit redaktionell in die Texte eingegriffen und jene Passagen entfernt haben, in denen beide Philosophen ihre wechselseitige Wertschätzung zum Ausdruck brachten? All diese Fragen lassen sich bei der gegenwärtigen Quellenlage vermutlich nicht beantworten.

Erinnern wir uns an das Höhlengleichnis: Die höchste Form der Erkenntnis ist die Sichtbarkeit der Dinge im Licht jener Sonne, die für die Idee des Guten steht. Platon konnte aber nicht verständlich machen, wie wir diese Sonne jemals sehen könnten, ohne zu erblinden. Platon macht aber verständlich, wie die Schatten an den Höhlenwänden klar und deutlich zu sehen sind, und das ist auch der Schlüssel zum Verständnis der aristotelischen Ethik. Nicht, dass Aristoteles Platons Höhlengleichnis jemals zur Verdeutlichung seines Anliegens als Ethiker herangezogen hätte; aber bleiben wir vorerst bei diesem kleinen Experiment und nehmen wir an, Aristoteles hätte seine Ethik mit Platons Höhlengleichnis veranschaulicht. Es fällt auf, dass der Abstieg in der aristotelischen Version des platonischen Höhlengleichnisses kein Abstieg ist, kein Abstieg in die Unerkennbarkeit der Dinge, kein Abstieg in die Degenerationsformen der Ideen, kein Abstieg in die Welt des bloßen Scheins. Vielmehr ist der Abstieg in die Schattenwelt aus der Perspektive der aristotelischen Philosophie ein Abstieg in begriffliche Abstraktionsformen der Dinge, die als Schatten an den Höhlenwänden Beispiele für allgemeine Bestimmungen der Dinge sind, deren Schatten sie sind. Diese Schattenwelt hat ihre Ordnung, genügt sich selbst. Die Gefangenen in der Höhle brauchen keine Befreier, denn ihre Welt ist für sie die einzige Welt. Die Gefangenen sind nicht auf heldenhafte Lichtgestalten angewiesen, die zu ihnen in die Höhle hinabsteigen, um sie aus ihrer Schattenwelt zu befreien. Die Gefangenen haben sich in ihrer Höhle eingerichtet. Sie bestimmt ihre Lebensform und ihren Erkenntnishorizont. Die Schatten bieten den Gefangenen alles, was sie wissen müssen, um das Wesen dieser Schatten zu verstehen. In den Schatten an den Höhlenwänden erschließen sich den Gefangenen die allgemeinen Bestimmungen der Dinge: offensichtlich zunächst der Ort, an dem sie zu sehen sind, aber auch ihre Anzahl, ihre Beschaffenheit und Form, die zeitliche Dauer ihrer Sichtbarkeit, ihr Zusammenwirken oder die Ordnung ihrer Abfolge. Alle diese Bestimmungen sind allgemeine begriffliche Bestimmungen, mit deren Hilfe der Höhlenmensch begreift, wie die Dinge begrifflich zu ordnen sind.

Für die aristotelische Ethik bedeutet dies, dass auch die Suche nach dem Guten in die entgegengesetzte Richtung der Betrachtungsweise dieses Gleichnisses verlaufen muss. Das Gute liegt nicht außerhalb der Höhle im Licht der Sonne, sondern in ihrer Tiefe. Es sind die Schatten der Dinge, die sie in ihren allgemeinen Eigenschaften erkennbar machen.

In dieser umgekehrten Version des Höhlengleichnisses wird auch dem Guten ein anderer Platz zugewiesen als in Platons Version des Gleichnisses. Für Aristoteles ist das Gute keine allgemeine höchste Idee, jenseits dessen, was Menschen erkennen können, oder jenseits dessen, was sie für andere oder für sich selbst tun. In Umkehrung des Höhlengleichnisses wäre das Gute also nicht außerhalb der Höhle zu finden, sondern im Schattenraum an den Wänden der Höhle, gleichsam auf der Projektionsfläche eines Schattentheaters. Tatsächlich war es auch in der Antike der Zweck des Puppenspiels oder des Schattentheaters, Erzählungen anschaulich visuell zu vermitteln oder Sitten und Gebräuche einer Gemeinschaft nicht nur in verbalen Erzählungen, sondern auch in visuellen Szenarien zu vermitteln.

Das Höhlengleichnis beschreibt die Welt der Gefangenen, die angekettet am Boden der Höhle Zeuge des Schauspiels werden. Die Gefangenen können zwar nicht Teil der Schattenwelt sein, die sie an der Höhlenwand beobachten, aber ihre Gefangenschaft hindert sie nicht daran, das Leben der Schattenwesen zu beschreiben. Auch wenn derjenige, der beschreibt, was er an der Höhlenwand sieht, nicht zu den Schattenwesen gehören kann, deren Verhalten beschrieben wird, ist es dennoch möglich, diese Schattenwelt zu beschreiben.

Das Schattentheater-Gleichnis zeigt uns auch, ohne dass Platon dies ausdrücklich erwähnt hätte, was unter Sitte, Brauch und Gewohnheit in einer Schattenwelt zu verstehen ist. Ethische Konventionen müssen auch unter den extremen Bedingungen der Höhle beschrieben werden. Die Beschreibung von Sitten und Gebräuchen ist immer der erste Schritt, um zu verstehen, wie gehandelt wird. Erst wenn der Handlungskontext verständlich geworden ist, ist es sinnvoll, aus den Sitten und Gebräuchen der Schattenwesen Handlungsregeln für ihre Schattenfiguren und damit Handlungsnormen für diese abzuleiten. Die Beschreibung der Handlungskonventionen der Figuren im Schattentheater beginnt mit der Beschreibung des Geschehens. Diesen ersten Schritt hat Platon in seinem Höhlengleichnis beschrieben. Aristoteles vollzieht den nächsten Schritt, wenn er von der Beschreibung des Handlungsgeschehens zur Analyse der Mittel-Zweck-Relationen übergeht und aus diesen Relationen normative Aussagen über das Handlungsgeschehen ableitet. Ein Vorgang, der in der ersten Einführungsvorlesung im Zusammenhang mit der Unterscheidung von deskriptiver und normativer Ethik diskutiert wurde.

Wesentlich für das Verständnis der aristotelischen Ethik ist die Erkenntnis, dass sich gute Handlungen aus der Beschreibung von Handlungskonventionen ableiten lassen. Die aristotelische Sicht der Ethik übernimmt zwar Platons Idee, dass das Gute ein allgemein Gutes ist, aber Aristoteles bestreitet, dass wir die Welt vor dem Höhleneingang kennen müssen, um eine Ethik begründen zu können. Was aus aristotelischer Sicht im Wesentlichen verlangt wird, ist die Kenntnis einer Handlungskonvention (und sei es die eines Schattentheaters), um aus der Beschreibung dessen, was geschieht, Handlungsnormen abzuleiten. Aristoteles überträgt (in unserem Gedankenexperiment) die Idee des Guten aus der Sonnensphäre (die für die allgemeine Idee des Guten steht) in die konkrete Handlungspraxis der Unterwelt. Die Bestimmungen des allgemeinen Guten finden sich für Aristoteles in jeder Handlung, die bestimmten Konventionen folgt, gleichgültig, in welchen Welten und Dimensionen wir sie über- oder unterirdisch antreffen.[22].

In der hier unterstellten fiktiven aristotelischen Deutung des Höhlengleichnisses mag deutlicher werden, dass Aristoteles zur Begründung seiner Ethik nicht auf die Unterscheidung zwischen realer Welt und Schattenwelt angewiesen war, die in Platons Höhlengleichnis oft als dessen Kern gedeutet wird. Für Aristoteles ist eine Ethik auch in der Unterwelt möglich. Der Gesamtzusammenhang des Höhlengleichnisses zeigt auch, dass die Gefangenen am Leben der Schattenwesen

---

22   Etliche christliche Aristoteliker des Mittelalters sahen aus
      vergleichbaren Gründen kein Problem, die aristotelische
      Ethik regelgeleiteter Handlungskonventionen auch auf
      himmlische Welten zu übertragen.

ihrer Höhlenwand teilhaben, auch wenn sie nicht Teil dieser Schattenwelt sind. Dies ist besonders hervorzuheben, da genau an dieser Stelle unser Gedankenexperiment in die platonische Interpretation des Höhlengleichnisses übergeht. Sowohl in Platons Gleichnis als auch in seiner vermeintlichen Interpretation durch Aristoteles müssen die Beobachter einer Handlung nicht Teil der Welt sein, die sie beobachten. Die Gefangenen im Höhlengleichnis sind weder in der Höhle noch außerhalb der Höhle Teil der Welt, die sie beschreiben, da sie in allen Welten auf jenes Licht angewiesen sind, das ihnen ihre jeweilige Welt sichtbar macht. Nur aus dieser gleichsam geliehenen Sichtbarkeit der Dinge heraus ist es ihnen auch möglich, sich unterschiedliche Wahrnehmungswelten zu vergegenwärtigen.

Uns selbst ist dieser Blick auf die Dinge vertraut. Denken wir zum Beispiel an unsere Wahrnehmungsweise der Welten, die wir in Kinofilmen beobachten. Es ist für uns unproblematisch, als Kinozuschauer Beobachter jener filmisch inszenierten Lebenswelten zu sein, an denen wir selbst keinen Handlungsanteil haben und zu denen wir uns als Beobachter in keine räumliche Distanz begeben. Wir haben kein Problem damit, uns im Kino einen Film anzusehen, der uns eine menschenleere Landschaft zeigt. Der Zuschauer im Kino macht aus einer „menschenleeren Landschaft im Film" keine „Landschaft mit Menschen". Als Betrachter des Filmgeschehens sind wir nicht notwendigerweise Teil der Welt, die wir betrachten. Ebenso ist die Betrachtung einer Schattenhandlung nicht notwendigerweise mit der Annahme verbunden, als Betrachter einer Schattenwelt Teil der Welt zu sein, die man betrachtet.

Gerechtigkeit als Verhältnismäßigkeit

Dieses Skript begann mit Überlegungen zur Wahl eines angemessenen Maßstabs, mit dem menschliches Verhalten gemessen werden kann. Da menschliche Körpermaße als Längenmaße (Fußlänge, Schrittlänge, Daumenbreite usw.) auch heute noch als natürliche Proportionalitätsmaße verwendet werden, liegt die Annahme nahe, dass sich auch heutige Gesellschaften an natürlichen Handlungsmaßstäben orientieren, wenn sie sich mit Fragen der Ethik befassen. Solche natürlichen Handlungsmaßstäbe finden wir z.B. in den Proportionen der Tauschverhältnisse auf einem Marktplatz oder in dem Wissen und dessen praktischer Umsetzung eines Technikers, eines Wissenschaftlers oder anderer Mitglieder einer Gesellschaft, von denen wir sagen, dass sie ihre Sache gut machen. Etwas ist gut, weil jemand etwas kann, eine Technik beherrscht oder durch persönliche Einstellungen und Haltungen den Anforderungen, die die Gemeinschaft an ihre Mitglieder stellt, gewachsen ist. Auch für Aristoteles ist der Begriff der Gerechtigkeit ein zentraler Begriff[23] in jeder Gemeinschaft, deren Stabilität von vornherein gefährdet wäre, wenn sie versuchen wollte, Ungerechtigkeit und damit Unrecht als ihre Handlungskonvention zu beschreiben. War für Platon der Begriff der Gerechtigkeit noch aufs Engste mit einem Zustand der Seele des Handelnden verbunden, so sind es für Aristoteles die Mitglieder einer Gemeinschaft, die

---

23   „Und deshalb gilt die Gerechtigkeit als oberster unter den Vorzügen des Charakters, und ‚weder Abend- noch Morgenstern sind so wundervoll'". Nikomachische Ethik, 1129b.

durch die gelingende Form ihres Zusammenlebens ihren Mitgliedern gute, weil gelingende Lebensbedingungen bieten. Als „gerecht" gilt nun, was sich in der harmonischen Gestaltung der zwischenmenschlichen Beziehungen bestimmen lässt. Gerechtigkeit bedeutet für Aristoteles die Herstellung jenes Gleichgewichtszustandes einer Gemeinschaft, in dem sich ihre Mitglieder seelisch und körperlich entfalten können.

Der in der platonischen Philosophie zentrale Begriff des Seelenzustandes der Gerechtigkeit in Form der Selbsterkenntnis findet sich auch in der aristotelischen Philosophie, wenn auch nicht mehr als Tugend einer einsamen Seele, sondern als Seelenzustand in einer Gemeinschaft, die in Freundschaft und gegenseitiger Verbundenheit lebt. Es ist der Friede der Gemeinschaft, der das Gute in ihr sichtbar, ja greifbar macht.

Auch für Aristoteles ist die Gerechtigkeit eine Tugend, aber wiederum nur in ihren verschiedenen Ausprägungen in der Gemeinschaft, nicht im Verhalten des Einzelnen, der nur seine Selbstgerechtigkeit in der Erkenntnis eines universellen Guten sucht.

Wie bei Platon finden wir auch bei Aristoteles eine Faszination für Proportionsverhältnisse, wenn es um die Frage geht, was unter dem Guten zu verstehen ist. Bei Platon begegneten uns diese Proportionalitätsverhältnisse im Liniengleichnis, in dem das Verhältnis von Meinungen und Wahrnehmungen, von Begriffen und Vernunfterkenntnissen, von wahrnehmbaren Dingen und mathematischen Objekten geometrisch beschrieben wurde. Auch bei Aristoteles finden wir eine Proportionalität der Handlungen, die sich nun - deutlich weniger spekulativ - an der alltäglichen

Handlungspraxis orientiert und diese als Maßstäbe
gelingender Praxis interpretiert.

Der aristotelische "Pragmatismus

Als „Pragmatismus" (πρᾶγμα / pragma /Handlung) werden
seit dem Ende des 19. Jahrhunderts jene philosophischen
Strömungen bezeichnet, die die Antwort auf philosophische
Fragen nicht in deren begrifflicher Analyse oder in
Begriffsdefinitionen suchen, sondern in der Beschreibung
einer Handlungspraxis. Nur wenn die Handlungspraxis eine
andere ist, ist es für Pragmatisten auch legitim, diese Praxis
anders zu beschreiben. Was geschieht, geschieht nicht
notwendigerweise anders, nur weil es begrifflich anders
interpretiert werden kann. Etwas muss sich eindeutig ändern,
damit eine andere Beschreibung dieses Ereignisses begrifflich
gerechtfertigt ist. Beispielsweise wäre es aus der Sicht eines
aristotelischen Pragmatikers sinnlos, nach einer begrifflichen
Definition von „Glück" zu suchen, die über das Streben der
Menschen nach diesem Glück hinausgeht.[24]. Was immer auch
von einzelnen Menschen als „Glück" betrachtet werden mag:
Sofern die Menschen nach Glück streben, ist dieses Glück
etwas räumlich-zeitlich Lokalisierbares, das sich in den
Handlungskonventionen einer Gemeinschaft finden lässt. Um
also in Erfahrung zu bringen, was ein glückliches Leben ist,

---

24   In der Präambel der amerikanischen
      Unabhängigkeitserklärung findet sich eine vergleichbar
      pragmatische Beschreibung des Glücks:„We hold these
      truths to be self-evident, that all men are created […] with
      certain unalienable Rights, that among these are Life,
      Liberty and the pursuit of Happiness"

nach dem alle streben, weil sie dieses Glück um seiner selbst willen erstreben, ist es erforderlich, jene Rahmenbedingungen menschlicher Handlungen zu beschreiben, die das harmonische Zusammenleben der Menschen in einer Gemeinschaft fördern. Es wird nicht überraschen, dass zu diesen pragmatischen Rahmenbedingungen des Glücks nicht nur subjektive, sondern auch objektive Bedingungen gehören. Also z.B. nicht nur eine bestimmte subjektive Einstellung, sondern vor allem auch objektive Voraussetzungen des Glücks, wie z.B. Gesundheit oder die Abwesenheit von Armut.

Aber auch ein gesunder und finanziell abgesicherter Mensch, der es sich leisten kann, sein Leben der Wissenschaft zu widmen, kann gelegentlich vor der Frage stehen, wie er sich in einer Situation verhalten soll, in der die bekannten Handlungskonventionen keine Antwort bieten.

Es kann der Fall eintreten, dass uns die Konventionen fehlen, um ein ethisches Problem zu lösen oder um eine Antwort auf eine ethische Frage zu finden, die dennoch den Konventionen entspricht, obwohl diese keine unmittelbare Antwort auf die Frage geben, wie in einem konkreten Fall zu handeln ist.

Aristoteles hielt es für sinnvoll, menschliche Verhaltensweisen auch in ihrer Variationsbreite zu erfassen, um zwischen gegensätzlichen Handlungsextremen diejenige Handlung zu suchen und zu wählen, die in der Mitte zwischen diesen Extremen liegt. Handlungskonventionen lassen sich - dieser Auffassung folgend - auch dann finden, wenn wir die vorhandenen Konventionen in ihren Proportionsverhältnissen analysieren, um die gesuchte Handlungsmitte zu den gegebenen Handlungsextremen zu finden.

Er erläutert diese Äquidistanzlehre bzw. „Mittellehre" (Mitte /
μεσότης / mesotes) an Begriffen, die für bekannte
gegensätzliche Handlungen stehen. So sei die Mitte zwischen
„Verschwendung" und „Geiz" die „Freigebigkeit", die Mitte
zwischen „Tollkühnheit" und „Feigheit" die „Tapferkeit".
Ähnlich verfährt er mit den Gegensätzen „Schmeichelei"
versus „Streitsucht" (Mitte: „Freundlichkeit") oder mit den
Gegensätzen „Intoleranz" versus „Ignoranz" (Mitte:
„Toleranz"). Obwohl dieses begriffliche „Ausmitteln" in vielen
Fällen dazu führt, dass wir für eine Verhaltensweise keine
verbale Bezeichnung kennen, die diese Mitte kennzeichnen
könnte, berücksichtigt Aristoteles auch Fälle des Fehlens
verbaler Begriffe zur Kennzeichnung dieser „Handlungsmitte",
denn dieses an Methoden der Geometrie orientierte
„Ausmitteln" ist - wie erwähnt - nicht notwendigerweise auf
Worte angewiesen.

Das sprachlos Gute

So problematisch der Versuch ist, die Wortsprache nach dem
Vorbild der geometrischen Proportionalität in ihren
Bedeutungen bestimmen zu wollen, so interessant ist
andererseits der von Aristoteles ins Spiel gebrachte Gedanke,
uns im Falle der Sprachlosigkeit auf unser
Proportionalitätswissen zu verlassen und Verhaltensweisen
auch dann zu suchen oder anzunehmen, wenn es uns nicht
möglich ist, sie auf ihren verbalen Begriff zu bringen. Ein
Verhalten kann uns bekannt sein, auch wenn wir nicht in der
Lage sind, ein passendes Wort dafür zu finden[25].

---

25   „Nikomachische Ethik", zweites Buch, 10. Kapitel.

103

Ethik ist – so betrachtet – wesentlich mehr als etwas, das nur formal mit Hilfe einer Wortsprache zu beschreiben ist. Nicht länger ist bei Aristoteles das Gute nur etwas im Raum sprachlicher Verständigung Bestimmbares. Der Vorschlag, Verhaltensweisen auch dann zu wählen, wenn es uns nicht möglich ist, diese zu verbalisieren, war so neu und ungewöhnlich, dass niemand der nachfolgenden Philosophen mit diesem Vorschlag etwas anzufangen wusste. Der originelle Gedanke, dass zwischen nichtverbalen und verbalen Formen der Vermittlung unseres Wissens eine nicht benennbare Kluft liegt, etwas, für das uns die Worte fehlen, obwohl es Gegenstand der Wissenschaft ist, wurde erst wieder im 18. Jahrhundert aufgegriffen[26].

Auch wenn Aristoteles' Versuch gewagt erscheinen mag, in seiner Mittenlehre sprachliche Bedeutungszuweisungen nach den Gesetzen geometrischer Proportionalität bestimmen zu wollen, so folgt er in dieser Überlegung dennoch und neuerlich seinem Lehrer Platon, der im 6. Buch seines Dialogs „Politeia" u.a. die begrifflichen Relationen von Vernunft und Verstand, Fürwahrhalten und Vermutung mit Hilfe geometrischer Proportionen zu beschreiben versucht[27].

Man hat diesem Mitten-Konzept ferner vorgehalten, es befördere eine Ethik der Mittelmäßigkeit. Aber dieser

---

26 Beispielsweise in Kants Konzept der „Anschauung" oder in der „Philosophie des Unbewussten", Ende des 19. Jahrhunderts.

27 Die Proportionen, die Platon dort verwendet, um Begriffsrelationen quasi geometrisch zu beschreiben, finden sich auch in anderen Texten Platons, beispielsweise in dessen Werk Timaios (53c4–55c6).

Vorwurf würde auch andere Verhaltensregeln treffen, die sich auf vergleichbar konventionelle Verhaltensweisen berufen. Zu nennen wäre beispielsweise die sogenannte „Goldene Regel": „Behandle andere so, wie du von ihnen behandelt werden willst". Wer diese Regel befolgt, hält sich von Handlungsextremen fern, denn niemand will von anderen Personen auf extreme Weise behandelt werden[28]. Die Berücksichtigung dieser „Mitte-Regel" ist in der aristotelischen Ethik tendenziell allgegenwärtig, zumindest auf der Ebene der Personen gleichen Standes. Der Begriff des Guten wird hier nicht mehr universell bzw. durch die allgemeine Idee des Guten bestimmt, sondern exemplarisch für diese Allgemeinheit und bezogen auf eine jeweils konkrete Gemeinschaft. Das „Gute" ist für Aristoteles generell alles, was in der Gemeinschaft für die Mitglieder dieser Gemeinschaft gut ist, also auch für denjenigen, der sich selbst gut behandelt, weil er Mitglied dieser Gemeinschaft ist. Letzteres setzt voraus, dass asketische Tugenden, wie wir sie bei den Kynikern und teilweise auch bei den Stoikern finden, in der aristotelischen Ethik keinen Platz haben, denn wenn die Mitglieder einer Gemeinschaft durch die Befolgung einer Regel bedürfnislos würden, dann würde dies ihren natürlichen Anlagen widersprechen, denn der Mensch hat - so die tiefste Überzeugung des Aristoteles - von Natur aus bestimmte Grundbedürfnisse, ohne deren Befriedigung ein glückliches Leben in jeder Hinsicht nicht möglich ist. Regel nicht möglich ist.

---

28   Nahezu wörtlich findet sich die „Goldene Regel" bei einem Zeitgenossen des Aristoteles: Isokrates (436-338 v.Chr.)

Aristoteles, Sohn eines Arztes und selbst Naturforscher, erkannte, dass auch die Natur des Menschen zeitlosen Gesetzen folgt. Das naturgemäße Leben und nicht nur die Konventionen einer Gemeinschaft sind Voraussetzung für ein glückliches Leben.

Was in dieser doppelten Weise bestimmt ist, nämlich als das, was den Menschen von Natur aus gut ist, aber auch konventionell als das, was getan werden soll, ist nichts Verborgenes. Es ist vielmehr das, was den Menschen in den griechischen Stadtstaaten vertraut ist. Auch hier erinnert die Ethik des Aristoteles an die des Sokrates, denn auf der Suche nach dem Guten für die Menschen muss das Leben der Menschen selbst in den Blick genommen werden. Ein guter Philosoph gleicht einem Arzt und Therapeuten, einem Seelsorger und Begleiter, denn der Weg zu einem glücklichen Leben ist ein Weg, der mitten durch das Leben der Gemeinschaft führt, in der die Menschen leben.

Es wurde bereits darauf hingewiesen, dass unzählige aristotelische Texte verloren gegangen sind. Noch Cicero (106 v. Chr. - 43 v. Chr.) kannte Verzeichnisse aristotelischer Werke, die auf dialogisch verfasste Werke hinweisen. Es ist gut möglich, dass in diesen Texten das sokratische Erbe, die über Platon an Aristoteles weitergegebene Philosophie des Sokrates, lebendig war. Aber auch unabhängig von diesen verlorenen Texten weist die aristotelische Ethik in den erhaltenen Ethiken dialogische Strukturen auf. Ein Gespräch über das Gute gleicht auch bei Aristoteles - wie schon bei Sokrates - einem Lehrgespräch, verbunden mit einer bestimmten Argumentationstechnik, die - wie andere Techniken auch, etwa im Handwerk oder im Sport - erlernt werden kann. Generell lässt sich das ethisch Gute bei

Aristoteles als etwas bestimmen, das in einer Gemeinschaft durch erlernte Handlungstechniken erworben werden kann. Kurz: Der Erwerb dieser für die Gemeinschaft wertvollen Techniken bestimmt, was jeweils unter einer Handlungstugend zu verstehen ist. (ἀρετή / areté / Eignung / Tugend). Darüber hinaus ist die Ausübung einer Tugend nicht notwendigerweise damit verbunden, sie auch benennen zu können, denn nicht jede Technik, die wir beherrschen, lässt sich im Medium der Wortsprache adäquat beschreiben.

Wissenschaftliche Tugenden

Diese erlernbaren Tugenden finden wir in den Sitten und Gebräuchen der Menschen dort, wo diese Menschen ihren Lebensmittelpunkt haben, konkret: in einem griechischen Stadtstaat. Aristoteles denkt diese Gemeinschaft wie einen Körper, dessen Teile sich in einem natürlichen Gleichgewicht befinden. So wie die Seele ein Spiegel des Körpers ist, so ist die Gesellschaft ein Spiegel des Zustandes, in dem sich ihre Mitglieder befinden. Die aristotelische Ethik stützt sich auf die Verhaltensweisen, die die Menschen von Natur aus zeigen. So gesehen scheint sie eine naturalistische Ethik zu sein. Diese Charakterisierung greift aber deutlich zu kurz. Aristoteles erweitert seine Ethik der natürlichen Verhaltensweisen durch eine Ethik der Wissenschaften („dianoetische Ethik"). Eine dianoetische Tugend ist eine Vernunfttugend, in deren Zentrum der wissenschaftliche Gebrauch der Vernunft steht, nicht die Beherrschung menschlicher Affekte.
Wäre nur „Sitte" und „Gewohnheit" das Maß, an dem sich das Gute zu bestimmen hätte, dann wäre auch die Wissenschaft nur eine Sache der Sitte. Wissenschaftliche

Tugenden oder dianoetische Tugenden sind glücklicherweise nicht nur eine Sache des Brauchtums, auch wenn das wissenschaftliche Brauchtum die Entwicklung der Wissenschaften beeinflusst.

Eine Wissenschaftsethik verlangt mehr als nur eine aus Konventionen abgeleitete Handlungsregel. Eine Wissenschaftsethik verlangt auch Einsicht in allgemeine Normen, weil wissenschaftliche Aussagen ihrerseits allgemeine Gesetze formulieren. Wir finden in jeder Wissenschaft Inhalte, die unmittelbarer Ausdruck vernünftigen Denkens sind, aber nicht ausschließlich Spiegel einer bestimmten wissenschaftlichen Tradition.

Die dianoetische Ethik des Aristoteles ist überall dort eine Wissenschaftsethik, wo etwas als „gut" gilt, weil es wesentlich vernünftig ist und nicht nur, weil es eine wissenschaftliche Tradition widerspiegelt.

Ethik ist für Aristoteles also nicht nur eine Untersuchung und begriffliche Klärung der Frage, wie widersprüchliche Affekte, Emotionen, Leidenschaften oder Gefühle zu beherrschen sind, sie ist also nicht nur eine wissenschaftliche Untersuchung des Umgangs mit unseren Emotionen oder Lustempfindungen; Ethik ist auch eine Tugend der wissenschaftlichen Vernunft und gleicht darin den anderen Wissenschaften, weil sie das vernünftige Argumentieren als Voraussetzung wissenschaftlichen Forschens teilt. Auch die wissenschaftliche Forschung ist etwas Gutes, das um seiner selbst willen angestrebt wird; mehr noch: sie ist etwas, das nicht nur gut ist, sondern die Menschen auch glücklich macht, weil es um seiner selbst willen angestrebt wird.

Die Menschen unserer Zeit verbinden mit dem Begriff „Wissenschaftsethik" eher ein anderes Verständnis von Ethik, weil wir die Ergebnisse wissenschaftlicher Forschung vor allem danach beurteilen, welche Folgen sie für die Gesellschaft haben, und weniger danach, ob Wissenschaft um ihrer selbst willen betrieben wird. Eine dianoetische Wissenschaftsethik ist aber eher der Frage verpflichtet, unter welchen Bedingungen Wissenschaft gelingen kann. Wissenschaft beginnt damit, dass es Zeugnisse und/oder Beweise dafür gibt, wie sich etwas verhält. Mit anderen Worten: Die Entwicklung der Wissenschaften beginnt bei Aristoteles nicht mit überprüfbaren und damit reproduzierbaren Experimenten, sondern mit glaubwürdigen Berichten, die sich auf vorhandene Materialsammlungen beziehen. In der aristotelischen Wissenschaft verbindet sich, was in der Tradition zuvor schon bekannt war: Vom Mythos wird die Form des Berichtes bewahrt, von der sokratischen Begriffsteilung wird die Methode der begrifflichen Klassifikation übernommen, von Platon übernimmt Aristoteles die Idee der Wesensbestimmung der Naturdinge[29].

Was ist also eine „dianoetische Tugend"? Kehren wir noch einmal zum platonischen Begriff des Guten zurück: „Gut" ist, was uns hilft zu sehen, was ist. Die Wissenschaften werfen sozusagen ein Licht auf die Dinge, machen sie sichtbar, vergleichbar der Sonne bei Platon, die für die Idee des Guten

---

29   Wer ein Pferd erblickt, der erfasst durch seinen Anblick auch die Natur des Pferdes. Es ist die Einsicht in die Wesensbestimmung der Dinge, die Wissenschaften bei Platon und Aristoteles begründet.

steht und allen Dingen ihre Sichtbarkeit verleiht. Weil die aristotelische Naturphilosophie - wie überhaupt die gesamte Naturphilosophie der Antike und des Mittelalters - davon ausgeht, dass es uns möglich ist, Wesensbestimmungen der natürlichen Dinge zu erkennen, ist es auch möglich, Zweifel an diesen natürlichen Wesensbestimmungen der Dinge zurückzuweisen. So mag sich jemand irren, wenn er einen Baum sieht, weil er vielleicht nur eine Luftspiegelung des Baumes sieht, aber dieser mögliche Irrtum ändert nichts daran, dass der Baum auch in einer Luftspiegelung als Baum erkannt werden kann. Die Frage ist nur, ob er sich tatsächlich an der vermuteten Stelle befindet, nicht aber, ob wir Bäume als solche erkennen können. Mit anderen Worten: Die aristotelische Wissenschaftsethik bestimmt über den Begriff der Erkennbarkeit der Wesensbestimmung des Seienden auch den Begriff dessen, was gut ist, weil es unvergänglich ist: z.B. die Wesensbestimmung eines Baumes.

Ethik des Vergänglichen und des Unvergänglichen

Da die Erkenntnis der Wesensbestimmungen der Dinge unvergänglich ist und die vernunftbegabten Teile der Seele nur in diesen Erkenntnisinhalten bestehen, sind für Aristoteles auch die vernunftbegabten Teile der Seele unvergänglich. Andererseits ist Aristoteles Realist genug, um zu erkennen, dass mit dem Tod auch das Leben aus dem Körper weicht. Insofern also Seelenteile den menschlichen Körper mit Leben erfüllen, ist mit dem Tod eines Menschen auch das Ende jener Seelenteile verbunden, die die lebendige Gestalt des Körpers bestimmen[30]

Vergänglich sind nur die Teile der Seele, die mit unseren flüchtigen Erfahrungsinhalten verbunden sind. Die Seele gleicht einer leeren Tafel, die durch unsere flüchtigen und zufälligen Erfahrungsinhalte gleichsam beschrieben wird. Die Tafel selbst ist leer, sonst könnte sie nicht durch unsere Erfahrungsinhalte immer wieder neu beschrieben werden. Anders verhält es sich mit wissenschaftlichem Wissen. Das Wissen selbst ist unvergänglich, sofern wahre Aussagen unvergänglich sind. Unvergänglich sind also auch jene Teile der Seele, die durch die Vernunft mit zeitlosen Wahrheiten verbunden sind.

Jene Teile der dianoetischen Tugenden, die sich auf zufällige und vergängliche Wahrheiten beziehen, zählt Aristoteles zu den sterblichen Seelenteilen. Jene Teile hingegen, die sich auf vernünftige oder wissenschaftliche Wahrheiten beziehen, sind unvergänglich.

Diese Unterscheidung ist zumindest aus einem Grund wichtig: Der Versuch, Fragen der Wissenschaften mit Fragen der Erkenntnis zeitloser Wahrheiten (z.B. mathematischer Axiome) zu verbinden, war auch für die Entwicklung der Ethik als Wissenschaft richtungsweisend.

---

30   Wie könnte eine unteilbare Seele jemals teilbar sein? Die Theorie der „Seelenteile" war stark umstritten, denn bereits zur Zeit des Aristoteles war bekannt, dass die abgetrennten Teile gewisser Würmer weiterhin bewegen, also beseelt zu sein schienen. Aristoteles sah hier kein Problem, weil unteilbar nur die vernünftige Seele sei.

Wenn wir heute von Verantwortungsethik sprechen, dann verbinden auch wir Fragen der Wissenschaft mit Fragen nach zeitlosen und vernünftigen Überlebensbedingungen der Menschheit und beschränken Probleme der Ethik nicht mehr allein auf Fragen ihrer Anwendbarkeit auf vergängliche Probleme der Gegenwart. Auch wenn der Begriff einer Verantwortungsethik der Antike noch weitgehend fremd geblieben ist (→ Hans Jonas), finden wir in der aristotelischen Ethik zumindest eine erste Verbindung von subjektiv-praktischen und objektiv-wissenschaftlichen Fragestellungen. Vor allem aber finden wir in dieser Philosophie die erste nachweisbare Form einer Wissenschaftsethik.

Lernziele

- Vermittlung eines ersten Verständnisses des Verhältnisses von platonischer und aristotelischer Ethik
- Verständnis der Unterscheidung theoretischer und praktischer Ethik

Übungen

- Wie wäre Platons Höhlengleichnis aus aristotelischer Sicht zu deuten?
- Wie nennt Aristoteles eine Ethik, die sich auf wissenschaftliches Denken und angewandte Wissenschaft bezieht?
- Warum bringt Aristoteles ethische Tugenden mit menschlichen Affekten in Verbindung?

- Nach welcher aristotelischen Klugheitsregel sollten wir handeln, wenn uns konkrete Handlungskonventionen nicht bekannt sind?

Literatur

Detel, Wolfgang (2021) Aristoteles. Eine Einführung..Durchges. und erw. Ausgabe, 234 S.. ISBN: 978-3-15-019690-8 , Reclam

Rapp, Christof (Herausgeber), Corcilius, Klaus (Herausgeber) (2021) Aristoteles-Handbuch: Leben – Werk – Wirkung; J.B. Metzler, 626 pages, ISBN-10 : 3476057410, ISBN-13 : 978-3476057419

Barnes. Jonathan Barnes (Autor), Goldmann, Christiana (Übersetzer) (1999) Aristoteles: Eine Einführung , ISBN-10 : 3150087732, Reclam, ISBN-13 : 978-3150087732

Höffe, Otfried (2006) Aristoteles, Publisher: C.H.Beck, ISBN-10 : 3406541259 , ISBN-13 : 978-3406541254

Die Schule der Stoiker
Über die Unerschütterlichkeit der Seele

Die Stoiker gelten als die Begründer einer der
wirkungsmächtigsten Schulen der Antike. Die Epoche der
stoischen Ethik währte mindestens 500 Jahre, bis in die
Regierungszeit des römischen Kaisers Marc Aurel (121-180 n.
Chr.) Die Stoa[31] wurde unter den Römern zum Inbegriff einer
Ethik, die in den Führungsstäben der römischen Legionen und
in der römischen Aristokratie als staatstragend galt. Wie
kaum eine andere Lehre verband die Stoa gleichermaßen
asketische Ideale und klassische Tugendlehren der Griechen
und Römer. Mit dem Untergang des Weströmischen Reiches
gerieten die Stoiker jedoch langsam in Vergessenheit. Obwohl
die frühen Christen gewisse Elemente der stoischen
Philosophie übernahmen oder in neuer Weise interpretierten,
dauerte es Jahrhunderte, bis die Schriften der Stoiker (bzw.
was davon noch erhalten war) wieder neu entdeckt wurden.

Zum Verständnis dieser Ethik ist es hilfreich, das stoische
Ideal der „Unerschütterlichkeit der Seele" (ἀταραξία /
ataraxía / Unerschütterlichkeit) etwas näher zu betrachten,
denn dieses ist nicht der griechischen Volksmythologie oder
dem Volksglauben an erzürnte oder in anderer Weise mit
menschlichen Emotionen ausgestatteten Gottheiten
entliehen. Die von den Stoikern erstrebte
„Unerschütterlichkeit der Seele" spiegelt die in den
philosophischen Schulen der Antike verbreitete Auffassung,

---

31   Benannt nach dem Gebäudetypus einer Wandelhalle (Στοά
        / Stoa).

dass die wahren Gottheiten nur jene sein können, die in besonderer Weise von allen Beeinträchtigungen ihrer göttlichen Seelenruhe befreit sind. Vergleichbare Formen des idealisierten Seelenfriedens und der Gelassenheit finden sich überraschenderweise nicht in den Mythen der Griechen, weder bei den vorolympischen noch bei den olympischen Göttern. Bei den Stoikern stehen im Wesentlichen anonym bleibende Gottheiten jenen in den Volksmythologien der Griechen und Römer überlieferten Gestalten gegenüber, die auch bei großzügiger Deutung der ihnen mythologisch zugeschriebenen Eigenschaften, alles andere als Vertreter stoischer Tugenden waren.

Der Himmel der Antike ist gleichsam zweigeteilt: den anthropomorphen griechischen Göttern stehen namenlose, in sich ruhende kosmologische Gottheiten gegenüber. Doch ist in den uns überlieferten Texten aus dieser religionsphilosophischen Differenz kein erkennbarer Konflikt entstanden, denn auch Philosophen wie Sokrates oder Platon, deren Gottesbegriff ein philosophisch-abstrakter war, fühlten sich der griechischen Volksmythologie verbunden und unternahmen keine Versuche, sich gegen den vulgären Polytheismus der einander befehdenden Gottheiten der Volksmythologie zu wenden. Auch ist die Quellenlage - wieder einmal - problematisch. Wir wissen ferner nicht, ob und wie diese religionsphilosophische Dichotomie[32] eines gewissermaßen „zweigeteilten Himmels" innerhalb der stoischen Traditionen diskutiert wurde.

---

32   Dichotomie : Aus zwei Teilen bestehend, getrennt
      (διχοτομία / dichotomía)

Offenkundig aber ist, dass das stoische Ideal der Gottheiten anders ist als alles, was wir über die griechischen Götter der Volksmythologie wissen[33]. Die Eigenschaften, die die Philosophen den Gottheiten zuschreiben, sind der Volksmythologie fremd. Diese Gottheiten der Philosophen sind von allen sie störenden Gefühlen, Empfindungen und Leidenschaften unberührt und lassen sich auch durch das Flehen und Bitten der Sterblichen nicht aus ihrer Seelenruhe bringen. Wie aber konnte der Seelenzustand dieser Gottheiten den Philosophen als Vorbild dienen?

Die ethischen Imperative, einen Zustand der Freiheit von Freude und Furcht, aber auch der Freiheit von Lust und Schmerz zu erreichen, scheinen von einer tiefen Verachtung gegenüber allen Gefühlen der Empathie geprägt zu sein. Dennoch waren diese Gottheiten nicht als Wesen gedacht, die sich von der Menschheit abgewandt haben; und entgegen einem verbreiteten Missverständnis ist das Ziel der stoischen Lehren auch nicht die Folge zynischer oder menschenverachtender Handlungsmotive. Auf diese Problematik wird noch zurückzukommen sein. Vorerst ist festzuhalten, dass die stoischen Tugenden ihre Verfechter befähigen, gerade in Krisensituationen, unter Zeitdruck und

---

33   Beispielsweise zeigten die Götter der griechischen Volksmythologie durchaus häufig starke emotionale Reaktionen, Leidenschaften, Gefühle und Empfindungen. Poseidon verfolgte Odysseus mit seinem Hass, Prometheus litt unter Schmerzen, Hera galt als eifersüchtig, Athene war leicht zu kränken, Ares war den Göttern verhasst, Dionysos wurden rauschhafte Zustände zugeschrieben usf.

Risiko, die rationale Entscheidungshoheit vernünftig handelnder Subjekte zu sichern.

Vor allen anderen Handlungsmotiven wurde das stoische Ideal der Selbstaneignung für die weitere Entwicklung der Ethik wegweisend. Nicht mehr allein die Sitten und Gebräuche einer Gemeinschaft galten als Ideal sittlichen Handelns, sondern die Selbstbestimmung und Selbstaneignung der handelnden Person rückte in den Mittelpunkt ethischer Fragen und Probleme.

Wenn uns heute viele dieser Texte auch nach mehr als zweitausend Jahren noch unverbraucht erscheinen, wie etwa die „Selbstbetrachtungen" („Ad Se Ipsum") des römischen Kaisers und Stoikers Marcus Aurelius, so mag das auch daran liegen, dass hier ein Mensch ganz persönlich und vor dem Hintergrund der Geschichte sein eigenes Schicksal im Wissen um die Kürze und Vergänglichkeit des Lebens einer prüfenden Betrachtung unterzog. Die stoischen Reflexionen über die Endlichkeit und oft auch Vergeblichkeit menschlichen Strebens erinnern bisweilen an existenzialistische Texte der jüngeren Philosophiegeschichte.

Unter dem Vorzeichen der zu bewahrenden Unerschütterlichkeit der Seele waren die Stoiker wegweisend für die Entwicklung einer philosophischen Seelsorge und Lebensbegleitung, wie wir sie z.B. in den Trostschriften der jüngeren Stoa, etwa bei Seneca (1-65 n.Chr.) und - deutlich später - auch bei Boethius (480-524 n.Chr.) finden.

Allgemein war in der Antike die Auffassung verbreitet, dass die Seele die lebendige Form des menschlichen Körpers sei. Die Sorge um die eigene Seele ist immer auch Sorge um den eigenen Körper[34] und das philosophische Gespräch mit anderen Personen muss diese Sorge um den Zustand der Seele und des Körpers anderer Menschen einschließen, denn ein vernünftiges Gespräch setzt eine vernünftige Seele voraus, diese ist aber nicht leicht in einem kranken Körper zu finden.

Um die Einheit von Körper und Geist zu stärken, fordert die stoische Philosophie die Beachtung von Regeln der Lebensführung. Regeln, die auch von anderen Gemeinschaften übernommen wurden. Die Entwicklung der Stoa, im Verlauf mehrerer Jahrhunderte, insbesondere das erwähnte Konzept „philosophischer Seelsorge", erlaubte es nach der Konstantinischen Wende (313 n.Chr.) den frühen Christen, ihre Form der Seelsorge auf diese weit verbreitete und über Jahrhunderte hin bewährte Tradition philosophischer Seelsorge aufzubauen, wenn auch verbunden mit neuen Inhalten und Botschaften.

Die Lehren der Stoiker standen nicht abseits der Traditionen der platonischen und aristotelischen Schulen. Auch für die Stoiker galten die Sitten und Gepflogenheiten ihrer Mitmenschen als Maßstäbe sittlichen Handelns, zumindest

---

34   Aristoteles, Sohn eines Arztes und in allen antiken Wissenschaften hervorragend bewandert, glaubte noch, der Sitz der menschlichen Seele sei im Brustkorb und nicht im Kopf zu lokalisieren. Die Windungen des Gehirns schienen ihm nur der Kühlung des Blutes zu dienen, während die Atmung, das Heben und Senken des Brustkorbes, auf sinnliche Weise die Kommunikation der Seele mit ihrer Umwelt anzuzeigen schien. „Man sieht nur mit dem Herzen gut", diesen Ausspruch hätten nicht nur die Stoiker, sondern auch die Aristoteliker und Epikureer wörtlich verstanden.

insofern diese als vorbildhaft - im Sinne der Stoa - gelten konnten. Einem Stoiker war anzusehen wie er sich ernährte oder welchen Wert er seiner Bekleidung zumaß.

Die Kyniker unter den Stoikern, sahen sich in der Rolle der treuen Wegbegleiter und Freunde der Menschen, wenn auch ohne Anspruch auf Ansehen oder gesellschaftliches Prestige. Für Kyniker war eine einfache Hütte eine willkommene Unterkunft. Jede Form von Luxus war ihnen fremd. Gleichsam wie die Hunde[35], die durch ihr Bellen vor nahenden Gefahren warnen, verstanden sich die Kyniker als Wächter ihrer Gemeinschaft. Wenn wir hingegen heute von „Zynikern" sprechen, eine Bezeichnung, die sich von den „Kynikern" ableitet, so geschieht dies in der Regel in abschätziger Weise. Dieser Bedeutungswandel ist bemerkenswert, denn weder wurden die Kyniker von ihren Zeitgenossen verachtet noch pflegten sie selbst Formen der Verachtung gegenüber ihren Mitmenschen. Die Kyniker verstanden ihr Handeln als gemeinschaftsbildend und konstruktiv.

Den Kynikern fiel die Aufgabe zu, unliebsame Wahrheiten offen auszusprechen. Kyniker standen in dieser Verpflichtung zur sowohl subjektiven Wahrhaftigkeit wie auch zur objektiven Wahrheit – soweit uns bekannt ist – unter dem Schutz griechischer Stadt-Staaten. Möglicherweise galten sie vielen Bürgern - in ihrem missionarischen Bemühen, ein Leben nach dem Vorbild der Gottheit zu führen – als „heilige Narren"[36], gewiss aber nicht als Menschen, deren Integrität in

---

35   Kyniker: wörtlich die „Hundigen" (kynismós / "Hundigkeit").

36   Sofern Kyniker als Spötter und Kritiker auftraten, war ihre Rolle eher jener vergleichbar, die sich auch im frühen

Frage stand. Ausgestattet mit Wanderstab und Bettelschale und in einfachste Kleidung gewandet, war ihr Erscheinungsbild in der Öffentlichkeit geeignet, augenfällig auf ihre Anliegen aufmerksam zu machen.

Freundschaft ohne Gefühle?

Obwohl sich die Lehre der Stoa in wenigen Worten zusammenfassen lässt, ist die Analyse ihrer Grundsätze mit einigen Schwierigkeiten verbunden. Erinnern wir uns: Ein guter Mensch - im Sinne der Lehre der Stoiker - ist derjenige, der sich von seinen Leidenschaften, Emotionen und Bedürfnissen befreit und inneren Seelenfrieden findet. Das Gute ist wesentlich ein Zustand der Leidenschaftslosigkeit (Apathie / ἀπάθεια / apátheia).

Die Stoiker interpretieren den „Seelenfrieden" als Abwesenheit von Lust und Unlust, von Freude, Trauer oder anderen störenden Gefühlen oder Empfindungen. Hier beginnen die Probleme. Wie kann z.B. „Freundschaft" unter diesen Voraussetzungen eine Tugend sein? Ist eine Freundschaft denkbar, die frei von Gefühlen ist, weil die Seele sonst aus dem Gleichgewicht gerät? (Wir werden später sehen, dass diese Frage auch an andere Ethiker zu richten

Christentum findet. So verglich etwa Paulus, im ersten Brief an die Korinther (4/10), die Christen mit heiligen Narren: „Wir sind Narren um Christi willen". Offenbar galten die solcherart Adressierten nicht als unzurechnungsfähig. Ein Verständnis dieser Ausdrucksweise durfte zumindest in vorausgesetzt worden sein. Paulus' Bemerkung wird im Licht der stoischen Traditionen verständlicher.

wäre, die ebenfalls versuchten, ihre Ethik unter Verzicht auf Gefühle und Empfindungen aufzubauen).

Pflegten die Stoiker untereinander eine von Gefühlen befreite, quasi rein intellektuelle Form der Seelenverwandtschaft? Die Frage in dieser Form zu stellen, setzt einen Deutungshorizont voraus, der für die griechisch-römische Antike schlichtweg nicht anzusetzen ist. Schon in den sokratisch-platonischen Dialogen wird unmissverständlich klar, dass Gefühle oder Emotionen im menschlichen Miteinander vieles bedeuten können, aber keinesfalls die Möglichkeit bieten, durch ihren völligen Verzicht (wenn so etwas überhaupt möglich wäre) zu einer Ethik zu gelangen, die diesen Namen verdient. Gefühle und Empfindungen waren schon für Platon Aufstiegshilfen, gleichsam Stufen auf dem Weg zur Erkenntnis (z.B. im Dialog „Symposion"). Stufen der Erkenntnis der Idee des Guten, die nicht übersprungen werden durften oder auch nur übersprungen werden konnten. Freundschaft oder Liebe sind einer Steigerungsform fähig, in der sie nicht mehr als Formen des Strebens oder Begehrens, als Gefühle oder Neigungen beschrieben werden können. Freundschaft hingegen, die um ihrer selbst willen gepflegt wird, ist frei von Nützlichkeitserwägungen, frei von taktischen Überlegungen, aber auch frei von emotional verstörenden Momenten. Freundschaftliche Gefühle sollten auch aus stoischer Sicht nicht durch asketische Übungen ersetzt oder unterdrückt werden, wenn diese Gefühle zum Seelenfrieden beitragen, also nicht dazu, Lust oder Unlust zu empfinden. Dieser Gedanke wurde zwar erst von den Epikureern explizit in den Mittelpunkt ihrer Ethik gestellt, doch finden sich vergleichbare Überlegungen auch bei den Stoikern.

Freundschaftliche Gefühle in der Gemeinschaft der philosophisch Verbundenen sind für die Stoiker - nicht anders als in der sokratischen Philosophie - ein hervorragendes Mittel zur Erlangung des Seelenfriedens.

Folgt man dieser Interpretation der Funktion der Freundschaft unter Stoikern, so scheint auch sie ein interessengeleitetes Mittel zur Erlangung des Seelenfriedens zu sein. Interessegeleitete Handlungsabsichten finden wir aber auch bei Handlungen, die ein Streben oder Begehren zur Folge haben und nicht dazu beitragen, die Seele auf dem Weg zum Ziel ihrer unerschütterlichen Ruhe zu begleiten. In der Regel sind Mittel-Zweck-Beziehungen in unübersehbarer Weise von gelingenden oder misslingenden Nutzeneffekten begleitet. Wie könnten instrumentalisierte Freundschaften und die mit ihnen verbundenen Mittel-Zweck-Relationen zu einem Seelenzustand führen, für den solche Formen des Strebens nach Nutzeneffekten völlig irrelevant wären?

Das Ziel der Stoiker, die Tugend der Freundschaft mit der Tugend der Apathie zu verbinden, kann nur erreicht werden, wenn an die Stelle der Zweckfreundschaft eine Form der Freundschaft tritt, die um ihrer selbst willen gepflegt wird, also nicht um eines Nutzens willen, weder eines Lustgewinns noch eines gesteigerten Gefühlslebens. Was hier geschieht, gleicht - um eine Metapher Wittgensteins zu gebrauchen - dem Wegwerfen einer Leiter, nachdem man sie bestiegen hat. Ein Stoiker verzichtet also nicht auf die Tugend der Freundschaft, wenn er diese Freundschaft überwindet, sondern er überwindet nur einen unreflektierten Begriff von Freundschaft. Mit Stoikern befreundet zu sein bedeutet, alles zu tun, um einander als Freunde zu begegnen. Mit anderen

Worten: Philosophie wird zur Seelsorge - vielleicht die kürzeste Gebrauchsdefinition des Stoizismus.

Jenseits der Nützlichkeit

Wie diese reflexive, durch geistige und leibliche Askese motivierte Form der Stoa zu verstehen ist, macht insbesondere ein Leitbegriff dieser Ethik deutlich, der sich in keiner anderen philosophischen Ethik findet: ein Handlungsbegriff, der die für das gute Handeln unwesentlichen lebensweltlichen Handlungsbedingungen berücksichtigt. Die Rede ist von den sogenannten „Adiaphora" (ἀδιάφορα / Adiáphora / „nicht Unterschiedenes"), also jenen Handlungen, die ethisch neutral sind.

Ein Adiaphoron bezeichnet einen Zustand der Unerschütterlichkeit (ἀταραξία / ataraxía) und Leidenschaftslosigkeit (ἀπάθεια / apátheia / Apathie), in dem Schönheit oder Hässlichkeit eines Menschen, Reichtum oder Armut, Gesundheit oder Krankheit bedeutungslos werden. Reich oder arm, gesund oder krank, schön oder hässlich zu sein, ist für den Seelenfrieden des Stoikers irrelevant, denn das Gute, das die Stoiker suchen, ist nicht etwas, das durch Nutzen oder Schaden gefunden werden kann. In gewisser Weise scheinen die Stoiker mit dieser Lehre platonische Ideale zu vertreten, denn das gesuchte Gute, der Seelenfrieden, lässt sich nicht in Mittel-Zweck-Relationen oder in Relationen von Lust oder Unlust, von Nutzen oder Schaden beschreiben. Im Unterschied zu den Vertretern platonischer Ideale trennen die Stoiker jedoch Ethik und Ästhetik. Würde die „Unerschütterlichkeit der Seele" einen ästhetisch klassifizierbaren Zustand beschreiben, wäre das Prinzip der Adiaphora nicht mehr anwendbar. Die angestrebte Seelenruhe scheint also etwas Gutes zu sein, ein Gutes aber nur jenseits solcher ästhetischer Differenzen und sozialer Kategorien. Nicht nur in diesem Zusammenhang erinnert vieles in den Lehren der Stoiker an buddhistische Lehren oder gleichsam modifizierte Meditationstechniken. Möglicherweise handelt es sich hier um eine zufällige Parallelentwicklung ähnlicher Gedanken in unterschiedlichen Sprach- und Kulturräumen. Mangels gesicherter schriftlicher Quellen sind wir auch hier auf Vermutungen angewiesen. Auch die Grenzen zwischen den verschiedenen antiken Schulen sind eher fließend. Die Einheit von Ethik und Ästhetik, wie wir sie in Platons Höhlen- und Sonnengleichnis oder im Dialog „Symposion" finden, ist selbst innerhalb der sokratisch-platonischen Texte fraglich. Schon aus diesem Grund ist es schwierig, die Lehren der Stoiker klar von denen der Schüler Platons oder der aristotelischen Tradition abzugrenzen.

Die Stoiker brechen mit vielen Konventionen der antiken Philosophie. So ist z.B. die Vorstellung, dass nur in einem gesunden Körper ein gesunder Geist zu finden sei, aus stoischer Sicht weit davon entfernt, das Prinzip der Adiaphora adäquat zu beschreiben. Der von den Stoikern angestrebte Zustand der Unerschütterlichkeit der Seele setzt direkt oder indirekt die Bereitschaft voraus, auf alles, was in dieser Welt als wertvoll, schön oder nützlich gilt, prinzipiell zu verzichten. So stellt sich die Frage nach dem Vorteil moralischen Handelns schon deshalb nicht, weil das Streben nach Vorteilen der stoischen Grundregel widerspricht, nichts zu tun, was die Seele aus dem Gleichgewicht bringen könnte. Jeder Vorteil und natürlich auch jeder Nachteil einer Handlungsfolge würde dieses Gleichgewicht stören. Auch der aristotelische Vorschlag, sich von den Handlungsextremen des Übermaßes oder des Mangels einer vermeintlichen oder tatsächlichen Gefühlsdisposition gleichermaßen zu distanzieren und eine ausgewogene Handlungsposition der Mitte anzustreben, wird von den Stoikern nicht geteilt, weil aus ihrer Sicht auch Äquidistanzpositionen mit taktischen Überlegungen verbunden sind, nämlich die Vor- und Nachteile einer Handlungsentscheidung interessengeleitet abzuwägen. Handlungsinteressen stören aber wiederum den angestrebten Zustand des psychischen Gleichgewichts. Die Perspektive des Stoikers ist keine, in der Nützlichkeitserwägungen Handlungsmotive legitimieren. Ein Stoiker sucht nicht nur nicht nach risikominimierenden Handlungsoptionen, er sucht nicht einmal nach einer Gewinnstrategie, denn die Ethik der Stoa kennt keine Gewinn- oder Verluststrategie. Fänden wir in der Stoa eine Handlungslogik nach dem Muster ökonomisch-rationaler Handlungsplanung, dann wäre es schlicht falsch zu sagen, dass Armut oder Reichtum für die Ethik eines Stoikers keinen Unterschied machen. Keine Seele befindet sich im Gleichgewicht, wenn sie den handlungsleitenden Prinzipien der Nutzenoptimierung folgt.

Spätestens an diesem Punkt mag die Ethik der Stoa ihre Anhänger wie ihre Gegner verwirren, weil sie unseren Intuitionen zu widersprechen scheint. Warum sollten die Stoiker die Frage nach der Nützlichkeit der Mittel-Zweck-Relation einer Handlung für vernachlässigbar halten? Wie sollte eine Ethik gelingen, wenn in ihr - jenseits der Unerschütterlichkeit der Seele - keine erstrebenswerten, ethisch relevanten Handlungsziele beschrieben oder entwickelt werden können? Andererseits: Wie könnte die „Nützlichkeit" einer Handlung in der Adiaphora-Lehre überhaupt eine Rolle spielen?

Dennoch verzichten die Stoiker nicht auf jede Form von Handlungsrationalität, denn auch das Adiaphora-Prinzip ist das Ergebnis von Handlungsentscheidungen und Nützlichkeitserwägungen; zumindest im Hinblick auf jene Nützlichkeitseffekte, die das Streben nach stoischen Idealen für die Stoiker mit sich bringt. Auch die auszuschließenden Fremdbestimmungen einer stoischen Handlungsentscheidung sind Folgen vernünftiger Handlungsplanung, wenn auch solcher Handlungen, die der Selbstaneignung und Selbstbestimmung dienen. Wie könnte eine menschliche Handlung jemals nicht zielgerichtet sein? Jedes zielgerichtete Handeln aber ist ein Handeln, das etwas anstrebt und Mittel einsetzt, um diese Handlungsziele zu erreichen. Wer handelt, will etwas erreichen, und wer etwas will, strebt danach, auch Hindernisse zu überwinden, Leiden und Unlust in Kauf zu nehmen, um ein Ziel zu erreichen. Zu handeln, d.h. das eigene Leben aktiv zu planen, Unlust in Kauf zu nehmen und den Seelenfrieden zu stören, um Hindernisse überwinden zu können, scheint aber wiederum den Zielen der Stoa zu widersprechen. Andererseits ist die „Schule der Stoa" für ihr zielstrebiges und korruptionsresistentes Handeln bekannt. Ist also das Streben nach einer unerschütterlichen Seele vereinbar mit den unvermeidlichen seelischen Erschütterungen, die zielstrebiges Handeln und die Überwindung von Hindernissen oder Anfeindungen mit sich bringen? Diese und ähnliche Fragen müssten widerspruchsfrei beantwortet werden, um die Stoiker vom Vorwurf willkürlicher Argumentation zu entlasten.

Etwas um seiner selbst willen tun

Die kritischen Fragen, denen sich die Stoiker ausgesetzt sehen, haben sie zweifellos in Bedrängnis gebracht, denn die Stoiker haben sich - zumindest in den bisher bekannten Schriften - nicht näher mit der Analyse des Begriffs „Nutzen" befasst. In diesem Punkt teilen sie gewisse Überlegungen mit den „Utilitaristen" des 19. Jahrhunderts, die den Begriff „Nutzen" ebenfalls als elementaren Begriff verwenden, dessen Verwendung keiner weiteren Erläuterung bedarf. Auf dieses Problem wird im Kapitel über den Utilitarismus noch zurückzukommen sein. Steht für die Stoiker ein Denken in Nützlichkeitskategorien im Widerspruch zum Adiaphora-Prinzip, so steht im Zentrum jeder Nützlichkeitsethik die Überzeugung, dass alle Handlungen als zielgerichtete Handlungen Nutzenwirkungen erzeugen und dass jede Ethik im Grunde eine utilitaristische Ethik ist, auch wenn sie sich dessen nicht bewusst ist. Auch die Stoa als philosophische Schule und Inbegriff der Gemeinsamkeiten verschiedener stoischer Traditionen scheint einer zweckrationalen und zielgerichteten Handlungslogik zu folgen, denn Seelenruhe erscheint den Stoikern als etwas Erstrebenswertes. Der Unterschied zu anderen erstrebenswerten Zielen liegt hier in der Benennung eines Handlungsziels, das um seiner selbst willen angestrebt wird. Etwas, das um seiner selbst willen erstrebt wird, muss das höchste Gut sein, denn gäbe es ein höheres Gut als das um seiner selbst willen erstrebte, so würde dies dem Begriff des „höchsten Gutes" ebenso widersprechen wie der Vorstellung, dass etwas „um seiner selbst willen" getan werden soll. Wird „Seelenruhe" als höchstes Ziel angestrebt und werden Mittel eingesetzt, um dieses Ziel zu erreichen, so kann zwar deren Nützlichkeit geprüft und bewertet werden, und insofern folgt auch ein sogenannter Selbstzweck der Mittel-Zweck-Rationalität; ist dieses Ziel aber erreicht, so endet die Mittel-Zweck-Logik, denn die Seelenruhe hat keinen weiteren Zweck und wäre nicht erreicht worden, wenn sie für andere Zwecke instrumentalisiert worden wäre.

In dieser Seelenruhe liegt für die Stoiker bereits das Glück. Sie ist nicht etwas Ferne, das - auf welchen Wegen oder Umwegen auch immer - herbeigeführt werden müsste, sondern sie ist etwas, dessen wir uns nur bewusst werden müssen, um es zu erkennen. Betrachten wir die Lehren der Stoa aus dieser Perspektive, so liegen sie auf einer Linie mit der aristotelischen Definition der Glückseligkeit. Für Aristoteles ist die „Glückseligkeit" ein „vollkommenes und selbstgenügsames Gut und Endziel des Handelns" (vgl. „Nikomachische Ethik", 1097b20). Hätte Aristoteles die Glückseligkeit tatsächlich nur so und nicht auch durch ganz andere, nämlich sozioökonomische Merkmale beschrieben, so stünden die Stoiker bzw. die Schule der Stoa in der Tradition der Ethik des Aristoteles. Davon kann aber kaum die Rede sein, denn die Lehren der Stoiker und der Aristoteliker unterscheiden sich in vielen Punkten. So beschreiben die Stoiker den angestrebten Seelenfrieden nicht als etwas, das eine Gemeinschaft kollektiv erreichen könnte, wenn nur der soziale Friede gesichert und bestimmte ökonomische Rahmenbedingungen erfüllt wären. Der stoische

Seelenfrieden ist im Wesentlichen ein individuell zu erreichender Seelenfrieden und nicht das Produkt eines gelungenen Gemeinschaftslebens oder einer kollektiven bzw. durch gemeinsame Anstrengung zu erreichenden Glückseligkeit. Stoiker verstehen sich eher als Individualisten. Die Gruppe der Zyniker unter den Stoikern unterstrich diese gesellschaftliche Randstellung auch durch ihre offene Ablehnung jeglicher Autorität, ihre Verachtung gesellschaftlicher Konventionen und ihren für jedermann sichtbaren Verzicht auf äußere Attribute des Wohlstands.

Dilemmata

Bei allen Unterschieden, die wir in den verschiedenen stoischen Schulen finden, lassen sich doch einige gemeinsame Elemente der Lehre beschreiben, die im Wesentlichen von allen Stoikern geteilt werden, wie z.B. die folgenden stoischen Tugenden:
- Selbstbeherrschung von Körper und Seele
- Selbstbeherrschung
- Selbsterkenntnis
- Unerschütterlichkeit der Seele
- Freiheit von Leidenschaften und Affekten
- Tapferkeit
- Leben im Einklang mit der Natur

Unerschütterlichkeit und damit Gelassenheit ist für die Stoiker eine Folge der Selbstbeherrschung und Selbstaneignung, die nur durch lange Übung, in der Regel mit Hilfe anerkannter Lehrer und philosophischer Weggefährten, erworben werden kann. Die mit der Vermittlung stoischer

Lebenspraxis verbundenen Aufgaben und Pflichten der Lehrer setzten in jedem Fall ein enges und vertrauensvolles Schüler-Lehrer-Verhältnis voraus. Ziel des Unterrichts war jedoch nicht die Etablierung von Autoritätsverhältnissen, sondern die Vermittlung von Selbstreflexion und Selbstbeherrschung, um auf diese Weise das eigene Denken von fremden Vorbildern, von Zurufen oder von der „Meinung der Mehrheit", wie es Seneca einmal formulierte, zu befreien.

Betrachten wir beispielsweise die Zeit von 500 bis 300 v. Chr., so finden wir die Griechen in dieser Zeit in mindestens 200 kriegerische Auseinandersetzungen verwickelt. In solchen Zeiten der Kriegsnot, der zerstörten Städte und der erlittenen Verletzungen aller Art hatte ein Zustand unerschütterlicher Seelenruhe der Mitglieder einer Gemeinschaft auch eine wichtige sozial stabilisierende Funktion. Die Lehren der Stoiker ermöglichten es ihren Anhängern, auch in Zeiten höchster gesellschaftlicher Unsicherheit, insbesondere in Kriegszeiten, ein besonnenes und kühl distanziertes Denken zu pflegen, das frei von den Risiken einer nicht gelingenden oder verzweifelten Verständigung war.

Mit der Tugend der Besonnenheit war also ein Denken verbunden, das geübt war, sich auf sich selbst zu beschränken, um daraus jene Kraft zu schöpfen, die in Bedrohungssituationen ein friedliches Zusammenleben in der Gemeinschaft nicht nur ermöglichte, sondern als wiederholte Bestätigung dieser erworbenen stoischen Tugenden voraussetzte. Die Übung des Seelenfriedens verlangt geradezu seine wiederholte Bedrohung, denn alle Tugenden bedürfen der wiederholten Übung. Die Unerschütterlichkeit der Seele durch Übung zu erlangen, lässt schließlich auch den Krieg als etwas Erstrebenswertes erscheinen. Wie sonst könnte man den Grad der Bewährung einer Tugend messen, wenn nicht an den Situationen, die diesen Seelenfrieden auf die Probe stellen?

Ein Beispiel für stoisches Denken ist der Umgang mit ethischen Dilemmasituationen, in denen keine denkbare Handlungsalternative ein Problem lösen kann. Ein Dilemma enthält widersprüchliche Handlungsregeln in identischen Anwendungsfällen. Ein Konflikt hingegen kann sich mit verschiedenen Szenarien befassen, für die Gewinn- und Verluststrategien entwickelt werden können. Im Unterschied zu einem Konflikt, in dem gegensätzliche Handlungsabsichten möglicherweise durch Kompromisse oder durch Überwindung bestehender Widerstände bewältigt werden können, sind in einem moralischen Dilemma weder Konfliktparteien notwendig, noch können in einem moralischen Dilemma widersprüchliche Handlungsregeln überwunden oder aufgelöst werden.

Ein bekanntes Beispiel für eine Dilemmasituation hat folgende Gestalt: Ein Schiff sinkt. Die Mannschaft fällt ins Wasser. Ein Teil der Besatzung kann sich an den Überresten des Schiffes festhalten. Andere Teile der Besatzung treiben im Wasser, ohne sich an schwimmenden Schiffsteilen über Wasser halten zu können. Wie sollen sich in dieser Situation diejenigen verhalten, die sich an treibenden Schiffsteilen festhalten? Sollen sie andere im Wasser schwimmende Personen auffordern, sich an den gleichen Teilen festzuhalten, die den anderen Schiffbrüchigen bisher das

Überleben ermöglicht haben? Oder sollen sie andere Menschen im Wasser ihrem Schicksal überlassen? Würden die im Wasser Schwimmenden ihre Schwimmhilfen anderen zur Verfügung stellen, wäre es sehr wahrscheinlich, dass diese die Last vieler Menschen nicht tragen könnten und untergingen. Helfen wäre eine reale Bedrohung der eigenen Existenz. Nicht zu helfen würde das Leben anderer gefährden. Wie auch immer die Entscheidung ausfällt: Der Versuch, jemanden zu retten, gefährdet das eigene Leben und das Leben anderer. In dieser Situation und unter Zeitdruck gibt es keine Lösung, die nicht neue Probleme schafft. In der griechischen Mythologie finden wir viele vergleichbare Dilemmasituationen, in denen Menschen schuldlos schuldig werden. Die „tragischen Helden" der griechischen Tragödien sind meist schuldlos schuldig gewordene Menschen, die ihr Schicksal stoisch meistern. Die Rolle des tragischen Helden in der griechischen Tragödie wäre ohne ethische Dilemmasituationen kaum denkbar [37].

Die Antwort der Stoa auf den Umgang mit Dilemmasituationen ist nicht der Versuch, diese Dilemmata praktisch aufzulösen. Die stoische Antwort auf die Frage, wie mit moralischen Dilemmata umzugehen ist, ist vielmehr die Form des reflexiven Umgangs mit Dilemmasituationen, das

---

37   Der tragische Held ist in der griechischen Tragödie maskiert. Die starre Theatermaske der Schauspieler in diesen Tragödien war möglicherweise auch eine sinnenfällige Anspielung auf das verbreitete stoische Ideal der Teilnahmslosigkeit und Unerschütterlichkeit der Seele. Eine Maske, die auf den uns überlieferten Vasen-Darstellungen wie ein Helm wirkt, der gleichsam vor den Schlägen des Schicksals schützt.

Erlernen der Tugend der Gelassenheit, die uns befähigt, auch mit moralischen Dilemmata rational umzugehen. Das Wissen um die Unlösbarkeit bestimmter ethischer Probleme erlaubt einen anderen Blick auf tragische Handlungssituationen. Nicht die Lösung eines Problems gemäß einer Tugendlehre ist in Dilemmasituationen zu diskutieren, sondern das einübende Akzeptieren und Ertragen moralischer Notlagen.

Die reflexive und lebenspraktische Distanz, die mit dieser Annahme ethischer Dilemmasituationen verbunden ist, steht für jene Techniken der Problemdistanzierung, die notwendig sind, um auch unter Zeitdruck und Risiko entscheidungsfähig zu bleiben und vernünftige Handlungen planen zu können, die nicht von Stressfaktoren, Angst oder Verzweiflung überlagert werden. Unter den denkbar größten physischen und psychischen Belastungen den Anspruch auf Rationalität nicht aufgeben zu müssen, ist wesentlich für eine Ethik, die sich als Korrektiv einer unreflektierten und von Konventionen geprägten Handlungspraxis versteht. In Dilemmasituationen sehen sich Stoiker daher stets aufs Neue vor die Aufgabe gestellt, trotz der als unlösbar erkannten ethischen Probleme die reflexive Autonomie und Deutungshoheit über ein tragisches Geschehen zu bewahren und daraus die Kraft zu schöpfen, Schicksalsschlägen zu begegnen.

Die Stoa ist bis heute die einzige Ethik, die für prinzipiell unlösbare praktische ethische Probleme ein reflexives Problemlösungsmodell entwickelt hat.

Beispiele für heutige Dilemmasituationen

Die Lehren der Stoa erinnern uns auch daran, dass in den meisten Lehrbüchern der Ethik der Umgang mit unlösbaren ethischen Problemen bestenfalls ein Randthema ist. Die unausgesprochene Überzeugung, dass es für jedes ethische Problem auch eine Lösung gibt, war der griechisch-römischen Antike jedoch fremd. Uns hingegen mag der stoische Umgang mit ethischen Problemen - angesichts drängender globaler Probleme - phantasielos und ignorant erscheinen. Die alltägliche Handlungspraxis zeigt jedoch bei näherer Betrachtung, dass uns moralische Dilemmasituationen wenn nicht vertraut, so doch bekannt sind. Einige Beispiele mögen diese Hypothese untermauern:

Das Doppelbindungsdilemma
Der Stoiker Seneca befand sich in einem Doppelbindungsdilemma, als seine Verpflichtungen gegenüber dem römischen Kaiser Nero mit den vernünftigen Interessen der Gegner dieses Kaisers, die er unterstützte, in Konflikt gerieten. Seneca entschied sich für keine der beiden Seiten, was seinen Tod bedeutete. Auch wir sind in unserer täglichen Praxis mit Dilemmata der Doppelbindung konfrontiert. Denken wir zum Beispiel an folgendes Szenario: Die Abteilungsleiter A und B sind zerstritten und geben beide an ihre Mitarbeiter die Devise aus: „Wer nicht für mich ist, ist gegen mich". Was auch immer die Mitarbeiter, die beiden Abteilungen zugeordnet sind, tun, es wird einen Konflikt mit dem jeweiligen Abteilungsleiter provozieren. Ein Ausweg aus diesem Handlungsdilemma ist unter Zeitdruck und Risiko logisch nicht möglich.

Das Normenkonfliktdilemma
In den griechischen und römischen Armeen gab es immer wieder Heerführer, die zwar durch Befehle an ihre Aufträge

gebunden waren, aber dennoch weitgehend autonom ihre jeweilige Taktik der Kriegsführung wählen konnten. In solchen und vergleichbaren Situationen kommt es nicht selten zu unauflösbaren Normenkonflikten. Der Imperativ: „Entscheide autonom, solange du nur die Normen beachtest, die dir vorgegeben werden" erzeugt einen Widerspruch. Die Befolgung einer der beiden Normen („Tue, was dir befohlen wird!" und „Handle autonom!") ist nur möglich, wenn der jeweils anderen Norm widersprochen wird. Der mögliche Einwand, die Autonomie des Truppenführers könne durch einen allgemein gehaltenen Handlungsbefehl eingeschränkt werden und er könne dennoch bei der Ausführung eines Befehls autonom handeln, ist unzutreffend. Ein Befehlsempfänger könnte nur dann teils unfrei, teils frei handeln, wenn der ihm erteilte, allgemein gehaltene Befehl Handlungen vorsehen würde, die diesem Befehl und der damit verbundenen allgemeinen Handlungsregel widersprechen könnten. Davon kann aber keine Rede sein, denn jede Handlung, die in Befolgung einer allgemeinen Regel gesetzt wird, folgt dieser oder folgt ihr nicht; sonst wäre keine allgemeine Handlungsregel gegeben worden. Folgt aber die konkrete Regelbefolgung der allgemeinen Handlungsregel, dann widerspricht eine autonome Handlungsentscheidung der allgemeinen Regel.

Auch Sokrates wurde Opfer eines Normenkonfliktdilemmas, weil er einerseits alles tat, was das Gesetz gebot, andererseits aber durch seine philosophische Tätigkeit die innere Widersprüchlichkeit eines Gesetzes offenbar wurde, das jene Tugenden fördert, die es durch das Gesetz selbst in Frage stellt.

Das Dilemma der Souveränität

Das Dilemma der Souveränität findet sich in der stoischen Lehre, wonach die Autonomie des Handelns eine Form der Selbstbeherrschung und Selbstbestimmung ist. Das Dilemma liegt bereits in der selbstreferentiellen Handlungsautonomie. Wenn Herrscher und Beherrschter ein und dieselbe Person sind, dann ist der Handelnde nur frei, wenn er sich selbst untertan ist.

Ein Imperativ, der vom Souverän ausgeht, widerspricht dem Imperativ des Beherrschten, der seine Souveränität zugunsten des Souveräns aufgibt. Ob jemand als Souverän oder als Beherrschter auftritt, macht für den entstehenden Selbstwiderspruch keinen Unterschied.

Wenn die Bürger die politischen Souveräne sind, weil alle Macht vom Volke ausgeht, dann ist jeder einzelne Bürger zugleich Gesetzgeber und Adressat dieser Gesetze. Er ist seiner eigenen Souveränität unterworfen, also frei und unfrei. Dieses Dilemma hat der Philosoph und Staatstheoretiker Rousseau zu einer Staatstheorie ausgearbeitet (vgl. Rousseau). Wäre in Frankreich jeder Bürger ein König, so stünden sich zwar alle Bürger als gleichberechtigte Personen gegenüber, aber jeder von ihnen wäre Herrscher und Beherrschter nur seiner selbst und wiederholte damit das genannte Dilemma.

Das Vorhersagedilemma

Im Kapitel zur Verantwortungsethik (→ Hans Jonas) wird auf ein Dilemma hingewiesen, das genau dann entsteht, wenn wir Verantwortung für die Fernwirkungen unseres Handelns übernehmen wollen. Da die ferne Zukunft unbekannt ist, können wir die Fernwirkungen einer Handlung nicht abschätzen. Sonst könnten Menschen, die Kinder zeugen, vorhersagen, ob diese z.B. Verbrechen gegen die Menschlichkeit begehen werden. Die Möglichkeit, dass dies geschieht, ist allen Beteiligten bewusst, aber die Verantwortung für das, was in ferner Zukunft tatsächlich geschieht, kann diesen Personen weder zu Lebzeiten noch rückwirkend auferlegt werden. Nun mag die Zeugung von Kindern ein Sonderfall sein, der mit den Mechanismen der technischen Kausalität nicht vergleichbar ist. Aus diesen Überlegungen lässt sich aber nicht ableiten, dass wir auf Prognosen verzichten können. Die Kurzform des Prognosedilemmas sieht so aus: Dass die Zukunft unbekannt ist, kann prognostiziert werden. Wäre die Zukunft aber bekannt, bevor sie eingetreten ist, wäre sie keine Zukunft mehr.

Das Entscheidungsdilemma
Ein Entscheidungsdilemma entsteht, wenn in einer Handlungssituation widersprüchliche Handlungsimperative gleichermaßen geboten erscheinen. Menschen vor Gefahren zu schützen, dafür aber andere Menschen Gefahren aussetzen zu müssen, stellt seit den Tagen der griechischen Tragödie die klassische Form eines Entscheidungsdilemmas dar.
Auch die Menschen des 21. Jahrhunderts sehen sich mit zahllosen Entscheidungsdilemmata konfrontiert. So stellt die Technik des 21. Jahrhunderts die philosophische Ethik vor Fragen, mit denen sie sich bisher nicht befasst hat. Ein Beispiel für den technologischen Wandel sind autonome Fahrzeuge, die die Verantwortung für das Leben ihrer Insassen an einen Computer abgeben, dessen

Entscheidungsrichtlinien programmiert werden müssen. Man stelle sich folgendes Szenario vor: Eine Person fährt allein in einem vollautonomen Fahrzeug, als plötzlich mehrere Personen auf der Fahrbahn auftauchen. Der Bremsweg des Fahrzeugs ist länger als der Gefährdungsabstand, so dass es für die Steuerungs- und Bremselektronik nur zwei Möglichkeiten gibt: Entweder das Fahrzeug fährt elektronisch gesteuert in die Fußgängergruppe hinein oder es fährt gegen eine Hauswand. Im ersten Fall ist mit Schwerverletzten oder Toten unter den Fußgängern zu rechnen, im zweiten Fall wird der Fahrzeuginsasse verletzt, möglicherweise mit tödlichen Folgen. Wie muss die Bordelektronik des vollautonomen Fahrzeugs programmiert werden, um das ethische Dilemma zu vermeiden? Auf diese Frage gibt es noch keine schlüssige Antwort. Der Vorschlag, ein autonomes Fahrzeug so zu programmieren, dass der Schaden für die Insassen minimiert wird, überspringt das Problem, statt es zu lösen, denn die Frage, ob eine solche Schadensminimierung möglich ist, setzt einen bereits eingetretenen Schadensfall voraus und überspringt das Dilemma, statt es zu lösen.

Das Toleranzdilemma
Der Handlungsimperativ „Sei tolerant!" ist genau dann selbstwidersprüchlich, wenn er dazu führt, auch die Ablehnung dieses Toleranzgebotes zu tolerieren. Liberalität, die sich aus liberalen Prinzipien heraus selbst in Frage stellt, erzeugt ein Toleranzdilemma. Das vermeintliche Alternativkonzept einer „Toleranz bis auf weiteres" lässt zwar Ausnahmen zu, unterscheidet sich dadurch aber nicht von einem Konzept der „Intoleranz bis auf weiteres", das ebenfalls Ausnahmen zulässt, also nicht vernünftiger ist als

die vermeintliche Alternative einer „Toleranz bis auf weiteres". Gleichwohl erleben und erfahren wir dieses Dilemma der Toleranz in der alltäglichen Praxis politischen Handelns, und wir erleben seine Hinnahme und Duldung nicht generell als Irrationalität. Dieses Aushalten und Akzeptieren unaufhebbarer Handlungsdilemmata ist typisch für die stoische Ethik. Es wäre auch verwunderlich, wenn die Traditionszusammenhänge der Ethik in unserer eigenen Handlungspraxis keine Spuren hinterlassen hätten.

Diese und vergleichbare Dilemmasituationen machen deutlich, dass die Lehre der Stoa, Dilemmasituationen gleichsam reflexiv einzuklammern, gewisse Vorteile hat. Für einen Stoiker stellt sich in unlösbaren ethischen Dilemmata nicht die Frage nach Schuld oder Unschuld, denn das Unvermeidliche entbindet ihn von jeder Verantwortung. Andererseits entpuppen sich manche vermeintlichen Dilemmata bei näherer Betrachtung als Pseudodilemmata, d.h. als ethische Probleme, die grundsätzlich lösbar sind, wenn bestimmte Umstände eintreten, an die vielleicht noch nicht gedacht wurde. Ein echtes Dilemma entsteht unter Zeit- und Risikodruck, bei begrenzten Ressourcen und mangelndem Wissen über das, was kommt. Nur unter diesen Bedingungen können Dilemmasituationen nicht gelöst werden. Auch die griechische Tragödie kennt in der Regel keine Szenarien, in denen der tragische Held unbegrenzt Zeit hat, darüber nachzudenken, was idealerweise zu tun wäre.

Von den Stoikern zu den Epikureern

Nach der Anerkennung des Christentums als Staatsreligion unter Kaiser Konstantin geriet die Ethik der Stoa allmählich in Vergessenheit. Für die Christen dieser Zeit gab es das Ideal eines unerschütterlichen göttlichen Seelenfriedens nicht mehr. Ein Gott, der weder leidensfähig noch leidenswillig war, konnte für christliche Ethiker kein Vorbild oder Handlungsideal mehr sein. Obwohl die Christen von den Stoikern gewisse Anleihen asketischer Ideale, wie etwa die mönchische Lebensform, übernahmen, stand das stoische Ideal einer durch nichts zu erschütternden Seele über Jahrhunderte einer fruchtbaren Diskussion zwischen stoischer und christlicher Ethik im Wege. Die Frage, wie Menschen, die Zeugen des Elends ihrer Mitmenschen werden, in stoischer Gleichgültigkeit jemals ihren Seelenfrieden finden können, war mit stoischen Idealen nicht mehr zu vermitteln. Wir werden im Kapitel über die Ethik der Epikureer sehen, dass die stoischen Ideale der Leidenschaftslosigkeit, Gefühllosigkeit und Mitleidlosigkeit bei den Epikureern ins Wanken geraten.

Stärken des Stoizismus
- Entwicklung von Techniken zur reflexiven Distanzierung von ethischen Dilemmata
- Armut oder Reichtum, Gesundheit oder Krankheit, Schönheit oder Hässlichkeit sind für die stoische Lebenspraxis ethisch neutral. Diese Lehre definiert ein Alleinstellungsmerkmal der Stoa, das indirekt auch in die Diskussionen um Gerechtigkeitstheorien hineinwirkt. Die praktische Bedeutung der Adiaphora-

Lehre zeigt sich in Gerechtigkeitstheorien, in denen es sich als hilfreich erwiesen hat, das eigene Wissen über die eigenen zukünftigen sozialen Chancen auszublenden (Rawls' "Schleier des Nichtwissens").

- Die Stoa hat ethische Konzepte entwickelt, die bis heute Anwendung finden. Die von den Stoikern erstmals entwickelten Formen der mobilen Seelsorge, des begleitenden therapeutischen Gesprächs im Freundeskreis und die damit verbundenen „Trostschriften" begründeten eine neue literarische Gattung.

Schwächen des Stoizismus

- Die Tugenden der Stoiker, das Erlernen von Gefühls- und Leidenschaftslosigkeit, widersprechen der natürlichen menschlichen Lebenspraxis, in der Freude und Leid wesentliche Merkmale des menschlichen Lebens sind. Der Stoizismus kann nicht schlüssig erklären, wie Freundschaft eine Tugend sein kann, wenn Formen der Empathie oder des Mitleids nicht als Tugenden gelten.
- Die Stoa kann keine materiellen Pflichten gegenüber anderen Menschen begründen.

Die Bedeutung der Stoa für die praktische Ethik

- Die erfreuliche Tatsache, dass seit den 1990er Jahren - nicht nur im deutschsprachigen Raum - immer wieder philosophische Praxen eröffnet werden, die sich Formen philosophischer Lebensbegleitung widmen, ist ein deutlicher Beleg für die praktische

Wirksamkeit und Alltagstauglichkeit auch der stoischen Lehrinhalte.

- Die Suche nach seelischem Gleichgewicht und innerer Harmonie ist nicht nur ein Merkmal der stoischen Ethik, sondern eine Konstante der Ethik auch in der Moderne. Es dürfte kaum gelingen, die psychophysischen Auswirkungen einer individuellen Gewissensentscheidung zu diskutieren, ohne den Begriff des seelischen Gleichgewichts und der seelischen Harmonie und damit indirekt auch stoische Lehrinhalte zu thematisieren.

- Auf der Suche nach den Ursprüngen der ökologischen Ethik waren die Stoiker die ersten, die einen sorgsamen und asketischen Umgang mit dem eigenen Körper im Einklang mit der Natur forderten. Gesunde Ernährung, einfache Kleidung, bewusster Verzicht auf materiellen Reichtum und die Erhaltung naturnaher Lebensbedingungen prägten über weite Strecken auch die Anfänge der heutigen ökologischen Ethik.

- Den Stoikern verdanken wir wesentliche Beiträge zur Entwicklung des philosophischen Individualismus, lange vor dessen Wiederentdeckung in der Renaissance. Der zentrale Gedanke, dass sich die praktische Wirksamkeit ethischer Theorien im Alltag der Menschen bewähren muss, mag uns heute selbstverständlich erscheinen, war aber in verschiedenen Epochen der europäischen Geistesgeschichte ein oft vernachlässigtes Thema.

- Im Umgang mit ethischen Dilemmata ist die von den Stoikern angewandte Technik der reflexiven Problemdistanzierung bis heute aktuell. Sie findet z.B.

in der Burnout-Prophylaxe ebenso Anwendung wie in der Traumatherapie.

Literaturempfehlungen (Auszug)

- Marc Aurel, Selbstbetrachtungen, übers. V. Albert von Wittstock, 188 Seiten, Verlag: Reclam
- Epiktet, Handbüchlein der Moral, übers. Von Kurt Steinmann, 71 Seiten, Verlag: Reclam
- Seneca, Briefe an Lucilius, hrsg. von Marion Giebel, übers. Von Heinz Gunermann, Franz Loretto, Rainer Rauthe, 780 Seiten, Verlag: Reclam
- Wilhelm Schmid, Gelassenheit: Was wir gewinnen, wenn wir älter werden, 118 Seiten, Insel Verlag
- Die Philosophie der Stoa: Ausgewählte Texte, von Wolfgang Weinkauf, 340 Seiten, Verlag: Reclam

Epikur und die Ethik des Freundschafsbundes

Wir können uns einen Freundschaftsbund als eine Gemeinschaft vorstellen, deren Zusammenleben durch einen ungeschriebenen Freundschaftsvertrag geregelt ist. In einem Freundschaftsbund werden die Rechte und Pflichten der Befreundeten als bekannt vorausgesetzt. Im Gegensatz zu anderen philosophischen Schulen der Antike waren bei den Epikureern auch Frauen, Jugendliche und Sklaven als Mitglieder ihrer Freundschaftsbünde willkommen. Nie zuvor hatten Angehörige philosophischer Schulen Frauen als weitgehend gleichberechtigte Mitglieder in ihre Lebens- und Lehrgemeinschaften aufgenommen.

In mancher Hinsicht waren die Epikureer Erneuerer und Reformer eingefahrener Traditionen, in anderer Hinsicht standen sie in der Tradition der stoischen Philosophie und versuchten, bewährte Elemente dieser philosophischen Schule mit neuen Ideen zu verbinden.

Der Einfluss des sokratischen Denkens auf die epikureische Lehre ist unübersehbar, denn mehr noch als bei den Stoikern ist die Ethik der Epikureer eine gesprächsorientierte Ethik. Auch wenn die Verbindung zwischen der stoischen und der epikureischen Ethik stärker ist als die zur Schule Platons oder zur Schule des Aristoteles, so lassen sich doch auch platonische und aristotelische Gedanken in der Philosophie der Epikureer nachweisen. Auf Platon bezieht sich überraschenderweise die epikureische Vorstellung von Lust als Abwesenheit von Unlust (eine Konstruktion, die weiter unten näher beschrieben wird); auf Aristoteles geht die Idee einer Ethik des glücklichen Lebens in einer stabilen Gemeinschaft zurück, einer Gemeinschaft von Menschen, die gemeinsame Ziele verfolgen. In der Tradition der stoischen Philosophie steht dagegen die lebenslange Seelsorge, die auch in der epikureischen Lehre unter den Mitgliedern dieser Gemeinschaften gepflegt wird.

Wie in vielen vergleichbaren Fällen sind wir auch bei den Lehren der Epikureer und ihres Begründers Epikur (341-271 v. Chr.) auf wenige Textfragmente und Überlieferungen jener Philosophen angewiesen, die diese epikureischen Textsammlungen noch gekannt haben müssen. Seneca (1-65 n. Chr.), ein Philosoph der jüngeren Stoa, hielt den Verleumdungen und Anfeindungen der Epikureer durch die Römer entgegen, dass die Epikureer in der griechisch-römischen Tradition der Stoiker gelehrt und gelebt hätten und alles andere als Philosophen gewesen seien, die ein Leben in lustvoller Ausschweifung gesucht hätten. Seneca muss diese Texte noch gekannt haben, wie vor ihm Cicero. Doch schon bei dem spätrömischen Philosophen Diogenes Laertius erscheint es zweifelhaft, ob er die von ihm erwähnten 300 Buchrollen Epikurs noch aus eigener Lektüre kannte. Unsicher ist auch, ob sich die Schule Epikurs in direkter Linie auf das Wirken der Philosophen im Umkreis der platonischen Akademie zurückführen lässt. Sicher ist hingegen, dass viele der Philosophen im Umkreis der Athener Philosophenschulen einander kannten. Das antike Athen war eine überschaubare Stadt, und es wäre ein Wunder gewesen, wenn diejenigen, die dort gleichzeitig als Philosophen tätig waren, sich nicht häufig begegnet wären. Ein reger Gedankenaustausch zwischen den Vertretern der verschiedenen Schulen und die gegenseitige Beeinflussung der philosophischen Strömungen der in Athen vertretenen philosophischen Lehrmeinungen kann als selbstverständlich vorausgesetzt werden.

Das Streben nach Lust

Jenseits aller fragmentarischen und zum Teil auch zweifelhaften Überlieferung der epikureischen Texte steht fest, dass das von Epikur beschriebene lustvolle Leben anders zu verstehen ist als ein Leben nach dem Prinzip der Maximierung körperlicher Lust. Vielmehr ist Lust für die Epikureer die Lust an der Befreiung von Unlust. Nur unter dieser Voraussetzung kann Lust etwas Bleibendes und Dauerhaftes sein. Das begriffliche Problem, vor das uns Epikur stellt, liegt in dieser eigenwilligen Konstruktion des Lustbegriffs, denn auch die Lust an der Unlustlosigkeit ist noch Lust. Während die Abwesenheit von Unlust ein dauerhafter Zustand sein kann, ist die körperliche Lust an der Abwesenheit von Unlust etwas Flüchtiges, nicht Stabiles. Es stellt sich die Frage, wie dieses Flüchtige etwas Gutes sein kann oder wie in ihm, dem Flüchtigen, das Gute gefunden werden kann, wenn es ein Merkmal des Guten ist, etwas Stabiles und Dauerhaftes zu sein und nicht etwas Zufälliges, Vorübergehendes und Unverfügbares.
Dieses Problem ist mit einigen nichttrivialen Begründungen verbunden, denn es ist zunächst gar nicht klar, wie die Lust an der Abwesenheit von Unlust, also die Lust an einem verneinten Begriffsinhalt, näher zu beschreiben wäre. Wie kann das Fehlende Lust hervorrufen? Macht es überhaupt einen gefühlten Unterschied, ob das Fehlende mit Lust oder Unlust verbunden ist? Wie könnte man eine abwesende Unlustempfindung von einer abwesenden Lustempfindung

nicht nur begrifflich, sondern auch gefühlsmäßig unterscheiden? Die Frage ist also, worauf sich eine Lustempfindung beziehen könnte, wenn sie sich auf etwas bezieht, dessen Vorhandensein geleugnet wird; denn was nicht vorhanden ist, unterscheidet sich nicht gerade dadurch, dass es nicht vorhanden ist. Wenn es aber möglich wäre, eine Lustempfindung auf Nichtexistierendes zu beziehen, dann müsste es auch möglich sein, Lust an der Abwesenheit von Lust zu empfinden. Spätestens hier wird der Widerspruch dieser Konstruktion des Lustbegriffs deutlich. Ein Widerspruch, der Fragen aufwirft, auf die wir in den erhaltenen Schriften der Epikureer keine direkte Antwort finden.

Möglicherweise teilten die Epikureer gerade nicht die in der sokratisch-platonischen Philosophie anzutreffende Überzeugung, dass das Gute ein Unvergängliches sei und deshalb in der körperlich vergänglichen Lustempfindung nicht gefunden werden könne. Dagegen spricht aber die ungewöhnliche begriffliche Konstruktion des Lustbegriffs bei den Epikureern. Lust im Fehlen von Unlust zu empfinden, setzt einen Lustbegriff voraus, der durch die Abwesenheit aller konkreten inhaltlichen Gefühlsqualitäten bestimmt ist und nur die Verneinung einer Lustempfindung als den Inhalt ansieht, der eine Lustempfindung zur Folge hat. Wenn etwas, das verneint wird, weder vergänglich noch flüchtig ist, und wenn ferner die Lust an der Abwesenheit von Unlust etwas Gutes ist, dann ist dieses Gute seinerseits etwas Unvergängliches, denn es bezieht sich auf etwas Verneintes, und dieses bezieht sich auf etwas, das nicht ist. Was aber nicht ist, ist auch nicht vergänglich. Die Lust an der Vermeidung der Unlust wäre also eine Lust am

Unvergänglichen, denn das Unvergängliche ist auch (wenn auch nicht ausschließlich) das, was nicht ist. Die begriffliche Konstruktion des epikureischen Lustbegriffs ist so kunstvoll, dass man den Eindruck gewinnen könnte, diese Argumentation sei einem sokratischen Dialog entnommen, ohne sie als solche zu kennzeichnen. Aber auch dies muss eine Hypothese bleiben, da uns wiederum verlässliche Quellen fehlen, die diese Beeinflussung der Lehren Epikurs durch Elemente der sokratischen Philosophie näher begründen könnten.

Jedenfalls lässt sich der epikureische Lustbegriff nur dann widerspruchsfrei fassen, wenn man den Begriff der Lust doppelt fasst, nämlich als körperliche und seelische Lust, um die Befreiung von körperlicher Lust als zumindest seelische Lust beschreiben zu können. Die entscheidende Frage wäre nun, wie seelische und körperliche Lust nicht nur begrifflich unterschieden, sondern auch unterschiedlich erlebt werden können, aber leider geben auch die überlieferten Fragmente der Epikureer keine direkte Antwort auf diese Frage. Die geistige Lust ließe sich vielleicht am ehesten als eine Form der Lust beschreiben, die sich einstellt, wenn wir Wissen und Einsicht erlangen. Der berühmte Ausspruch „Heureka!" („Ich habe es gefunden!") des Mathematikers Archimedes von Syrakus (287-212 v. Chr.) spielt auf diesen Begriff der geistigen Erkenntnislust an. Das Gewinnen von Einsicht und Erkenntnis, ein sich einstellendes Wissen, das einen Zustand der Unwissenheit überwindet und damit eine Erkenntnis verbindet, kann als lustvoll erlebt werden, ohne körperliche Lustempfindungen vorauszusetzen. Ähnlich wie die Lust an der Überwindung von Unwissenheit ist die psychische Lust an der Überwindung von körperlicher Unlust Voraussetzung dafür, Empfindungen und Gefühle über den Weg der Erinnerung zu beschreiben, ohne sie körperlich zu spüren. Erinnerte Lusterlebnisse sind nicht unmittelbar körperlicher Natur, können aber dennoch mit Lust- oder Unlustempfindungen in der Erinnerung verbunden sein. Es muss sich zeigen, ob im Prozess der fortschreitenden Selbsterkenntnis auch das körperlich Empfundene erinnert und begrifflich erfasst werden kann. Nur wer diesen Prozess des Erinnerns seiner Gefühle und Empfindungen reflexiv vollziehen kann, kann sich selbst erkennen („Erkenne dich selbst!"). Der Begriff der psychischen Lust ist also durchaus hilfreich, wenn es darum geht, einen negativen Begriff der Lust zu beschreiben, nämlich die mehrfach erwähnte Lust an der Unlust. Unsere erinnerten Empfindungen sind nicht mehr etwas Flüchtiges, wenn sie mit einem Wissen verbunden sind. Epikur belässt es aber nicht bei der abstrakten Beschreibung der Lust an der Unlust, sondern verwendet den Begriff der Lust auch zur Beschreibung der Freuden der Nahrungsaufnahme. Essen und Trinken sind für ihn auf gute Weise mit Lust verbunden, aber wiederum nur dann, wenn die Lust an der Nahrungsaufnahme uns hilft, die körperliche Unlust zu überwinden. Schon eine einfache Mahlzeit kann diesen Zweck erfüllen.

Epikur:

> „Eine bescheidene Mahlzeit bietet den gleichen Genuss wie eine prunkvolle Tafel, wenn nur erst das schmerzhafte Hungergefühl beseitigt ist."

> „Des Fleisches Stimme ist: Nicht hungern, nicht dürsten, nicht frieren! Denn wenn einer dies besitzt

und erwarten kann, es zukünftig zu besitzen, könnte
er selbst mit Zeus um das Glück wetteifern"

Seelische Lust

Die Epikureer teilen mit den Aristotelikern die Überzeugung,
dass Menschen nach einem glücklichen Leben streben, doch
in der Beschreibung der Wege zu diesem glücklichen Leben
und vor allem in der Beschreibung der den Menschen
zuträglichen sinnlichen Genüsse, unterscheiden sich
Aristoteliker und Epikureer. Für die Aristoteliker ist die
körperliche Lust ein Mittel zum Zweck, um mit anderen
Menschen ein gelingendes Leben in ihrer Gemeinschaft
führen zu können. Für die Epikureer ist die Lust kein Mittel
zum Zweck, sondern steht im Dienst der Überwindung von
Mittel-Zweck-Verhältnissen, weil die Lust an der
Überwindung der Unlust *um ihrer selbst willen* gesucht wird,
nicht aber um für Zwecke der Gemeinschaft gleichsam
instrumentalisiert zu werden. Eher noch verhält es sich
umgekehrt, denn die Lust an und in der Gemeinschaft
einander befreundeter Mitglieder eines epikureischen Bundes
soll vor Störungen der Seelenruhe schützen. Der
Freundschaftsbund ist - so betrachtet - ein Zweckbündnis zur
Ermöglichung jener Lust (an der Abwesenheit von Lust *und*
Unlust), die um ihrer selbst willen gesucht wird.

> Epikur: "Wenn wir also die Lust als das Endziel
> hinstellen, so meinen wir damit nicht die Lüste der
> Schlemmer und solche, die in nichts als dem Genusse
> selbst bestehen, wie manche Unkundige und manche
> Gegner oder auch absichtlich Missverstehende

meinen, sondern das Freisein von körperlichem
Schmerz und von Störung der Seelenruhe"

„Der Gerechte ist am sichersten vor Störungen der
Seelenruhe, der Ungerechte ist ihnen am meisten
ausgesetzt."

Der Widerspruch in der Definition des Lust-Begriffes („Lust
am Fehlen der Unlust") lässt sich, wie erwähnt, auflösen,
wenn wir seelische und körperliche Lust unterscheiden.
Doch diesem hier skizzierten Interpretationsvorschlag des
Lust-Begriffes der Epikureer steht entgegen, dass wir in den
überlieferten Lehrinhalten dieser Schule, insbesondere aber
in den erhalten gebliebenen Textfragmenten Epikurs, keine
Hinweise darauf finden, wie körperliche und seelische Lust in
ihrer Empfindungsqualität zu unterscheiden wären, immer
vorausgesetzt, auch seelische Lustempfindungen wären
möglich. Nicht immer sind erinnerte Empfindungen oder
Gefühle frei von Lust oder Unlust. Ein erinnerter körperlicher
Schmerz mag auch in der Erinnerung schmerzlich wirken. Tritt
dieser Fall ein, dann wiederholt sich das genannte Problem
der Ununterscheidbarkeit seelischer und körperlicher Lust[38].
Kurz gesagt: In der epikureischen Verwendung steht der
Begriff der *seelischen Lust* nur dann für etwas Beständiges

---

38   Seelische Lust scheint etwas der körperlichen Lust Analoges
      zu sein; etwas, das wir später auch in Kants Ethik finden
      werden, wenn dieser beispielsweise davon spricht, dass die
      Menschen vor einem Sittengesetz „Achtung" empfinden
      können, obwohl diese „Achtung" kein körperliches Gefühl
      der Lust oder Unlust bereitet. „Achtung" sei – so Kant –
      etwas einem Gefühl „Analogisches".

bzw. für einen „stabilen Zustand des Fleisches", jenseits aller flüchtigen körperlichen Empfindungen oder Emotionen, wenn flüchtige Empfindungen Teil des beständigen Wissens werden, ohne neuerlich körperliche Lust- oder Unlustempfindungen auszulösen.

Der epikureische Lust-Begriff ist - schon allein aufgrund dieser begrifflichen Konstruktionen - angetan Verwirrung zu stiften. Diese Verwirrung steigert sich noch in unserer Perspektive der Interpretation dieser Texte, denn für Epikur ist die Seele ihrerseits etwas Körperliches.
Epikur:

> „Daher reden die, die behaupten, die Seele sei
> unkörperlich, törichtes Zeug. Wenn sie so beschaffen
> wäre, könnte sie weder etwas tun noch etwas
> erleiden. Nun aber sind es offensichtlich gerade diese
> beiden Eigenschaften, die wir der Seele zuerkennen."

Die vorgeschlagene Unterscheidung zwischen seelischer und körperlicher Lust scheint damit hinfällig geworden zu sein, denn die Seele selbst ist für Epikur etwas Körperliches. Aber auch diese Position ist in der Philosophie der Zeit keineswegs ungewöhnlich. Vielmehr ist die Unterscheidung zwischen körperlichen und nicht-körperlichen Eigenschaften der Seele oder „Seelenanteilen" ein ständiges Problem der Antike, also kein Problem, das erst bei den Epikureern auftaucht. Allerdings scheint Epikur die Probleme zu übersehen, die der Begriff einer „körperlichen Seele" gerade dann aufwirft, wenn er von einer „Lust, die Unlust vermeidet" spricht. Wie könnte etwas Körperliches das repräsentieren, was für diesen Körper nicht existiert, weil es vermieden wurde, nämlich die Unlust?

Aus heutiger Sicht müssen diese begrifflichen Unschärfen im Denken der Epikureer letztlich zur Kenntnis genommen werden, jedenfalls solange sie nicht noch dadurch überhöht werden, dass man Epikur und seinen Anhängern einen Vulgärmaterialismus unterstellt, wie dies etwa in der Mitte des 19. Jahrhunderts in der europäischen Philosophie in Mode kam. Der stoische und epikureische Materialismus geht von der damals verbreiteten Vorstellung aus, dass auch die Urelemente der Materie beseelt sind. Der Unterschied zwischen Leib und Seele ist demnach nicht ein Unterschied zwischen einem seelenlosen Leib und einer körperlosen Seele, sondern er ist vielmehr in der Art und Weise zu suchen, wie eine Seele zu sich selbst kommt, unabhängig von der Frage, woraus oder worin diese Seele besteht oder worin sie sich vermischen könnte. Nur unter der Voraussetzung der begrifflichen Trennbarkeit von leiblichen und seelischen Empfindungen lässt sich der von Epikur bezeichnete „stabile Zustand des Fleisches" durch einen stabilen Zustand der Seele beschreiben, im Gegensatz zu den instabilen Zuständen flüchtiger Lust- oder Unlustempfindungen.

Die Kritik am epikureischen Lustbegriff konnte sich schon damals auf eine unter den antiken Philosophen verbreitete Lehrmeinung stützen, wonach das Gute etwas Unveränderliches, die Lust aber etwas Wandelbares und Flüchtiges sei. Diese Kritik trifft jedoch nicht den Kern des epikureischen Lustbegriffs, denn die Lust an der Abwesenheit von Unlust ist, um es noch einmal zu wiederholen, die Lust an der Erkenntnis des Wandelbaren und Flüchtigen. Diese reflexive Lust kann nur empfinden, wer das Leben in vergänglichen Lüsten der zitierten „Schwelger und Schlemmer" überwunden hat.

Der epikureische Freundschaftsbund

Freundschaften unter Epikureern entstanden in ihren Gemeinschaften jedoch nicht durch glückliche Fügung zufälliger zwischenmenschlicher Kontakte, sondern wurden als gegenseitige Verpflichtung und zum Nutzen aller Mitglieder dieser Gemeinschaften vorausgesetzt und als gleichsam vertragliche Voraussetzung für die Mitgliedschaft in einem Freundschaftsbund gedacht. Der berühmte epikureische Freundschaftsbund setzt keine leidenschaftlichen zwischenmenschlichen Gefühle voraus, wohl aber das Wissen um die Seelenverwandtschaft der Menschen, die durch ihre Lebensführung dazu beitragen, die göttliche Harmonie und Ordnung zum Ausdruck zu bringen. Auch hier ist das Verhaltensideal durch die religionsphilosophischen Überzeugungen der Epikureer mitbestimmt. Ähnlich wie die Stoiker denken die Epikureer den Seelenfrieden der Menschen nach göttlichem Vorbild, als einen Seelenfrieden der Gottheiten, der sich gleichsam in den Seelen der Menschen spiegelt. Aber weder bei den Griechen noch später bei den antiken Römern wurden die zwischenmenschlichen Beziehungen von den damaligen Philosophen nach dem Vorbild der volksmythologischen Götterbeziehungen gedacht.

Die Welt der volksmythologischen Götter bietet uns kein Vorbild für ein harmonisches Zusammenleben in einem Freundschaftsbund der Menschen, denn die Verhaltensbeschreibungen dieser Götter schließen fast jedes Verbrechen ein. Das Verhaltensrepertoire der volksmythologischen Götter kann also unmöglich ein Muster für die Beziehungsqualitäten in einem epikureischen

Freundschaftsbund gewesen sein. Die Konflikte unter den hunderten Gottheiten der griechischen Antike sind derart konfliktär und unübersichtlich[39], dass bisher noch niemand den Versuch unternommen hat, dieselben auch nur näherungsweise zu beschreiben. Das unausgesprochene religionsphilosophische Rollenmodell der Epikureer ist jenes, das uns schon in der Philosophie der Stoa begegnete: Das Handeln der Menschen ist nach dem Vorbild des Handelns der anonym bleibenden und empfindungslosen Gottheit[40] zu denken: es dient der ungestörten Seelenruhe der Menschen, nach dem Vorbild der ungestörten Seelenruhe der Gottheit.

Epikurs Vertragstheorie

Lange vor Vertragstheoretikern wie Thomas Hobbes oder Jean-Jacques Rousseau entwickelten die Epikureer die ebenso

---

39 Dieter Macek hat eine Gesamtgenealogie (5770 Götter und Halbgötter) der griechisch-mediterranen Götterwelt erstellt, die in den bekannten Konfliktsituationen der griechischen Mythologie ahnen lässt, wie aussichtslos der Versuch wäre, diese „Gesellschaft" als „Freundschaftsbund" zu interpretieren. Vgl. https://www.myth-gen.eu/genealogie. Allein die schiere Zahl dieser Gottheiten und die ihnen zugeschriebene arbeitsteilige Organisation in der „Verwaltung" der Belange der Sterblichen ist nicht weniger verblüffend als das Fehlen jener Beziehungsqualitäten, die einen Freundschaftsbund erwarten lassen. Die Götter der Antike mögen - mythologisch gesehen - verwandt gewesen sein, aber sie als Freunde zu bezeichnen, wäre eine erhebliche Übertreibung.

40 Der Begriff der „Gottheit" lässt die Frage des Monotheismus oder Polytheismus bewusst offen.

einfache wie revolutionäre Idee, dass vernünftige Wesen keine Verträge zu ihrem Nachteil, sondern nur zu ihrem Nutzen abschließen können. Ein Vertrag, den eine Person zum eigenen Schaden abschlösse, wäre automatisch sittenwidrig. Diese Regelung ist noch heute elementarer Bestandteil des Vertragsrechts. Verträge zum wechselseitigen Nutzen setzen ferner auch die wechselseitige Anerkennung der Vertragspartner und ein Mindestmaß an Vertrauen voraus, nicht aber unbedingt emotionale Verbindungen oder Gefühle der Zuneigung. Entscheidend ist in diesem Zusammenhang nicht, dass tatsächlich Verträge aufgesetzt oder unterzeichnet werden, sondern dass Freundschaften als Vertragsverhältnisse gedacht werden. Freunde erwarten von einander wechselseitige Hilfe und Beistand, wenn sie in Not sind. Ihre Beziehungserwartungen haben die Qualität jener Handlungen, die der Erfüllung eines Vertrages dienen. Epikur entwickelt in diesen vertragstheoretischen Skizzen darüber hinaus eine begriffslogische Verbindung zwischen dem Begriff der Freundschaft und dem Begriff des Völkerrechts. Die Argumentationskette läuft - wenn auch nicht wortwörtlich, so doch sinngemäß - wie folgt:

- Freundschaften setzen Vertrauensverhältnisse und Erwartungshaltungen voraus
- Vertrauensverhältnisse setzen ungeschriebene vertragsrechtliche Regelungen voraus
- Der Inhalt eines Vertrages muss nicht verschriftlicht werden , er kann auch in der Anerkennung üblicher Sitten und Gepflogenheiten bestehen
- Verträge zum wechselseitigen Nutzen, die auf der ausdrücklichen oder stillschweigend vorausgesetzten Anerkennung von Rechten und Pflichten beruhen,

bedürfen keiner emotionalen Beziehungen zwischen den befreundeten Vertragsteilnehmer/innen
- Verträge sind skalierbar, die Anzahl der Mitglieder eines Freundschaftsbundes ist offen und nicht begrenzt auf die Anzahl der einander unmittelbar bekannten Freunde.

Befreundet sind also Mitglieder einer Gemeinschaft, wenn sie geschriebene oder ungeschriebene Verträge zum wechselseitigen Nutzen voraussetzen und bereit sind, diesen Bund der Befreundeten auf alle Menschen auszudehnen, die diese geschriebenen Regeln zu übernehmen und zu teilen bereit sind. Seneca, der den Ruf der Epikureer unter den Römern zu rehabilitieren nicht müde wurde, verwendete für Mitglieder mit einem universalisierten Freundschaftsstatus den Ausdruck „Weltbürger[41]".

Sehr viel später wird im 18. Jahrhundert Rousseau dieses vertragstheoretische Konzept - im Geist der sich anbahnenden Französischen Revolution - neuerlich aufgreifen. Auch für Rousseau ist ein Vertrag, der das Verhalten der Menschen untereinander regelt, einem Freundschaftsvertrag ähnlich. Rousseau spricht allerdings nicht von einem „Freundschaftsbund" , sondern von einem „Gesellschaftsvertrag". Der Wahlspruch der französischen Revolutionäre „Freiheit, Gleichheit, Brüderlichkeit" („Liberté, Égalité, Fraternité") erinnert an dieses Konzept der in

---

41   Der vermutlich erste Philosoph, der diese Bezeichnung („Weltbürger") verwendete, war der Kyniker und Stoiker Diogenes von Sinope (413-323 v.Chr).]

Freundschaft verbundenen Menschen, die einander
(angeblich) wie Brüder und Schwestern begegnen.

Epikur:
„Von allem, was die Weisheit zur Glückseligkeit des
ganzen Lebens in Bereitschaft hält, ist weitaus das
Wichtigste der Besitz der Freundschaft"

„Für alle Lebewesen, die keine Verträge abschließen
konnten, zur Verhütung gegenseitiger Schädigung,
gibt es kein Recht (Gerechtes) oder Unrecht
(Ungerechtes)." „Und das gleiche gilt für die Völker,
die nicht imstande waren, dergleichen Verträge zur
Verhütung gegenseitiger Schädigung abzuschließen."

Zweitausend Jahre vor den Protagonisten der Französischen
Revolution waren es die Epikureer,
die diese vertraglich abgesicherten Rechte auch Frauen,
Jugendlichen und Sklaven zukommen ließen. Wieder einmal
waren Visionäre der Antike ihrer Zeit voraus - oder besser
gesagt: *zu weit voraus*. Die Idee, dass Recht und Unrecht erst
auf der Grundlage eines Gesellschaftsvertrages und der mit
diesem Vertrag verbundenen wechselseitigen
Anerkennungsverhältnissen entsteht, fand in der hierarchisch
geordneten griechischen und römischen Welt wenig
Beachtung und geriet im Laufe der folgenden Jahrhunderte
unter den Philosophen nahezu vollkommen in Vergessenheit.
Ohne die Epikureer zu erwähnen, übernahmen zumindest die
frühen Christen der Spätantike von den Epikureern die
bewährte Praxis, Mitglieder ihrer Gemeinschaften in
ähnlicher Weise wie die Epikureer einander zu behandeln,

auch wenn sich die Inhalte dieser Lehren nun radikal verändert hatten und an die Stelle empfindungsloser Gottheiten ein leidensfähiger Gott getreten war.

Epikurs „vier Heilmittel"

Auf die Epikureer gehen die berühmten und häufig missverstandenen „Heilmittel" gegen den Götterglauben der Antike zurück. Die Epikureer waren offenbar der Überzeugung, dass jene, die gewisse Regeln der Vernunft beachten, erkennen werden, dass der volksmythologische Glaube an Götter aus vernünftigen Erwägungen abzulehnen sei. Die „vier Heilmittel", die vor dem Götterglaube der Antike bewahren sollen, wurden von Epikur in folgenden Sentenzen formuliert:

(a) Vor der Gottheit brauchen wir keine Angst zu haben
(b) Der Tod bedeutet Empfindungslosigkeit
(c) Das Gute ist leicht zu beschaffen
(d) Das Schlimme ist leicht zu ertragen

(ad a) Auch wenn diese knappen Aussagen an Orakelsprüche erinnern, war ihre rhetorische Form bestens geeignet, in provokanter Weise auf zentrale Lehrinhalte dieser Gemeinschaft aufmerksam zu machen. Das vermutlich erste Missverständnis, das hier im Rückblick der Interpretation dieser Philosophie und aus der Distanz späterer Jahrhunderte entstanden sein mag, ist die Deutung dieser „Heilmittel" als Lehrmeinung einer Gruppe atheistischer Denker. Es wäre aber abwegig, in der Antike nach Menschen zu suchen zu wollen, die der Auffassung gewesen wären, Götter seien nur Erfindungen der Menschen. Es war zu jener Zeit weit und breit kein kosmologisches Modell der Welt in Sicht, das auf Gottheiten hätte verzichten können. Der Atheismus ist ein vielschichtiges Phänomen, aber er hat in der Antike, sofern er dort überhaupt zu finden war, eine völlig andere Form als beispielsweise im 19. Jahrhundert. Was wir in der Antike jedoch finden ist eine Vorwegnahme des Gedankens, dass die Vernunft der Gottheit und die der Menschen nur *eine* ist. Der Logos (λóγος / lógos) der Gottheit ist letztlich auch der der Menschen, weil menschliche Vernunft auch göttliche Vernunft ist, und nur das erkannt und gewusst werden kann, was in göttlichen Vernunft erkannt wird. Wenn also die Epikureer dazu auffordern, sich vor den Göttern nicht zu fürchten, dann fordern sie dazu auf, sich vor der eigenen Seele nicht zu fürchten. Der Grund, sich vor der Gottheit nicht fürchten zu müssen, liegt also nicht im Verlust religiöser Überzeugungen, sondern in der göttlichen Natur der eigenen Seele. Diese hat Anteil an der göttlichen Vernunft und der Ausspruch, wir bräuchten keine Angst vor der Gottheit zu haben, bedeutet, dass alle, die sich nicht vor ihrer eigenen Vernunft fürchten auch keinen Grund haben, sich vor der Gottheit zu fürchten.

(ad b) Die Überzeugung der Epikureer, dass der Tod nicht zu fürchten sei, weil dieser nicht da sei, solange wir da sind, wir aber nicht mehr da sind, sobald der Tod da ist, formuliert auf andere Weise das auf die Stoa zurückgehende Ideal der Empfindungslosigkeit der Seele. Eine Seele ist nach stoischer und epikureischer Auffassung empfindungslos, wenn sie einen gottgleichen Zustand erlangt, denn die Götter selbst sind frei von Empfindungen und Gefühlen, zumindest die namenlosen philosophischen Gottheiten[42]. Ein Epikureer erlangt durch den eigenen Tod den göttlichen Zustand reiner Empfindungslosigkeit. Der Zustand seines Todes steht für eine Wiederholung des Lebens der Gottheit: reine Empfindungslosigkeit.

(ad c) Dass das Gute jederzeit leicht zu beschaffen sei, muss von vielen Zeitgenossen der Epikureer als Provokation gedeutet worden sein, denn Sinn und Zweck der Tugendlehren in der Antike ist das Erlernen und Einüben gewisser Handlungstechniken, die der Ausbildung und Perfektion bedürfen. Wie also könnte das Gute leicht zu beschaffen sein, wenn es jahrelanger Übung bedarf, um tugendhaft zu handeln? Die Antwort ist: Das Gute ist leicht zu beschaffen, weil wir es nicht suchen müssen. Wir finden das Gute in uns, in der Unmittelbarkeit der eigenen Seele. Niemand würde das Gute suchen, wenn er nicht wüsste, wonach er suchen soll, wenn das Gute in ihm nicht bereits ein Vertrautes und Bekanntes wäre. Das Ziel aller tugendhaften Handlungen ist also nicht als ein entferntes Ziel tugendhafter Handlungen zu denken. Vielmehr ist das gesuchte Gute, das „leicht zu beschaffen" ist, die Seele selbst, zumindest für jene, die sich denkend ihrer selbst vergewissern. Das Einüben in epikureische Handlungstechniken dient der Erinnerung

---

42   Auf das Problem des „zweigeteilten Himmels", des Himmels der volksmythologischen Gottheiten und menschenähnlichen Götter einerseits und andererseits der abstrakten philosophischen Gottheiten andererseits, wurde bereits im Kapitel über die Stoiker verwiesen. Den anthropomorphen griechischen Göttern stehen namenlose, in sich ruhende kosmologische Gottheiten gegenüber.

dessen, was uns zutiefst bekannt ist, auch wenn es als Voraussetzungsbedingung des tugendhaften Handelns noch nicht erkannt und verstanden wurde.

(ad d) Schließlich ist das Schlimme für jene „leicht zu ertragen", die die Tugend der Unerschütterlichkeit der Seelenruhe bereits erworben haben. Der Selbstschutz der Seele, durch Einübung in die Unerschütterlichkeit, Gelassenheit und Empfindungslosigkeit, war schon zuvor von den Stoiker gelehrt worden. Die „Vier Heilmittel" der Epikureer zeigen uns einmal mehr die erheblichen Einflüsse stoischer Lehren auch auf die epikureischen Schulen.

Stärken der epikureischen Lehre

- Die Epikureer förderten die Entstehung gesellschaftlicher Vertragsverhältnisse, auf der Grundlage eines wechselseitigen Nutzens und aus der Überzeugung, dass nur dort, wo solche Verträge vorausgesetzt werden, auch eine Rechtsordnung entstehen könne
- Die Epikureer entwickelten erstmals die Idee eines Völkerrechts, in Form eines Freundschaftsvertrages an dem alle vernünftigen Menschen teilhaben können
- Die Epikureer gründeten Freundschaftsbünde gleichberechtigter Mitglieder (Frauen, Männer, Ehepaare, Sklaven, Flüchtlinge)
- Die Epikureer entwickelten zusammen mit den Stoikern neue religionsphilosophische Ideen, in denen der Tod als Zustand endgültiger Empfindungslosigkeit

beschrieben wird; ein Zustand, der auch den philosophischen Gottheiten zugeschrieben wurde, die ihrerseits von Lust und Unlust befreit und im Zustand vollkommener Empfindungslosigkeit leben.

Schwächen der epikureischen Lehre

- Der epikureische Begriff der „Lust" lässt nicht erkennen, wie seelische Lust und Unlust von körperlicher Lust und Unlust zu unterscheiden wären
- Das Verhältnis der Lehren Epikurs zu jenen anderer Philosophen-Schulen der Antike ist unklar; sowohl bei Epikur selbst als auch bei seinen Nachfolgern

Zusammenfassung

Das Ideal einer Lebensführung nach den Sitten und Gebräuchen der antiken Stadtstaaten entsprach nicht den Anforderungen, die sich die Epikureer selbst gestellt hatten, um einen angemessenen Handlungsrahmen für ihre Ethik zu finden. Das epikureische Projekt, Freundschaftsbünde zu gründen, deren Zweck es ist, ihren Mitgliedern ein lustvolles Leben im Dienste der Selbsterkenntnis zu ermöglichen, geht weit über die Konventionen und Gepflogenheiten reiner Männerbünde hinaus. Weder machtpolitische Interessen noch wirtschaftliche Ziele motivierten den Beitritt zu einer ihrer Verbindungen, weder persönliche Gefühle noch Sympathien bestimmten den Umgang miteinander. Freundschaftsbünde dienten der gegenseitigen Fürsorge, um ein Leben im Dienste der lustvollen Selbsterkenntnis zu ermöglichen.

Die Lebensweise eines Epikureers muss aus der Perspektive seines Todes betrachtet werden. Ein Tod, der verständlich macht, warum der Begriff der Lust im Dienst der lustvollen Selbsterkenntnis der eigenen Endlichkeit steht, nicht aber im Dienst der Lust an Dingen, die uns von dieser Selbsterkenntnis entfernen.

Im Unterschied zu den religiös motivierten Gemeinschaften erwarten und erbitten die Epikureer keine göttliche Hilfe, allerdings nicht aus atheistischen Motiven, sondern in der Überzeugung, dass der Tod jene Empfindungslosigkeit bedeutet, die das Leben der Gottheit begleitet.

In den politischen Krisenzeiten der Spätantike boten die Epikureer ihren Mitgliedern Schutz vor Verfolgung, Anleitung zu einer asketischen und selbstbestimmten, am Gemeinwohl orientierten Lebensführung, verbunden mit dem Ziel, im Schutz einer Gemeinschaft die Lust an der Selbsterkenntnis zu erlernen, um weder den Tod noch die Götter zu fürchten. Lustvoll lebt, wem es gelingt, als Sterblicher sein Leben ohne Furcht unter Menschen zu leben, die gemeinsam das Ziel verfolgen, ihre Freundschaft in den Dienst der Selbsterkenntnis zu stellen. Diese bis ins 200. Jahrhundert n. Chr. nachweisbaren Gemeinschaften miteinander befreundeter Menschen aus den unterschiedlichsten sozialen Schichten hatten schon bei ihren Zeitgenossen in der Antike das Vorurteil genährt, hier würden bestenfalls orgiastische Zwecke und Ausschweifungen aller Art gemeinschaftlich organisiert. Warum Menschen unterschiedlicher sozialer Schichten aus anderen Gründen in Gemeinschaft treten sollten, dürfte vielen dieser Zeitgenossen unverständlich gewesen sein. Doch anders als die über sie verbreiteten Gerüchte (vor allem unter den Römern) vermuten lassen, verstanden sich die epikureischen Gemeinschaften nicht als Bündnisse für das Recht auf Ausschweifungen aller Art, sondern als Vereinigungen gleichberechtigter Freunde, deren Ziel, ein lustvolles Leben im Freundschaftsbund zu führen, durch asketische Ideale und ungeschriebene Gesellschaftsverträge geregelt war.

Die Verbindung von vertragstheoretischen Überlegungen mit praktischen Klugheitsregeln, unter dem Ideal einer lustvollen Selbsterkenntnis, unter handlungsleitenden asketischen Idealen der Lebensführung, muss auf viele Menschen, insbesondere in der Peripherie des Römischen Reiches, faszinierend gewirkt haben. Hier zeigten sich auch politische Alternativen zu den nach römischen Ordnungsmustern fernverwalteten Gemeinwesen. Die Epikureer lieferten den praktischen Beweis dafür, dass ein gelingendes Gemeinschaftsleben jenseits der römischen Zentralmacht und unabhängig von griechischen oder römischen Formen des Götterkults nicht nur möglich war, sondern sich auch als Lebensmodell innerhalb der zerfallenden spätantiken Gesellschaftsordnungen für nachfolgende Gemeinschaften anbot.

Lernziele:
- Kenntnis der Grundzüge der epikureischen Ethik

Übungsaufgaben
- Was versteht Epikur unter „Lust"?
- Wie kann ein Freundschaftsbund den Seelenfrieden der Befreundeten sichern?

- Welchem Zweck dient ein epikureischer Freundschaftsbund?
- Warum vergleicht Epikur Freundschaftsbünde mit Verträgen?
- Erläutern Sie die „Vier Heilmittel", die vor dem Götterglauben bewahren sollen?

Literatur

- Philosophie der Freude: Briefe. Hauptlehrsätze. Spruchsammlung. Fragmente, von Epikur und Paul M. Laskowsky, 120 Seiten, Verlag: Insel
- Epikur zur Einführung , von Carl-Friedrich Geyer, 168 Seiten, Verlag: Junius
- Briefe, Sprüche, Werkfragmente: Griech. /Dt , von H. W. Krautz und Epikur, 173 Seiten, Verlag: Reclam
- Ausgewählte Schriften, von Christof Rapp und Epikur, 90 Seiten, Verlag: Alfred Kröner

Niccolò Machiavellis (1469-1527)
Die Trennung von Politik und Moral

Mit Machiavelli tritt ein Denker an die Öffentlichkeit, der offen ausspricht, was im Laufe der Jahrhunderte zwar immer auch praktiziert worden war, aber zumindest im Kontext kirchlicher und weltlicher Moral bis dahin für entbehrlich gehalten wurde: Die Beschreibung der Mechanik einer Machtpolitik, die sich ausschließlich an den Zielen des Erhalts und der Erweiterung der Macht orientiert, Politik und Moral zu trennen versucht oder – wo dies nicht gelingt – der Skrupellosigkeit das Wort redet.

Niccolò Machiavelli hat etliche Werke zu unterschiedlichen Themen verfasst. Werke, die vermutlich nicht weiter aufgefallen wären, hätte die Nachwelt nicht Kenntnis von jener kleinen Schrift erhalten, die unter dem Titel „Der Fürst" („Il Principe") für Erstaunen sorgte[43]. Dieses Werk, eine Gelegenheitsarbeit, fällt im umfangreichen Nachlass der Schriften Machiavellis kaum auf. Machiavelli verfasste diese Schrift nach seiner Inhaftierung und Folterung in Florenz und nach mehreren gescheiterten Versuchen, wieder als Diplomat und Politiker in den Dienst der Stadt Florenz zu treten. Was an dieser Schrift vielleicht zuerst auffällt, ist die erstaunliche Diskrepanz zwischen Stil und Inhalt. Der gefällige Stil der Schrift steht in radikalem Gegensatz zu den Thesen, die darin verhandelt werden. Vergleichbar radikale Thesen hatte noch kein Autor dieser Zeit zu Papier gebracht. Zwar ist eine Geschichte der Ethik nicht selten lückenhaft, doch

---

43   Ursprünglicher Titel: „De principatibus" (Von den Fürstentümern).

unabhängig von den fragmentarischen und brüchigen Überlieferungsresten antiker und mittelalterlicher Ethiktexte finden sich in der uns bekannten Geschichte der Ethik - vor Machiavelli - keine Konzepte oder Theorien, in denen die seit der Antike tradierten Handlungstugenden derart radikal in Frage gestellt wurden. Jenseits aller in der Renaissance wiederentdeckten Texte der griechisch-römischen Antike, jenseits aller damals bekannten Tugendlehren von Platon über Aristoteles bis zu den Stoikern unternimmt Machiavelli den Versuch, neue real- und machtpolitisch wirksame Tugenden zu formulieren, die geeignet sind, das, was seit jeher als Handlungsanleitung politischer Machtausübung galt, gleichsam auf den Kopf zu stellen.

Die wenigen Texte, die sich der Kategorie der antimoralischen und ethikkritischen Konzepte zuordnen lassen, gewinnen allein schon durch ihre Seltenheit an Wert. In der Geschichte und Systematik der Ethik finden sich nur selten Beispiele für die hemmungslose Befürwortung von Mord, Betrug, Vertragsbruch und Lüge. Eine solche Absage an klassische Positionen der Ethik findet sich jedoch in Machiavellis „Il Principe". Das überraschend Neue an Machiavellis Text über die Handlungsideale machtbewusster Renaissancefürsten ist der Verzicht auf die Beschreibung von Verhaltensregeln, die sich zumindest am vermeintlichen Wohl des Volkes orientieren. Erstmals tritt mit Machiavelli ein Denker an die Öffentlichkeit, der offen ausspricht, was ungeachtet antiker und mittelalterlicher Ethik immer schon praktiziert, aber auch für absolut überflüssig gehalten wurde: Die Rechtfertigung eines Handelns, das sich primär an den Zielen der Machterhaltung und Machterweiterung orientiert.

Machiavelli vertritt in seinem Werk „Der Fürst"
Handlungsprinzipien, die zwar den Zwecken eines Tyrannen,
nicht aber denen der Bürger und in vielen Fällen nicht einmal
den eigenen mittel- und langfristigen Interessen dienen.

Die Renaissance ist bekannt für die Wiederentdeckung der
antiken Kultur, sie ist bekannt für den Versuch, die
nichtchristliche Antike mit dem Christentum zu versöhnen, sie
ist auch bekannt für die Entwicklungen in Kunst und Technik.
Es war vor allem der bis dahin unvergleichliche wirtschaftliche
Aufschwung einzelner Handelsplätze und Regionen, der die
politischen Kräfte des Mittelalters teils verschob, teils ins
Wanken brachte. Neue Akteure traten auf den Plan. Nicht nur
Fürsten oder Päpste, sondern auch Bank- und Handelshäuser
bedienten sich nun der von Machiavelli beschriebenen
Instrumente der Machtentfaltung. Reiche Städte und
Regionen verfolgten im 15. Jahrhundert eigene Ziele,
finanzierten oder stürzten Päpste, unterstützten kirchliche
Reformbewegungen (wie die Savonarolas in Florenz) oder
förderten ihre regionalen Interessen durch die Finanzierung
von Söldnerheeren. Es war die Zeit der beginnenden großen
Reformen, die sich in den teilweise anarchischen
kirchenpolitischen Auseinandersetzungen zwischen Päpsten
und Gegenpäpsten, Humanisten und Machtpolitikern ebenso
andeuteten wie im Aufstieg der Medici und ihrer kirchlichen
und weltlichen Finanzpolitik. Es war nicht nur der
wirtschaftliche Aufschwung, der die Kultur der Renaissance in
Italien so deutlich von der des Mittelalters unterschied. Neu
war auch die Wiederentdeckung eines Individualismus, der
sich in der griechischen Antike nur in einigen Zweigen der
stoischen Philosophie fand, dort aber mit Gewaltverzicht

verbunden war. Die Perspektiven der fürstlichen Horizonte werden hier zu Fluchtlinien der Blicke aller anderen Akteure. Nicht er, der Fürst, richtet sich nach den Dingen seiner Umgebung, sondern diese richten sich nach ihm. „Il Principe" entwirft neue Zentralperspektiven der Machtausübung und definiert den Maßstab, mit dessen Hilfe der soziale Raum gleichsam vermessen wird.

Neu an dieser Geometrie politischer Zentralperspektiven ist vor allem der Verzicht auf jeden Versuch, sie gleichsam im Gewand moralischer Konventionen oder klassischer Handlungsmuster zu verstecken. Das Prinzip des Tarnens und Täuschens ist für Machiavellis Fürsten nur ein Mittel unter anderen möglichen Handlungsoptionen, denn ein Fürst muss seine Gewaltbereitschaft auch kommunizieren können. In jedem Fall ist es für einen Fürsten hilfreich, wenn die Menschen ihn eher fürchten als lieben lernen. Gefürchtet wird nur der, der in hohem Maße unberechenbar ist, von dem also bekannt ist, dass er vor List, Intrige, Verrat, Lüge oder Gewaltanwendung nicht zurückschreckt. Wäre andererseits allgemein bekannt, dass das Volk dem Wort eines Fürsten nicht trauen kann, so wäre die Herrschaft des Fürsten gefährdet. Die Untertanen eines Fürsten sollten ihn zwar fürchten, aber nicht hassen. Es sei daher angebracht, so Machiavelli, dass ein Fürst stets als ehrenhafter und gottesfürchtiger Mann auftrete, der zu seinem Wort stehe und ein offenes Ohr für die Anliegen seiner Untertanen habe. Gelingt es einem Fürsten, wiederum durch Täuschung, Gewaltanwendung oder andere Mittel, dieses Trugbild seiner Persönlichkeit anderen zu vermitteln, ohne dass diese durchschauen, mit wem sie es zu tun haben, dann kann er sich im Spiel der Mächte behaupten.

Die schmutzigen Aufgaben, z.b. die brutale Anwendung von Gewalt, muss ein edler Fürst an Personen delegieren, die er selbst jederzeit zu opfern bereit ist, wenn es seinem Ansehen dient. Für Machiavelli stellt sich nicht die Frage, ob seine Unberechenbarkeit moralisch zu bewerten ist oder ob diese Unberechenbarkeit den Konventionen und Gepflogenheiten fürstlicher Handlungsprinzipien entspricht. Die Frage nach der Rechtfertigung einer Handlung ist allein dadurch zu beantworten, dass der Fürst sich selbst zum Maß der Dinge macht. Mit Machiavelli wird der Feudalismus als Prinzip der Trennung von Politik und Moral erstmals in dieser Deutlichkeit zur Sprache gebracht. „Il Principe" war einem Enkel des berühmten Lorenzo de' Medici („Il Magnifico") gewidmet und damit einem Mitglied einer der reichsten und mächtigsten Familien der italienischen Renaissance. Die Medici waren sowohl für Machiavellis Inhaftierung als auch für seine Freilassung aus der Folterhaft verantwortlich, letztere im Zuge einer Amnestie durch Papst Leo X., der ebenfalls aus den Reihen der Medici stammte. Machiavelli hegte die Hoffnung, wieder in die Dienste der Medici treten zu können. Die Schrift „Der Fürst" fand jedoch bei den Medici keine nennenswerte Wertschätzung oder Anerkennung, sieht man einmal davon ab, dass Lorenzo di Piero de' Medici, der Widmungsempfänger, sich bei Machiavelli mit einigen Flaschen Wein für das Werk bedankte. Ein Geschenk, das bei den Vermögensverhältnissen der Medici eher einer Beleidigung als einem Dank gleichkam. Heute gilt „Il Principe" als Schlüsselwerk der politischen Philosophie der Renaissance und als zentraler Text zur Beschreibung einer

Handlungspraxis, in der Politik und traditionelle Ethik bestenfalls zufällig, nicht aber durch das Gemeinwohl der Menschen miteinander verbunden sind. Der verhängnisvollen Trennung von Politik und Moral wurde mit diesem Text gleichsam ein kulturgeschichtliches Denkmal gesetzt. Unverhohlen preist Machiavelli in „Il Principe" jedes Verbrechen, jede Form von Betrug und Lüge, sofern sie den machtpolitischen Interessen derer dienen, die sich selbst zum Maß aller Dinge erklären. Dass der Mensch das Maß aller Dinge sei, ist ein Gedanke, der bereits Protagoras (490-411 v. Chr.) zugeschrieben wird, wenn auch in ganz anderer Absicht. Was Protagoras in seinem homo-mensura-Satz („Der Mensch ist das Maß aller Dinge") zum Ausdruck bringt, bezieht sich auf die Techniken des Messens. Vergleichbar mit den Landvermessern, die sich das Land, das sie vermessen, weder aneignen noch zuschreiben, sind die Menschen diejenigen, die das Maß nehmen. Zwar gibt auch der Landvermesser den Dingen durch die Wahl seiner Vermessungsmethoden Maß und Zahl, aber er ist nicht derjenige, der diese Dinge schafft, verwaltet oder unter seine Verfügungsgewalt zu bringen berechtigt wäre. Dass der Mensch die Verhältnisse schafft, die ihn unter sein Maß bringen, weil sich das Gemessene seinem Maß anzupassen scheint, ist ein Gedanke Machiavellis, nicht aber des 5. vorchristlichen Jahrhunderts. Machiavelli hingegen interpretiert den Ausspruch des Protagoras im Kontext seiner politischen Klugheitslehre wörtlich, denn ein idealer Fürst ist derjenige, der bei der Durchsetzung seiner machtpolitischen Interessen niemandem Rechenschaft schuldig ist. Als gleichsam leuchtendes Beispiel führt Machiavelli Cesare Borgia an, den Sohn des Borgia-Papstes Alexander VI. Dieser hatte einst einen bei der

Bevölkerung verhassten Statthalter brutal hinrichten lassen, nachdem sich die Bürger bei Cesare Borgia immer heftiger über dessen Willkürherrschaft und Grausamkeit beschwert hatten. Der Statthalter war aber von Cesare Borgia selbst eingesetzt und zu diesen Taten angestiftet worden. Obwohl dieser Statthalter nur das tat, was Cesare Borgia ihm aufgetragen hatte, konnte der Sohn des Papstes durch die Hinrichtung des Statthalters seine Ziele in mehrfacher Hinsicht erreichen: Zum einen hatte er in der Person des Statthalters seine grausame Politik gegenüber der Bevölkerung exekutieren lassen, zum anderen besänftigte er durch die Hinrichtung seines Statthalters den Zorn eben dieser Bevölkerung und konnte sich als einsichtiger und gerechter Herrscher darstellen, der erst durch seine Untertanen von den Grausamkeiten seines Statthalters erfahren hatte.

Die Gunst der Bevölkerung für die Grausamkeiten zu gewinnen, die der Fürst an ihr begangen hatte, war eine Taktik, derer sich Cesare Borgia offenbar häufiger bedient hatte. Machiavelli zeigte sich in der genannten Schrift begeistert von solchen Formen hemmungsloser Skrupellosigkeit, und seine Schilderung dieses Vorgangs und dessen unverblümt gepriesene Vorbildfunktion - für vermeintlich kluges politisches Handeln - war und ist bis heute der Inbegriff dessen, wofür der Begriff „Machiavellismus" steht.

Viele Fürsten vor Cesare Borgia, Tyrannen griechischer Stadtstaaten, aber auch römische Kaiser hätten Vergleichbares schreiben können, aber - sie taten es nicht. Machiavelli war der erste, der die Trennung von Politik und Moral in dieser schonungslos offenen Form zu begründen und zu rechtfertigen versuchte. Bis dahin, und vor allem von den griechischen und römischen Geschichtsschreibern, waren Herrscher durchweg negativ beurteilt worden, wenn sie das Gemeinwohl der Bevölkerung gefährdeten oder ihren Untertanen bewusst Schaden zufügten. Vor Machiavelli galt ein solches Verhalten bestenfalls als Beispiel für die verabscheuungswürdige Herrschaft gewissenloser Tyrannen. Machiavelli beschrieb in „Il Principe" die politische Praxis seiner Zeit, denn das Italien des 15. Jahrhunderts war ein Ort zahlloser gewaltsam ausgetragener Konflikte, nicht nur zwischen Habsburgern, Franzosen und Venezianern. Als Konfliktraum vor allem oberitalienischer Städtefehden und instrumentalisiert durch kirchenpolitische Kämpfe zwischen Päpsten und Gegenpäpsten (zeitweise gleichzeitig in Rom, Avignon und Pisa), unterstützten die beteiligten Konfliktparteien immer wieder und mit wechselndem Erfolg die unterschiedlichsten Bündnisse. Aus der Perspektive der italienischen Renaissancekriege und der konfligierenden kirchenpolitischen Interessen ist der von Machiavelli beschriebene „Fürst" - im Kontext seiner Zeit - ein kühl kalkulierender Realpolitiker und ein konflikterfahrener Taktiker und Stratege. Ein Fürst, der sich in diesen machtpolitischen Gemengelagen zu behaupten wusste, tat, was offenbar alle taten, die unter den Handlungsbedingungen der Zeit ihre Macht erhalten oder ausbauen wollten.

In einer Zeit chaotischer politischer Verhältnisse, mit den sich abzeichnenden neuen kirchlichen Reformationsbewegungen, war jeder Herrscher gut beraten, Mittel und Wege zu finden, seinen Einflussbereich und die Sicherung seiner Macht nicht mehr allein auf den guten Glauben an die Verlässlichkeit oder

Berechenbarkeit seiner machtpolitischen Konkurrenten zu stützen.

Die Kunst, politisch zu überleben, war für Machiavelli nicht die Folge tugendhafter Taten oder religiöser Bekenntnisse; das Überleben eines Fürsten verdankte sich vielmehr einem von konventioneller Moral befreiten Pragmatismus. Wenn Tarnung und Täuschung, Verrat und Betrug, Lüge und Mord dazu beitragen konnten, die eigenen Interessen zu wahren, dann entsprach dies einer zu Machiavellis Zeiten weit verbreiteten Praxis in den Kriegen der italienischen Stadtstaaten und Provinzen.

Ein guter Herrscher - so Machiavelli - ist vor allem ein guter Machtstratege, nicht aber ein tugendhafter Mensch, dessen christliche Überzeugungen sein Handeln leiten. Letzteres spricht Machiavelli zwar - aus verständlichen Gründen - nicht direkt aus, zumal nicht vor den Augen der Medici-Päpste und der regionalen Machthaber in Florenz; aber seine Botschaft war für seine Zeitgenossen auch ohne ergänzende Kommentare verständlich.

Machiavelli versucht zwar, die von ihm analysierten Mechanismen der Macht, auch unter Rückgriff auf antike Vorbilder, in einer klaren und emotionslosen Sprache darzustellen, doch kann der im Stil diplomatischer Depeschen verfasste Text nicht über die Radikalität seines Inhalts hinwegtäuschen.

Heute gilt diese Schrift als zentraler Referenztext der politischen Philosophie und Ideengeschichte, obwohl sie innerhalb der philosophischen Ethik erstaunlich wenig Spuren hinterlassen hat. Dennoch ist Machiavelli im Rahmen einer Geschichte der Ethik in die Liste der klassischen Texte aufzunehmen, da in „Il Principe" Verhaltensweisen beschrieben werden, die Formen uns bekannter Handlungsmuster widerspiegeln. Nur am Rande sei erwähnt, dass das Buch „Der Fürst" - kurz nach seinem Erscheinen - von den kirchlichen Zensurbehörden verboten bzw. auf den „Index librorum prohibitorum" gesetzt, später aber wieder aus diesem Verzeichnis gestrichen wurde. Leider sind dafür weder Gründe noch Gegengründe überliefert. Das ist nicht verwunderlich, denn die Ambivalenz in der Beurteilung dieses Textes ist eine Konstante seiner Rezeptionsgeschichte.

Manifest oder Satire?

Machiavellis Texte entstanden im Zeitalter der Renaissance, im Zeitalter der Wiederentdeckung der Antike, im Zeitalter des Humanismus und damit an einem Wendepunkt im Selbstverständnis der Philosophie, die sich nicht länger als Magd der Kirche in deren Dienst stellen wollte. Das Bürgertum der reichen Stadtstaaten und Handelsmetropolen Venedig, Mailand oder Florenz entdeckte seine politische Macht. Die Medici kontrollierten die Finanzströme der großen Städte, aber auch die der Kirche. Wohlhabende Kaufleute erwarben auf eigene Kosten Bücher aus der Antike, finanzierten Forschungsreisen oder förderten die Künste. Überall zeigte sich ein bis dahin unbekannter Individualismus, der auch vor den Toren der Kirche nicht Halt machte. Nicht nur im Florenz des Dominikanermönchs und Bußpredigers Savonarola entstanden reformatorische Bewegungen. Die Rückbesinnung der Bildungseliten suchte den Anschluss an die überlieferten, aber selten übersetzten Texte der Antike. Es ist die Zeit der Entdeckung des neuzeitlichen Individualismus.

Auch die Musik dieser Zeit öffnete sich neuen polyphonen Kompositionsformen, die nicht mehr dem Hintergrundklang erstarrter musikalischer Formen geopfert wurden.[44]. Die Renaissance entdeckte in der Geometrie und Architektur die Zentralperspektive des Betrachters und sie entdeckte in der Politik etwas, das man auf analoge Weise als „Zentralperspektive der Macht" bezeichnen könnte.

Im Kontext politischer Philosophie und Ideengeschichte hat dieser Form der Selbstbesinnung dem Individualismus Impulse verliehen, deren Auswirkungen mit der beginnenden Reformation und Kirchenkrise noch in die Lebensspanne Machiavellis fallen.

Um 1513 verfasste Machiavelli jenen Text, der – wie kein anderer seiner Werke – den politischen Individualismus vor dem Hintergrund der italienischen Renaissancekriege spiegelt. In diesem Text beschreibt Machiavelli die Voraussetzungen des taktisch klugen Handelns unter den Risikobedingungen eines ungewissen Handlungsahmens und kaum überblickbarer politisch-chaotischer Machtverhältnisse. In „Il Principe" spricht ein Zeitzeuge aus eigenen leidvollen Erfahrungen, den Erfahrungen der Haft und Folter, berichtet über die Demütigungen durch den Verlust öffentlicher Ämter und beklagt die für ihn existenzbedrohende Verbannung aus Florenz. Vor diesem Erfahrungshintergrund wird deutlicher, warum Machiavelli in „Il Principe" (1513) geneigt war die Auffassung zu vertreten, Menschen seien von Natur aus

---

44 Der Individualismus bereitete sich auch dort aus, wo er vielleicht am wenigsten zu vermuten war: in den bunt gemusterten Kleidungen der Landsknechte, die diese in der Regel auch aus eigenen Mitteln finanzierten.

habgierig, heuchlerisch, hinterlistig und getrieben von Angst, Hass und Misstrauen. Hier nur eine kleine Auswahl seiner weiteren Fürsten-Empfehlungen:

- Ein Fürst habe das Recht, jederzeit wortbrüchig zu werden, weil Menschen von Natur aus böse und verdorben seien und ihre Versprechen dem Fürsten gegenüber ohnehin nicht halten würden.
- Ein Fürst müsse jederzeit die Rolle eines Menschen ebenso wie die einer Bestie zu spielen verstehen.
- Ein Fürst, der gewaltsamer Weise eine Krone an sich reiße, möge alle Grausamkeiten auf einmal ausüben, damit er nicht nötig habe, mit diesen stets von vorne anzufangen.
- Kein Fürst möge sich durch den Vorwurf der Grausamkeit aufhalten lassen; auch nicht, wenn es darauf ankommt, die Untertanen in Einigkeit und Gehorsam zu erhalten.
- Religion erleichtere dem Fürsten die Kriegsführung, wenn sie im Dienst fürstlicher Machtansprüche instrumentalisiert werde könne.
- Demokratische gewählte Gremien dürften nicht die politische Agenda eines Fürsten behindern.

Irritierend an Machiavellis Thesen ist vor allem, dass sie in seinem Werk eine Sonderstellung einnehmen, denn vergleichbar radikale Handlungsimperative finden sich in seinen anderen Schriften nicht. Weder in der „Geschichte von Florenz", noch in seinen Reflexionen über kluge Politik und Staatsführung, noch in seiner Schrift über die „Kunst des Krieges" finden sich vergleichbare Lobpreisungen von Gewalt, Lüge, List oder Intrige als probate Mittel kluger Realpolitik. In gewisser Weise erinnert Machiavellis zynischer Zweifel an den humanistischen Idealen seiner Zeitgenossen an den berühmten Ausspruch des Plautus: „Lupus est homo homini". Ein Ausspruch, der erst durch das Werk des Philosophen und Staatstheoretikers Thomas Hobbes bekannt wurde, wirkungsgeschichtlich aber auf „Il Principe" zurückgeht. Wenn die Menschen einander tatsächlich stets mit Misstrauen begegneten, stünde dies nicht nur im Widerspruch zu den Handlungsorientierungen der griechischen und römischen Antike, auf die sich Machiavelli bei jeder sich bietenden Gelegenheit zu berufen pflegte.

Was auch immer Machiavelli zu diesen Taktiken und Handlungsempfehlungen veranlasst haben mag, ob sie als Folge seiner Haft und Folter in Florenz oder als bewusst provokant formulierte Arbeitshypothesen zu werten sind, ist in der Rezeptionsgeschichte eine offene Frage. Deutlich ist jedenfalls, dass Machiavelli die Realpolitik seiner Zeit beschreibt, auch wenn er die in diesen Texten angesprochenen Personen nicht immer beim Namen nennt, sieht man einmal von Cesare Borgia ab, dessen Machtpolitik Machiavelli dem interessierten Leser ausdrücklich empfiehlt. Wie konnte ein für seine Komödien bekannter und gepriesener Autor ernsthaft die Auffassung vertreten, das Handeln der Menschen untereinander sei eine Folge von Angst, Hass und Misstrauen, mit denen sie einander begegnen müssten, weil Lüge, Verrat und Mord gleichsam von Natur aus handlungsleitende Motive seien? Dieser Text passt nicht in das Gesamtwerk Machiavellis. Es drängt sich die Vermutung auf, dass Machiavelli hier einen Text geschrieben haben könnte, der als Komödie gedacht war, aber im Stil diplomatischer Depeschen verfasst wurde. Als Staatssekretär der Republik Florenz war Machiavelli darin geübt, Berichte, Handlungsempfehlungen, persönliche Einschätzungen, aber auch kolportierte Gerüchte zu sammeln, zu sichten und im Stil diplomatischer Korrespondenz an seine Auftraggeber weiterzuleiten. „Il Principe" erinnert in weiten Teilen an die Rhetorik dieser diplomatischen Auftragswerke. Wäre es denkbar, dass hier ein ehemaliger Diplomat der Republik Florenz nach seinen bitteren Erfahrungen mit den Herrschaftsverhältnissen in ebendieser Republik einen Text verfasste, der als politische Satire gedacht war?

In seiner Komödie "Mandragola" (1518) schildert Machiavelli den Versuch eines Mannes, mit Hilfe seiner Freunde und eines bestochenen Mönches die Frau eines reichen Florentiners zum Ehebruch zu verführen. In dieser Komödie gelingt es ihm auch, die Zustimmung des Paares zu diesem Ehebruch zu erhalten, da der Mönch versichert, dass dies alles zum Lobe Gottes geschehe. Diese Komödie, die auf Wunsch von Papst Leo X. auch im Vatikan aufgeführt wurde, zeichnet ein deutlich anderes Menschenbild. Zwar bauen die Akteure dieser Komödie ihre Pläne auf Lug und Trug auf, setzen auf Tarnung und Täuschung und folgen - oberflächlich betrachtet - machiavellistischen Handlungsempfehlungen, wenn auch nur im Kontext bürgerlicher Verhältnisse. Doch diese Handlungsszenarien schienen das Publikum - nicht nur in Florenz - bestens zu unterhalten. „Mandragola" wurde zu einem der literarisch (und finanziell) erfolgreichsten Texte Machiavellis. Das Problem des Ehemannes, der sich dem Liebhaber seiner Frau in den Weg stellt, hätte zwar literarisch auch durch Giftmord gelöst werden können, aber von einer

Komödie wird eine solche Handlungsoption nicht erwartet. In der komödiantischen Version machiavellistischer Handlungsmotive geht es darum, die Gunst des Publikums zu gewinnen; und wie könnte dies erfolgreicher geschehen als durch eine Handlung, die alle bürgerlichen Werte auf den Kopf stellt? Da die Frau, ihr Ehemann und ihr Liebhaber schließlich mit dem Segen der Kirche eine Dreierbeziehung eingehen und jeder Akteur dieser Komödie den Spott des Publikums auf sich zieht, wäre die Hypothese, in der Komödie eine indirekte Bestätigung machiavellistischer Prinzipien zu sehen, wohl nur eine weitere Ebene derselben Komödie. Aber ist es nicht gerade ein Spiel mit den Erwartungen des Publikums, wenn in „Il Principe" die konsensfähigen handlungsleitenden Tugenden einer Republik gleichsam auf den Kopf gestellt werden?

Rätselhaft ist jedenfalls, warum Machiavelli diese Komödie nach seiner Entlassung aus der Folterhaft (1513) schrieb. Eine Haft, die mit seiner Hinrichtung geendet hätte, wenn nicht die Amnestie des neuen Medici-Papstes Leo X. dieser drohenden Exekution zuvorgekommen wäre. Jener Papst übrigens, an dessen Hof die Komödie einige Jahre später aufgeführt wurde.

Die zeitliche Nähe der Entstehung von „Il Principe" und „Mandragola" lässt zwar die Vermutung zu, Machiavelli habe mit „Il Principe" eine weitere Komödie geschrieben, gleichsam eine ironische Handlungsempfehlung für die Medici-Machthaber in Florenz und Rom. Gegen diese Vermutung spricht jedoch, dass „Il Principe" die verworrenen Machtkonstellationen um 1500 realistisch schildert; und diese dürften den Bürgern von Florenz kaum Anlass zu Spott und Gelächter gegeben haben. Dennoch bleibt ein gewisses

Unbehagen, denn es scheint keineswegs ausgemacht, dass Machiavelli mit dieser Schrift ein Werk frei von Ironie, Sarkasmus und Spott verfassen wollte.
Die Gefahr, dass ihm ausgerechnet dieses Werk erneut erhebliche Probleme, in diesem Fall Probleme mit Lorenzo di Piero de' Medici, dem dieses Werk gewidmet ist, eintragen könnte, wäre jedenfalls vermeidbar gewesen, wenn Machiavelli sich im Notfall darauf hätte berufen können, wiederum nur eine weitere Komödie verfasst zu haben.

Asymmetrische Formen der handlungsleitenden Motive

„Il Principe" stellt erstmals - wenn auch nur indirekt - die bis dahin kaum beachtete Frage, warum politisches Handeln aus humanistischer Sicht nicht an die Prinzipien konventioneller Tugenden gebunden ist. Die Frage, mit welchen Mitteln willkürlich gewählte Ziele ohne Rücksicht auf Konventionen zeitnah und kostengünstig durch Verrat, Mord oder Täuschung erreicht werden können, berührt zwar keine bisher unbekannten Formen der Amoralität, denn Mord und Totschlag als Instrumente der Realpolitik sind keine Erfindung der Renaissance; doch wird in dieser Schrift deutlich, dass auch unter den Bedingungen der Gewaltpolitik bestimmte Tugenden erforderlich sind. Machiavelli fordert von seinen Adressaten Entschlossenheit und Durchsetzungsvermögen bei der Verfolgung selbst gesetzter Ziele („virtù") und rät ihnen, abzuwarten, bis die Handlungschancen, bis Glück und Gelegenheit („fortuna"/„occasione") den unbedingten Einsatz jener Mittel rechtfertigen, die notwendig zum Erfolg führen („necessità").

Die Frage, warum Mord und Lüge geeignete Instrumente der Machtsicherung sind oder sein sollten, steht in „Il Principe" unter dem Vorbehalt einer Ökonomie der Gewalt: Kosten und Effizienz bei der Beseitigung der eigenen Feinde gehen der Suche nach Verständigung voraus, deren Ausgang ohnehin immer ungewiss ist. Unter Risiko und Zeitdruck in Verhandlungen einzutreten und durch Kompromisse die eigenen Handlungsoptionen einzuschränken, zu schwächen oder Ansprüche abtreten zu müssen, ist für Machiavelli keine ernsthafte Option unter den handlungsleitenden Tugenden eines Fürsten und Realpolitikers. Die Anwendung von Gewalt hat Vorrang. Idealerweise gepaart mit Lüge und Verrat kann jeder politische Gegner schnell, dauerhaft und in der Regel kostengünstig aus dem Weg geräumt werden. Dieses Modell unmittelbarer und irreversibler politischer Wirksamkeit steht bei Machiavelli für das Ideal einer Ökonomie der Gewalt, wie sie jenseits der in diesen Texten adressierten „Fürsten" im heutigen Kontext nur noch bei kriminellen Vereinigungen zu finden wäre. Machiavellis Pragmatismus der Gewalt erklärt jedoch nicht, wie er zum Handlungsmodell für Bankiers oder Kaufleute in Venedig werden konnte. Es fällt schwer, sich einen machiavellistischen Fürsten vorzustellen, der solche Handlungsempfehlungen ernsthaft für geeignet gehalten hätte, das Vertrauen der Menschen zu gewinnen, um mit ihnen Geschäfte zu machen.

Unberechenbarkeit als Tugend?

So unberechenbar wie die Politik der italienischen Stadtstaaten im 15. und 16. Jahrhundert, so unberechenbar ist auch das Verhalten eines machiavellistischen Fürsten.

Unter den Bedingungen ständiger Kleinkriege, wechselnder Allianzen, unberechenbarer Verbündeter und ungewisser Zukunftsperspektiven war Improvisation die Antwort auf das, was sich der Planung entzog. Dass Machiavellis Tugendlehre einer Anti-Moral - abgesehen von allen anderen Effekten ihrer politischen Fernwirkung - Wege zur verzögerungsarmen Durchsetzung eigener Interessen beschreibt, liegt auf der Hand. Ob aber die durch Gewalt erzielten Zeitgewinne bei der Durchsetzung selbst zugeschriebener Machtbefugnisse in einem erkennbaren rationalen Verhältnis zu den Widerständen und Problemen stehen, die nach der gewaltsamen Beseitigung politischer Gegner unweigerlich auftreten, ist eine Frage, die bei Machiavelli weitgehend ausgeklammert bleibt.

Wer politischen Verhandlungen mit ungewissem Ausgang aus dem Weg gehen will, für den kann der Auftragsmord ein geeignetes Mittel sein, die eigenen Handlungsabsichten umzusetzen. Machiavelli hat Cesare Borgia in diesem Punkt ausdrücklich seine Bewunderung ausgesprochen. Der naheliegende Gedanke, dass der Urheber eines Auftragsmordes bekannt werden könnte oder dass derjenige, der sich durch Verbrechen den Weg zu ebnen sucht, mit weit größeren Schwierigkeiten zu rechnen hat, wird von Machiavelli nicht erwogen. Die weitergehende Frage, ob sich Verbrechen lohne, ließe sich wiederum nur beantworten, wenn bereits klar wäre, wie dieses vermeintliche Effizienzkriterium der Gewalt zu verstehen ist. Es mag sich für einen Räuber „lohnen", einen Raub zu begehen, wenn er dies in kurzer Zeit und ohne massives Risiko für sich selbst tun kann. In diesen Szenarien einer Ökonomie der Gewalt sollte aber vernünftigerweise nicht nur ein Raubüberfall als solcher betrachtet werden, sondern es sollten auch die mittel- und langfristigen Folgen berücksichtigt werden, wenn diese Planungen eines Verbrechens nicht völlig kopflos erfolgen sollen. Wie auch immer das spekulative Kalkül aus der Sicht des Täters aussehen mag: Jeder Kriminelle, der auch nur im weitesten Sinne rational handeln will, sollte eine Kalkulation der mittel- und langfristigen Folgen bzw. der wahrscheinlichen und zu erwartenden Reaktionen anderer Menschen in Betracht ziehen. Es ist erstaunlich, dass gerade diese Fragen, die den Überlegungen bei der Kriegsplanung von sich bekämpfenden Gegnern ähneln, bei Machiavelli fehlen, obwohl er sich in seinem Werk über die „Kunst des Krieges" („Dell'arte della guerra") ausgiebig und detailliert mit taktischen und strategischen Fragen der Kriegsführung auseinandergesetzt hat. Vergleichbare taktische Überlegungen sucht man in „Il Principe" vergeblich, denn Machiavelli geht mit keinem Wort auf die möglichen und wahrscheinlichen Reaktionen der Gegner eines Fürsten ein, der Machiavellis Handlungsempfehlungen folgt. Das einfache Schema von Aktion und Reaktion, von Ursache und Wirkung wird gerade in dieser Schrift in einer Weise außer Kraft gesetzt, die an das Handeln eines Auftragsmörders erinnert, der nur um des Geldes und des schnellen „Erfolgs" willen handelt, ohne Rücksicht auf die Folgen seines Handelns und ohne Rücksicht auf die Handlungsmotive seiner Gegner. Dass ein Fürst auch jederzeit mit der Gewalt seiner möglichen oder wahrscheinlichen Gegner - seien es andere Fürsten oder die eigenen Untertanen - rechnen muss, scheint für Machiavelli in „Il Principe" kein wirkliches Problem zu sein, denn sein idealtypischer Fürst ist derjenige, der zuerst zuschlägt. Die Praxistauglichkeit der Durchsetzungsfähigkeit („virtú") eines

Fürsten wäre aber nur dann gewährleistet, wenn nicht nur ein kurzfristiger Effekt erzielt wird, sondern auch die zu erwartenden Wirkungen und Reaktionen seiner potentiellen Gegner in die Handlungsplanung einbezogen werden. Die stets handlungsleitenden „günstigen Gelegenheiten" und das machtpolitisch beschworene Glück eines Fürsten erinnern an die Handlungsmotive eines Wegelagerers, der sein Glück in günstigen Gelegenheiten zur Gewaltausübung findet.

Friedrich der Große bezeichnete diese Handlungsprinzipien machiavellistischer Politik in dem von ihm anonym verfassten „Anti-Machiavel" als „Schandtaten eines fluchwürdigen Verbrechers", verbot aber den Verkauf seiner eigenen anonymen Kritik an Machiavelli in Preußen. Offenbar waren Machiavellis taktische Überlegungen ein faszinierendes Thema für den politisch ambitionierten Adel, auch unter seinen Kritikern außerhalb Italiens. Machiavellis fehlende Bereitschaft, aus den historischen Beispielen gescheiterter Gewaltpolitik zu lernen oder die Mechanik von Aktionen und Reaktionen zu analysieren, ist vor dem Hintergrund seiner Studien[45] der römischen Geschichte unverständlich. Einer Geschichte, die kaum Beispiele dafür enthält, dass eine machtpolitische Verschwörung für die Verschwörer in der Regel erfolgreich gewesen wäre. Machiavelli unterlässt es, die Folgen seiner Umwertung bestehender Werte im Kontext wechselseitiger Bedrohungen zu analysieren, abgesehen von seinen eher technischen Analysen zur Kriegsführung, in denen Fragen der Gewaltherrschaft von Fürsten allerdings kaum eine Rolle spielen. Solange nur wenige Fürsten versuchen, ein

---

45   Vgl. "Discorsi sopra la prima deca di Tito Livio".

Gewaltsystem nach den Empfehlungen Machiavellis zu errichten, ist es denkbar, dass ein großer Teil der Bevölkerung den Grad der Verderbtheit eines Fürsten im Durchschnitt als deutlich geringer einschätzen muss. Auch auf diesen Effekt baut Machiavellis Taktik. Da zudem das Verhältnis des Fürsten zu seinen Untertanen immer das Verhältnis einer Person zu vielen anderen Personen, also ein typisch asymmetrisches Verhältnis beschreibt, lassen sich die Handlungsprinzipien eines Fürsten auch nicht universalisieren. Wären alle Menschen Fürsten, so wäre der Fürst kein Fürst mehr, denn er hätte seine Untertanen verloren. Sind hingegen nur wenige Menschen Fürsten, dann bedrohen sich die machiavellistischen Fürsten gegenseitig, sofern die Fürsten so handeln, wie Machiavelli es empfiehlt. Ein machiavellistischer Fürst scheint also nur dann „erfolgreich" zu sein, wenn weder alle Menschen Fürsten sind, noch alle Fürsten so handeln, wie er selbst handelt, denn die Berechenbarkeit des Verhaltens anderer ist eine der Voraussetzungen für eine effiziente machiavellistische Handlungsplanung.

Die asymmetrischen Bedingungen einer nicht verallgemeinerbaren Tugendlehre für einige wenige Fürsten setzen aber voraus, dass die meisten anderen Menschen diesen Fürsten als potentielle Gegner gegenüberstehen. Machiavellistische Fürsten repräsentieren also eine Minderheitsfraktion, und die von Machiavelli empfohlenen Handlungsweisen sind nicht als verallgemeinerungsfähige Handlungsprinzipien konzipiert. Kein Tyrann kann wollen, dass alle Menschen oder auch nur alle Fürsten Machiavellisten sind. Wären alle Fürsten machiavellistische Fürsten, würden sie den Handlungsvorteil der asymmetrischen Handlungslogik verlieren. Machiavellis Handlungslogik scheint also paradoxe Formen anzunehmen: Wenn wir nur diejenigen für ihr Handeln verantwortlich machen, deren Handlungsprinzipien verallgemeinerbar sind, können wir gerade machiavellistisch handelnde Fürsten nicht für ihr Handeln verantwortlich machen. Genau auf diese Überlegung gründet Machiavelli das Gewaltmonopol eines Fürsten, der nur sich selbst für sein Handeln verantwortlich machen kann, weil kein anderer die Möglichkeit haben soll, so zu sein wie er: eine Universalisierung der Nichtuniversalisierbarkeit seines Alleinstellungsmerkmals als unberechenbarer Fürst.

Wir dürfen uns Machiavelli als Realisten vorstellen, dem es fern lag, mit „Il Principe" die Weltliteratur um eine neue Form der Satire zu bereichern, auch wenn sich dieser Gedanke vor dem Hintergrund seiner Gelegenheitskomödien aufdrängen mag. Mit „Il Principe" war Machiavelli seiner Zeit voraus. Wäre dieses Werk während des Dreißigjährigen Krieges erschienen, wäre es nicht weniger überzeugend ein Spiegel seiner Zeit geworden.

Stärken der Ethik Machiavellis

- Machiavellis Schrift über den Fürsten ist der erste schonungslos realistische Versuch in der politischen Philosophie, die Mechanismen rücksichtsloser Machtpolitik zu beschreiben.
- Machiavelli zeigt in „Il Principe", dass der Versuch, das Böse nur als Mangel an moralischer Perfektion zu beschreiben, scheitern muss, wenn bewusst und

gezielt nach verbrecherischen Handlungsgrundsätze gehandelt wird.

Schwächen der Ethik Machiavellis
- Machiavelli weicht der Frage aus, warum traditionelle Ethik, insbesondere die von ihm verehrte Ethik der römischen Antike, in den von ihm beschriebenen Fällen zu gänzlich anderen Handlungsempfehlungen kommt als in der hier diskutierten Schrift Machiavellis
- „Il Principe" vertritt Grundsätze, die sich in keiner anderen Schrift Machiavellis finden.
- Machiavelli thematisiert nicht die Abwehr-Maßnahmen rationaler Handlungssubjekte gegenüber ungezügelten Macht- und Geltungsansprüchen.

Literatur

- Otfried Höffe (Hrsg.): Niccolò Machiavelli: Der Fürst. Akademie Verlag, Berlin 2012, ISBN 978-3-05-004350-0.
- Dirk Hoeges: Niccolò Machiavelli. Die Macht und der Schein C.H. Beck, München 2000, ISBN 3-406-45864-5.
- Dirk Hoeges: Der Principe-Komplex. Niccolò Machiavelli. Fünfhundert Jahre Missverständnis, Köln 2021, ISBN 978-3-9815560-5-6.
- Karl Mittermaier: Machiavelli. Moral und Politik zu Beginn der Neuzeit. Katz, Gernsbach 1990, ISBN 3-925825-27-4.

- Alexander Ulfig (Hrsg.): Machiavelli, gesammelte Werke in einem Band. Zweitausendeins, Frankfurt 2007, ISBN 978-3-86150-774-1.
- Carlo Schmid: Machiavelli. Fischer Bücherei, Frankfurt 1956, DNB 453129080.

Jean-Jacques Rousseau (1712-1778)
Die Ethik des Gesellschaftsvertrages

Rousseau war ein Mann, der seine Bildung und Ausbildung konsequent als Autodidakt verfolgte, sei es als Komponist, Organist, Schriftsteller, Staatstheoretiker, Pädagoge, Philosoph oder Botaniker. Wie kaum ein anderer Denker im vorrevolutionären Frankreich hat Rousseau vor allem Kant beeinflusst. Für Ethik und Staatstheorie wurde sein Konzept der Autonomie des vernunftbegabten Menschen wegweisend. Erstmals in der Epoche der Frühaufklärung werden hier Gedanken formuliert, die die Abhängigkeit des Menschen sowohl von kirchlichen als auch von weltlichen Pflichten grundsätzlich in Frage stellen. Rousseau formulierte diese Thesen in verstreuten Essays und Romanen und nicht, wie man vielleicht erwarten würde, in Traktaten oder systematisch aufgebauten, umfangreichen theoretischen Werken. Ein gutes Beispiel für Rousseaus literarisch verbrämte Theorie ist sein Erziehungsroman Émile. In diesem Werk beschreibt Rousseau die Erziehung eines Kindes, das seine eigene Vernunft als Ratgeber und Lehrer entdeckt. Hier entwickelt Rousseau Ideen, die später von Kant in seiner Theorie der sittlichen Autonomie vernünftiger Subjekte zu einer universalen Ethik ausgebaut werden.

Die Kritik der gesellschaftlichen Konventionen im Frankreich des Absolutismus beginnt in einem fiktiven Szenario, das Rousseau als Naturzustand der Menschheit bezeichnet. Rousseau war nicht der erste Denker, der philosophisch mit der Fiktion eines Naturzustandes arbeitete. Vor ihm hatte bereits Thomas Hobbes (1588-1679) diese Idee aufgegriffen, wenngleich Hobbes' Beschreibungen fiktiver archaischer

Naturzustände deutlich pessimistischer ausfielen. Möglicherweise wurde Rousseau auch durch einen zu seiner Zeit sehr bekannten Roman von Daniel Defoe (1660-1731) inspiriert. Ähnlich wie für Defoe ist auch für Rousseau der Naturzustand des Menschen durch ein Szenario zu beschreiben, in dem sich die Menschen gleichsam als Schiffbrüchige der Kultur in ihrem Selbstverständnis neu entdecken. Beide Autoren versetzen die handelnden Personen in einen fiktiven Zustand, in dem sie unabhängig von ihrem sozialen Umfeld und dessen Konventionen, auf sich allein gestellt, leben.

In diesem Zustand ist der Mensch - so Rousseau - noch nicht zur verbalen Sprache fähig. Die natürliche Sprache der Verständigung sei die Sprache der Gefühle, zum Beispiel des Mitleids. Die Entwicklung der verbalen Sprache markiert für Rousseau nur den vermeintlichen Beginn der Zivilisation. Tatsächlich aber ist der Beginn der Entwicklung der Sprache zugleich der Beginn einer zivilisatorischen Fehlentwicklung, aus der diejenigen, die der verbalen Sprache fähig sind, nur schwer wieder herausfinden[46]. Auch die Kritik an Fehlentwicklungen der Kultur müsse von diesen kritisierten Fehlentwicklungen der Sprache Gebrauch machen, denn jene Sprache, die uns vor zahllosen Fehlern hätte bewahren können, ist auch die Sprache, durch die das kulturelle und zivilisatorische Unheil der Gegenwartskultur und ihrer Genese allererst zu verstehen sei. Wir begegnen hier einer eigentümlichen Konstellation, in der Rousseau nicht nur die Rolle eines frühen Vertreters der Aufklärung übernimmt,

---

46   Rousseau: „L'homme qui pense est un animal dépravé":
        Der Mensch, der denkt, ist ein heruntergekommenes Tier.

sondern zugleich auch die Rolle ihres schärfsten Kritikers, dessen vorrevolutionäre Ideen die Französische Revolution als ein unvermeidliches Ereignis gesellschaftlicher Fehlentwicklungen vorwegnimmt. Mit diesen Gedanken war Rousseau ein Visionär, denn zwischen dem Verfassen seiner Schrift über den Gesellschaftsvertrag („Du contrat social ou Principes du droit politique") und der Französischen Revolution lagen noch rund 30 Jahre, und doch kann Rousseau als zentraler Theoretiker dieser Revolution gelten. Was Rousseau auf die Idee brachte, die französische Kultur seiner Zeit als eine Geschichte des kulturellen und politischen Niedergangs zu beschreiben, war eher ein Zufall. Konkret war es ein von der Académie de Dijon ausgeschriebener Literaturwettbewerb, der Rousseau mit der Frage konfrontierte, ob die „Restauration der Wissenschaften und Künste zur Reinigung der Sitten" beigetragen habe. Rousseau antwortete unmissverständlich. Sein „Nein" war der publikumswirksame Beginn seiner bereits erwähnten Karriere als Literat, Philosoph und Staatstheoretiker. Kultur - so Rousseau - sei eine Geschichte des Verfalls, ein Weg in die Unmündigkeit, nicht weniger als eine Geschichte der Entfremdung von unseren Lebensformen im Naturzustand. Dass die Geschichte des kulturellen Verfalls unserer Gesellschaften ausgerechnet mit der Entwicklung der Sprache beginnt, mag überraschen. Die menschliche Sprache wird gemeinhin als etwas angesehen, das uns von den Tieren unterscheidet. Hominisation und Sprachentwicklung werden oft als Einheit gedacht. Nicht so für Rousseau, der in der Entwicklung der menschlichen Sprache bereits die erste zivilisatorische Verfallsform unserer Gesellschaften zu entdecken glaubte. Im Naturzustand - so Rousseau - seien die

Menschen noch in der Lage gewesen, einander ihre Gefühle und Empfindungen nonverbal mitzuteilen. Mit der Erfindung der Wortsprache aber beginne der ebenso sprachliche wie machtpolitische Sündenfall der Menschheit. Etwa dort, wo man sich als Schutzmacht derer aufspielt, die entweder der Sprache nicht in vergleichbarer Weise mächtig sind oder aus anderen Gründen nicht über die Instrumente der Machtausübung verfügen. Wenn jemand für andere spreche und ihnen Schutz anbiete, dann geschehe dies in der perfiden Absicht, diese Menschen zu beherrschen und auszubeuten. Die Idee, ein Schutzangebot mit der Absicht zu verbinden, Menschen zu berauben und zu versklaven, sei - so Rousseau - der „durchdachteste Plan", der je "in den menschlichen Geist gekommen" sei. In seinem „Discours sur l'inégalité" lässt Rousseau keinen Zweifel daran, dass der Gebrauch der Vernunft eine Gesellschaft nur dann nicht korrumpiert, wenn sie sich auf ihre eigenen Ursprünge und natürlichen Lebensformen besinnt und diese als Motivation und zugleich als Hebel zur Erneuerung bestehender sozialer Ordnungen einsetzt.

Mit der sprachlichen Arbeitsteilung einer sich ausdifferenzierenden Gesellschaft ist für Rousseau zugleich die politische Arbeitsteilung verbunden. Sie ist die eigentliche Quelle des zivilisatorischen Niedergangs, denn mit der Teilung der Macht im Staat geht der Verlust der Souveränität des einzelnen Bürgers einher. Letzteres wäre unproblematisch, wenn die Menschen untereinander Verträge geschlossen hätten, in denen dieser Souveränitätsverzicht geregelt wäre. Aber solche vertraglichen Anerkennungen der Reichweite der Macht des Einzelnen waren in den bisherigen Gesellschaftsformen kein Thema. Schlimmer noch: Es war ohnehin unmöglich, Souveränität in einer Gesellschaft zu teilen, und zwar aus Gründen, die hier noch zu beschreiben sind. Zunächst fällt auf, dass die von Rousseau analysierte Gesellschaftsform des Absolutismus nicht auf einem Vertrag beruht. Es gibt - so Rousseau - ohnehin keinen Zweifel daran, wer in Frankreich jenseits aller vertraglichen Vereinbarungen die politische Macht ausübt. Rousseaus Vorschlag, das Problem des Machtverlustes und der Wiedergewinnung politischer Souveränität durch einen tatsächlichen oder auch nur vermeintlichen Gesellschaftsvertrag zu regeln, der die Machtverhältnisse der Bürger untereinander regelt, ohne ihre Souveränität einzuschränken, stellt den Versuch dar, eine bürgerliche Gesellschaft aus der Perspektive ihres Naturzustandes, also unter Ausklammerung aller faktischen sprachlichen und politischen Machtstrukturen seiner Zeit, völlig neu zu denken.

Was die Bürger Frankreichs davor bewahren kann, immer wieder vergleichbare Fehler zu begehen und ihr Selbstbestimmungsrecht ohne Not aufzugeben, ist die Rückbesinnung auf ihre ursprünglichen Lebensformen und die damit verbundene Autonomie. Rousseau sieht in der Lebenswelt der Familie das Urbild jeder Gesellschaft, deren Mitglieder emotional, sprachlich, kulturell und historisch miteinander verbunden sind. Familien bilden über Familienverbände größere Gemeinschaften und der Zusammenschluss dieser Gemeinschaften führt zur Entstehung eines Volkes. Die Entwicklung eines Volkes lässt sich in diesem Konzept also gleichsam deduktiv aus der Geschichte seiner Familien ableiten.

In seinem bereits erwähnten Erziehungsroman Émile zeigt Rousseau den Weg auf, den die Mitglieder einer Familie gehen müssen, um am Ende der Phase der Kindererziehung die eigene Familie als eine Gemeinschaft souveräner Subjekte zu erkennen; eine Gemeinschaft von Menschen, die nicht nur durch ihre Biographie miteinander verbunden sind. Auch wenn letztlich jedes einzelne Subjekt einer Familie seine Souveränität in der Familie erhält, bleibt diese Familie für jedes Familienmitglied die Voraussetzung für die Entwicklung zu souveränen Subjekten. Nicht Herrschaft oder Gewalt bestimmen diese ursprüngliche Gemeinschaft souveräner Subjekte, sondern ihr gemeinsamer Wille, nach außen als Familie erkennbar zu sein.

Es ist erstaunlich, dass Rousseau die gesellschaftliche Funktion der Familie in dieser Weise beschreibt, leitet er doch den Begriff des Volkes ebenso wie dessen politische Verfassung ohne große Umwege aus der Funktion der Familien und ihrer inneren Souveränitätsverhältnisse ab. Erstaunlicherweise finden sich in Rousseaus Autobiographie kaum Anhaltspunkte für dieses idealisierte Bild der Familie und ihrer Funktion für die Gesellschaft. Rousseau verbrachte einen Großteil seiner Kindheit und Jugend bei Verwandten und gab seine eigenen fünf Kinder in ein Findelhaus. Letzteres dürfte dem von ihm beschriebenen Ideal des Naturzustandes - zumindest aus der Sicht eines Zynikers - nahe gekommen sein, denn mehr oder weniger sich selbst überlassen, ohne den Rückhalt der Familie, hatten Neugeborene in diesen Findelhäusern nur geringe Überlebenschancen. Die Rolle, die Rousseau der Familie zuschreibt, scheint also eher eine idealtypische Fiktion als seine eigene Lebenserfahrung widerzuspiegeln. Kurzum: Wenig von dem, was in seinem Erziehungsroman Émile oder in anderen Schriften als Modell gelingender zwischenmenschlicher Verständigung beschrieben wird, lässt sich mit Rousseaus eigener Lebensgeschichte in Verbindung bringen. Mit einer Ausnahme: Der im Bildungsroman Émile beschriebene vermeintlich natürliche Zugang zur Bildung erinnert an Rousseaus eigenen autodidaktischen Bildungsweg. Ein Bildungsweg, der - anders als im Bildungsroman - alles andere als das Produkt fürsorglichen Handelns besorgter Eltern war. Stichwort „Naturzustand": Rousseau unternahm nichts, um seiner eigenen Frau, die kaum lesen und schreiben konnte und ihren Lebensunterhalt als Wäscherin verdiente, durch Bildung oder Ausbildung zu jenen Kompetenzen zu verhelfen, die sie aus ihrer geistigen und materiellen Abhängigkeit von Rousseau befreit hätten. Es versteht sich von selbst, dass dieses „eigenwillige" Verhalten Rousseaus seinen Kritikern nicht verborgen bleiben konnte.

Wie auch immer Rousseau zu der erwähnten Einschätzung der gesellschaftlichen Funktionen idealtypischer Familien gekommen sein mag: Die Autonomie vernünftiger Subjekte ist aus Rousseaus Sicht in den natürlichen wechselseitigen Anerkennungsverhältnissen der Mitglieder einer Familie verankert. Im Idealfall begegnen sich erwachsene Kinder und ihre Eltern als emotional aneinander gebundene Subjekte, auch wenn sie sich in ihrer lebensgeschichtlichen Verbundenheit letztlich als autonome Individuen begegnen. Es ist biographisch nachvollziehbar, dass Rousseau, der sich als Multitalent in verschiedenen Disziplinen einen Namen gemacht hatte, unerschütterlich davon überzeugt war, dass Bildung wesentlich Selbstaufklärung und Erkenntnis aus eigener Kraft und Vernunft ist. Diese Erkenntnis hätte ihm keine Probleme bereitet, wenn er diese These nicht politisch interpretiert hätte. Die politisch brisante Variante der

Autonomie der Vernunft ist jene, die später Immanuel Kant in seiner Ethik aufgreifen wird und deren Anfänge und gedankliche Grundlagen in den essayistischen staatspolitischen Schriften Rousseaus zu finden sind. Für Rousseau ist das autonome Vernunftsubjekt nur sich selbst verantwortlich, weil es sich nur vor sich selbst rechtfertigen kann. Als Gesetzgeber und Subjekt seiner selbst ist jeder vernunftbegabte Bürger frei und unfrei zugleich. Frei ist er dort, wo er aus seiner eigenen Vernunft ableitet, was zu tun ist. Unfrei ist er dagegen, wo er den Gesetzen unterworfen ist, die er sich selbst gegeben hat. Wer sich selbst gehorcht, ist also doch in der Pflicht, in der Pflicht seiner Selbstgesetzgebung. Er handelt nicht im Auftrag oder im Dienste anderer. Zugleich aber ist jedes vernünftige Subjekt ein solches nur in Gemeinschaft mit anderen Subjekten. Ihr Verhältnis zueinander ist eines der Autonomie und der Gleichberechtigung. Autonome Vernunftsubjekte begegnen einander als Gleiche, aber nur, wenn sie einander als solche anerkennen.

Der Gesellschaftsvertrag

Die Vernunftsubjekte handeln als Souveräne nicht aufgrund äußerer und aufgezwungener gegenseitiger Verpflichtungen oder Konventionen. Ihr Verhältnis zueinander darf nicht in Kategorien von Herrschaft und Ohnmacht gedacht werden. Nur wenn alle Subjekte ihre Autonomie als Grundlage ihrer freien Selbstbestimmung und nicht als von außen auferlegte Verpflichtung begreifen, ist jedes Mitglied einer Gemeinschaft gegenüber den anderen ein autonomes Subjekt.

Für Rousseau gilt es, diese Form der Gemeinschaft auch außerhalb der Familienstrukturen zu finden, „[...] in der doch jeder, indem er sich mit allen vereinigt, nur sich selbst gehorcht und so frei bleibt, wie er vorher war".

Im Rückblick auf die Geschichte der Aufklärung mag uns dieser Gedanke Rousseaus heute bekannt und vertraut erscheinen, doch vor dem Hintergrund des frühen 18. Jahrhunderts war das, was Rousseau hier zu Papier brachte, nicht nur neu, sondern auch geeignet, die Grundfesten der staatlichen Ordnung zu erschüttern. Der französische König, ein König „von Gottes Gnaden", hätte sich wohl kaum als Adressat wechselseitiger Anerkennungsverhältnisse auf Augenhöhe verstanden. Dass vor dem Hintergrund der damaligen französischen Geschichte ein Bürger mit dem Anspruch auftrat, nur der eigenen Vernunft und der Natur Rechenschaft schuldig zu sein, war nichts weniger als ein indirekter Aufruf zum Sturz des Königtums. Obwohl Rousseau am Hof Ludwigs XV. mit seiner Oper "Le devin du village" Sympathien gewonnen hatte, schützte ihn dieser Umstand nicht vor politischer Verfolgung. Rousseau war - in seinen letzten Jahren - ein Mann auf der Flucht. Die von ihm gepriesene Religion der natürlichen Vernunft schien zudem die religiösen Überzeugungen von Freund und Feind gleichermaßen zu untergraben und setzte Rousseau - auch in seinem preußischen Asyl - dem Unmut seiner Mitbürger aus. Paradoxerweise waren es gerade Angehörige des französischen Adels, die Rousseau auf seiner Flucht immer wieder Hilfe anboten und schließlich halfen, jene „Revolution von oben" in Gang zu setzen, die die politische Ordnung Europas verändern sollte.

Doch kehren wir noch einmal zu der Frage zurück, was den von Rousseau vorgeschlagenen Gesellschaftsvertrag von herkömmlichen Verträgen unterscheidet.

Man könnte meinen, ein Gesellschaftsvertrag sei einem Vertrag zwischen natürlichen oder juristischen Personen vergleichbar. Gesellschaftsverträge funktionieren jedoch anders. Gesellschaftsverträge begründen Rechtsverhältnisse, sie setzen sie aber nicht voraus. Ein normaler Vertrag setzt, wenn er rechtlich durchsetzbar sein soll, geltendes Recht und einen Gerichtsstand voraus. Ein Gesellschaftsvertrag hingegen kann kein geltendes Recht voraussetzen, denn außerhalb der Vereinbarung autonomer Subjekte gibt es keinen Staat und damit auch kein Recht. Der Staat wird für Rousseau mit und durch den Gesellschaftsvertrag konstituiert. Dieser Vertrag kennt keine alternativen Konzeptionen, denn entweder gibt es eine wechselseitige Anerkennung autonomer und vernünftiger Subjekte, dann gibt es auch einen Gesellschaftsvertrag; oder aber diese wechselseitige Anerkennung der Mitglieder eines Gesellschaftsvertrages ist nicht nachweisbar, dann handeln die Subjekte in einem rechtsfreien Raum, jenseits von Gut und Böse, denn jenseits einer erkennbaren Gemeinschaft zwischen ihnen kann es auch kein Rechtsverhältnis geben.

Aus einer bestimmten Perspektive mögen Rousseaus Thesen trivial erscheinen. Der Gedanke, dass aus dem Zusammenschluss von Familien und Familienverbänden in einem Siedlungsgebiet große Gemeinschaften, gewissermaßen Proto-Staaten, entstehen, die ein Siedlungsgebiet, eine Sprache und eine Geschichte teilen, liegt nahe. Auch die Idee, dass eine Republik durch eine Art Gründungsvertrag, eine Verfassung, die sich die Menschen selbst geben, entsteht, erscheint nicht sonderlich originell. Rousseaus Texte lassen sich zweifellos so interpretieren und bieten - in dieser Interpretation - wenig Überraschendes. Originell sind diese Gedanken aus einer ganz anderen Perspektive. Nämlich dann, wenn man sie im Rückblick und aus der Perspektive der Französischen Revolution und im Kontext von Rousseaus Erziehungsidealen betrachtet. Aus dieser Perspektive entsteht ein Gesellschaftsvertrag weder allein durch den Zusammenschluss von Familien noch allein durch ein vorausgehendes geltendes Recht, obwohl Familien und eine Rechtsordnung in jedem Fall bereits vorhanden sein können. Vielmehr denkt Rousseau in seinem Gesellschaftsvertrag die Auflösung aller bestehenden Ordnungen, weil dieser Vertrag autonome und vernunftgeleitete Individuen nicht nur voraussetzt, sondern deren Verhältnis zueinander radikal neu denkt. Rousseaus Gesellschaftsvertrag löst jede bestehende Rechtsordnung auf, die sich allein auf traditionelle Machtverhältnisse oder vermeintlich gottgegebene politische Ordnungen beruft. Im Zeichen eines Gesellschaftsvertrages ordnen die Menschen ihre Verhältnisse neu. Ein Gesellschaftsvertrag setzt weder eine bestehende Rechtsordnung voraus, noch bestimmt er die wechselseitigen Aufgaben und Pflichten der Vertragspartner. Bestehende gesellschaftliche Ordnungsstrukturen, die dieser Minimalbedingung eines vorausgesetzten rechtsfreien Zustandes nicht genügen, setzen sich im Rahmen der Rousseauschen Theorie gleichsam selbst außer Kraft.

Es war dieser Gedanke eines völligen Neuanfangs, einer Neubegründung der gesellschaftlichen Verhältnisse, der die Revolutionäre in Paris begeisterte. Der Gesellschaftsvertrag dient allein dem Zweck, die Universalisierung der autonomen Vernunft im Verhältnis der Mitglieder einer Gemeinschaft zu regeln, sofern sich diese Mitglieder einer Gemeinschaft in ihren Handlungsabsichten auf die ihnen gemeinsame Vernunft und den durch diese Vernunft legitimierten gemeinsamen Willen aller Akteure berufen.

Im Rahmen eines Gesellschaftsvertrages begegnen sich vernunftbegabte Wesen gleichsam wie Gottheiten, die nur sich selbst verantwortlich sind und niemandem zwischen Himmel und Erde Rechenschaft über ihr Handeln schulden, weil die einzige Instanz, vor der sie zur Rechenschaft gezogen werden können, ihre eigene Vernunft ist. Aus dieser Perspektive beschreibt Rousseau in seinen essayistischen Texten nicht die Geschichte eines Staates auf dem Weg zur Republik, sondern seine Legitimationsgrundlage: Auch „ein Volk von Göttern", so Rousseau, „würde demokratisch regieren". Dieses Konzept beruht auf der Einsicht, dass die Positionen autonomer Vernunft in jedem Gemeinwesen universalisierbar sind, weil die Vernunft, an der alle Menschen von Natur aus teilhaben, nur eine ist und nur eine Stimme hat, die Stimme all derer, die diese Stimme der Vernunft anerkennen. Der berühmte "volonté général" von Rousseau ist in dieser Perspektive nicht die Summe aller Stimmen der aufmarschierten Revolutionäre, sondern diese Stimme ist nur insofern die gemeinsame Stimme aller, als sie die Stimme der Vernunft ist.

Im Gegensatz zu gewöhnlichen Verträgen, die zwingend der Schriftform bedürfen, erfordert ein Gesellschaftsvertrag weder die Anwesenheit der Vertragsparteien noch deren Unterschrift. Der Abschluss eines Gesellschaftsvertrages setzt auch keine repräsentative Umfrage voraus. Um überhaupt anerkennen zu können, dass Menschen dennoch untereinander einen Gesellschaftsvertrag schließen, bedarf es mehr als nur einer gemeinsam geteilten Überzeugung. Für die Vertreter der Französischen Revolution waren es säkularisierte Symbole, die der liturgischen Praxis christlicher Konfessionsgemeinschaften entlehnt waren, um diese Willensübereinstimmung für alle erkennbar anzuzeigen. Die Säkularisierung religiöser Rituale ist in diesem Zusammenhang häufig anzutreffen. In der Französischen Revolution traten an die Stelle der kirchlichen Versammlungen die Versammlungen und Prozessionen der Revolutionäre. An die Stelle des gemeinschaftsstiftenden Kirchengesangs tritt die Marseillaise. Die liturgischen Gewänder werden durch revolutionäre Kleidung ersetzt. Nationalflaggen ersetzen die Fahnen, die bei kirchlichen Prozessionen vorangetragen werden. Weniger eindeutig ist die Frage zu beantworten, welche kollektiven Willensäußerungen zeigen, dass alle Bürger die gleichen Überzeugungen teilen. Im Falle religiöser Überzeugungen können diese - zumindest in groben Zügen - aus einer Glaubenslehre abgeleitet werden. Im Falle der Willensäußerung autonomer Bürger besteht diese gemeinsam geteilte Überzeugung im Wesentlichen nicht aus deduktiven Ableitungen aus vorausgesetzten religiösen Lehren. Vernunftbegabtes autonomes Subjekt zu sein, setzt auch keine Befragung voraus, weil gemeinsam geteilte Überzeugungen vorausgesetzt werden. So wie es sinnlos wäre, Regeln der Arithmetik durch Meinungsumfragen bestätigen zu wollen, so ist es auch sinnlos, das Selbstverständnis eines vernünftigen Subjekts und seine

Fähigkeit zur Selbstbestimmung durch Meinungsumfragen erheben zu wollen. Im Gegenteil: Eine solche Befragung würde das Vorausgesetzte, nämlich die Berufung auf eine ungeteilte Vernunft aller Menschen, bereits negieren. Bestünde auch nur die Möglichkeit, dass ein mündiger Mensch seine Selbstbestimmung in Frage stellen könnte, dann müssten nahezu alle Konzepte der Ethik, die von der Möglichkeit der rationalen Selbstaneignung vernünftiger Wesen ausgehen, über Bord geworfen werden. Wer seine eigene Vernunft mit vernünftigen Argumenten selbstwidersprüchlich in Frage stellen dürfte, der dürfte dies selbstverständlich auch im Falle aller anderen Subjekte tun. Aber auch in diesem Extremfall erkennen sich Subjekte als autonome Wesen an, die sich wechselseitig ihrer Ungleichheit versichern und damit erneut in Anerkennungsverhältnisse eintreten. Erneut stehen sich Subjekte mit Alleinstellungsmerkmalen gegenüber. Sowohl die Universalisierung gemeinsamer Vernunftmerkmale als auch die Universalisierung der Aberkennung dieser geteilten Vernunftmerkmale führt zu Formen wechselseitiger Anerkennungsverhältnisse und damit zurück zur Voraussetzung des Gesellschaftsvertrages. Ob wir uns als Vernunftwesen begegnen, die sich wechselseitig als solche anerkennen, oder ob wir uns als Wesen begegnen, deren einzige Gemeinsamkeit darin besteht, als Vernunftwesen nicht miteinander vergleichbar zu sein: In beiden Fällen bedarf es keiner Untersuchung, sondern nur der Anerkennung der genannten Voraussetzung autonomer Subjekte. Entscheidend für das Konzept des Gesellschaftsvertrages ist also die Idee der Autonomie der

Subjekte, denn nur diese macht einen Vertrag zwischen Subjekten überhaupt notwendig.

Die wechselseitige Anerkennung der Autonomie aller handelnden Akteure schließt auch die Möglichkeit ein, auf die von Rousseau beiläufig genannten Merkmale der Gesellschaft zu verzichten. Um einen Gesellschaftsvertrag zu schließen, bedarf es letztlich weder einer gemeinsamen Geschichte noch einer gemeinsamen Sprache, weder einer gemeinsamen geographischen Herkunft noch gar verwandtschaftlicher Beziehungen. Die amerikanische Verfassung von 1787 mag dafür ein prominentes Beispiel sein.

Ein Gesellschaftsvertrag erfordert im Wesentlichen nur eine gemeinsame Willensbekundung, nicht aber jene Merkmale, die teils schon von Rousseau, teils in späteren Jahrhunderten im Rahmen der Entwicklung nationalistischer Konzepte beschworen wurden, nämlich eine gemeinsame Sprache und eine gemeinsame Kulturgeschichte. Die wechselseitige Anerkennung autonomer Akteure, die ihr Selbstbestimmungsrecht im Verbund mit anderen Menschen ausüben, ist - wie erwähnt - für einen Gesellschaftsvertrag unabdingbar. Es mag den Anschein haben, als sei mit dieser Form der Anerkennung für unser Verständnis von politischer Ethik nicht viel gewonnen. Tatsächlich aber ist die wechselseitige Anerkennung der Souveränität autonomer und vernünftiger Subjekte ein Schlüssel zum Verständnis dieses Konzepts. Rousseaus Gesellschaftsvertrag regelt weder die konkrete Gesetzgebung noch die konkreten sozialen oder politischen Verhältnisse. Der Gesellschaftsvertrag dient seiner Bestimmung nach nur dazu, die Voraussetzungen für die Konstitution einer Gesellschaft zu formulieren. Einer Gesellschaft, die sich nicht mehr als fremdbestimmte

Vereinigung ihrer Mitglieder begreifen will. Der
Gesellschaftsvertrag definiert seine Bürger als die Souveräne
eines Staates. Sie sind es, von denen alles Recht ausgeht, und
sie können die Form ihrer Regierung frei wählen. Wer auch
immer politische Ämter bekleidet, kann die mit dem Amt
verbundene Macht nur leihweise vom Souverän, den Bürgern,
übernehmen.

Verzicht auf Gewaltenteilung

Wenn die Willensbildung im Staat von seinen Mitgliedern
ausgeht, dann geht sie nicht quantitativ-proportional von
jedem Einzelnen aus, sondern jeder ist Souverän im
Gesellschaftsvertrag. Die Bürger begegnen einander
gewissermaßen als Könige, die allenfalls sich selbst gegenüber
Verpflichtungen eingegangen sind und nun vor der
Herausforderung stehen, ihr Verhältnis zu anderen
autonomen Persönlichkeiten unter der Voraussetzung regeln
zu müssen, diese anderen nach dem eigenen Vorbild zu
denken, um durch die Verständigung mit anderen zu einem
erweiterten Selbstverständnis zu gelangen.
Wäre es anders, wäre es von vornherein unmöglich, eine
Person als autonomes Vernunftsubjekt zu denken. Vielmehr
hätten wir es - nach wie vor - mit Subjekten zu tun, die in
einem hierarchischen System bestimmte Aufgaben und
Funktionen übernehmen, ihr arbeitsteiliges System aber nicht
in Frage stellen. Autonome Subjekte verstehen sich nicht
mehr als Instrumente im Dienste eines Systems. Sie wollen
und sollen nicht von anderen instrumentalisiert werden. Was
sie gemeinsam mit anderen Subjekten tun und entscheiden,
geschieht zwanglos und aus Vernunft, aber nicht in

Abhängigkeitsverhältnissen. (Dieser Gedanke wird uns bei den Vertretern der Frankfurter Schule wieder begegnen). Jene Formen der Gewaltenteilung, die im Rahmen des Gesellschaftsvertrages noch möglich sind, beschränken sich auf die Wahrnehmung von Aufgaben, für die das Volk als Souverän gemeinsam die Verantwortung übernimmt. Die Gewalt der Glieder des Gesellschaftsvertrages ist unteilbar und kann niemals Gegenstand einer Gewaltenteilung sein. Da alles Recht vom Volke ausgeht, kann das Volk seine Verantwortung niemals abtreten oder - auf welche Weise auch immer - außer Kraft setzen oder auch nur vorübergehend suspendieren. Der Gesellschaftsvertrag setzt nicht nur autonome und vernünftige Bürger voraus, er macht auch Schluss mit Ausreden, denn es ist im Rahmen eines Rousseauschen Gesellschaftsvertrages schlicht unmöglich, einer Regierung die Schuld für eventuelle Missstände im Staat zuzuschieben. Jede Regierung nimmt ihre Funktionen im Staat nur leihweise wahr, im Auftrag ihrer Souveräne: der Bürgerinnen und Bürger. Die Gesamtverantwortung für das politische Geschehen liegt immer bei denen, die sich als Mitglieder eines geschriebenen oder ungeschriebenen Gesellschaftsvertrages verstehen. Wenn aber alle Macht vom Volke ausgeht, obwohl jedes einzelne Subjekt dieses Volkes als autonom und selbstbestimmt gedacht werden soll, dann zeichnet sich ein Widerspruch ab. Schauen wir uns diesen Widerspruch etwas genauer an.

Wenn die Verantwortung für das Ganze eines Staates unteilbar ist, dann kann sie nicht jedem Einzelnen zukommen, es sei denn, jeder Einzelne schränkt die Souveränität der anderen Mitglieder eines Gesellschaftsvertrages ein. Wenn die Macht im Staat immer auch bei anderen Subjekten läge, dann wäre kein Subjekt wirklich autonom. Der erwähnte Widerspruch in der Verantwortung jedes Einzelnen für das Ganze löst sich erst dann auf, wenn alle Subjekte in diesem Verständigungsprozeß wie ein Subjekt denken, und diese Bedingung ist erfüllt, wenn einer für alle und alle für einen sprechen, also de facto im Falle eines ungebrochenen natürlichen Konsenses. Dieser ungebrochene Konsens kann aber nicht durch Befragungen der Bürger erhoben werden, er muss sich unter den genannten Vorbedingungen für alle Subjekte einstellen. Für das Verständnis des Gesellschaftsvertrages genügt die Erkenntnis, dass ein allgemeiner Konsens prinzipiell möglich ist, weil er vernünftig ist. Der „volonté générale", der allgemeine Volkswille, muss schon deshalb ein Projekt der Aufklärung bleiben, weil es darum geht, diese Übereinstimmung „aller mit allen" immer wieder neu herzustellen, ohne die Rechte und Pflichten der Mitglieder des Gesellschaftsvertrages zu verletzen.

De facto war in der blutigen Geschichte der Französischen Revolution eher das Gegenteil dessen zu beobachten, was hier als gelungene Konsensbildung unter den Mitgliedern eines Gesellschaftsvertrages beschrieben wurde. Nicht ein allgemeiner Konsens durch vernünftige Argumente wurde gefunden oder auch nur gesucht, sondern ein mit Gewalt durchgesetzter Wille der Revolutionäre. Diese verstanden sich als diejenigen Mitglieder des Gesellschaftsvertrages, die für alle sprachen, auch für diejenigen, die - aus welchen Gründen auch immer - noch nicht erkannt hatten, was sie selbst - angeblich - schon immer wollten. In diesem fiktiven „Club der anonymen Revolutionäre" ist die Willkürherrschaft einiger Weniger mit rationalen Argumenten kaum zu verhindern, denn wer schweigt, stimmt angeblich zu, und wer aufbegehrt, ist nicht mehr Teil des Volkes und bewegt sich in einem rechtsfreien Raum, jenseits des Gesellschaftsvertrages und damit jenseits jeder Rechtsordnung. So gesehen ist ein echter gesellschaftlicher Konsens ein Glücksfall der Geschichte. Ein Glücksfall, den Rousseau selbst nicht erwähnt oder in Betracht zieht, denn sein revolutionäres Konzept der Neuordnung gesellschaftlicher Macht beruht allein auf der allen Menschen nicht nur zumutbaren, sondern vorausgesetzten Vernunft- und damit Entscheidungs- und Handlungsautonomie.

Eine Frage der Natürlichkeit

Rousseau hat sich immer wieder und zum Teil über längere Zeiträume als Botaniker und Gartengestalter betätigt, und sein Verhältnis zur Natur ähnelt dem seiner Romanfigur Émile. Auch Émile ließ sich bei der Entwicklung seiner Persönlichkeit und der Ausbildung seiner Vernunft von der Natur leiten.
Sinn und Zweck der Anlage und Pflege eines Gartens im Barock war der Versuch, die Natur als Erweiterung der höfischen Architektur, wenn auch mit anderen Mitteln, zu inszenieren. Nicht um sich der Natur auszusetzen oder in ihr oder von ihr zu lernen, sondern um an ihr die eigene Gestaltungshoheit zu demonstrieren. Rousseau hat diesen instrumentalisierenden Umgang mit der Natur in verschiedenen Schriften kritisiert. In seinem bereits erwähnten Erziehungsroman „Émile", in seinem Briefwechsel über botanische Studien oder in den „Träumereien eines einsamen Spaziergängers" beschreibt Rousseau die Natur als einen Raum, in dem wir zu uns selbst finden können. Dieser

Gedanke war nicht neu, aber in der Philosophie seit der Zeit der jungen Stoa der römischen Antike (Seneca) kaum thematisiert worden. Die unberührte Natur ist für Rousseau nicht nur ein Ort des Lernens und der Erholung. Jenseits barocker Gärten hilft uns die Natur, Prozesse der Selbstentfremdung in unserer Gesellschaft zu erkennen. Rousseaus Zeitgenossen legten ihm den Ausruf "Zurück zur Natur! Rousseau hat diesen Satz wohl nie wörtlich gebraucht, aber seine theoretischen Schriften und vor allem seine Autobiographie lassen keinen Zweifel daran, dass er seine tiefsten Überzeugungen programmatisch zusammenfasst. Rousseau war mit dieser Einstellung zu einem naturverbundenen Leben zu seiner Zeit keineswegs allein. Es gibt deutliche Anzeichen dafür, dass auch der französische Adel, insbesondere am Hofe Ludwigs XV., die künstliche Anlage und künstlerische Gestaltung der höfischen Gärten nicht mehr als nachahmenswert empfand. Der Trend zu einer vorromantisch verklärten Natur und zu natürlichen Lebensformen war in der kulturellen Elite der Zeit nicht zu übersehen. So schätzte Ludwig XV. die Liedform in der Oper als natürlichen Ausdruck der menschlichen Stimme höher ein als die hochbarocken Kunstformen der französischen Oper. Seine Frau Marie Antoinette ließ in den barocken Gärten von Versailles Gebäude im Stil französischer Dörfer errichten, darunter eine Mühle. Diese theatralischen Dorf-Inszenierungen, künstlich belebt durch Laiendarsteller, die sich vor diesen Kulissen als Bauern und Handwerker ausgaben, vermittelten im sogenannten "Hameau de la Reine" den vorbeimarschierenden Höflingen das Gefühl, sich in dörflichen Idyllen der tiefsten französischen Provinz zu bewegen. Man könnte dies als kulturgeschichtliche Kuriosität abtun, wenn sich dieses Zeitgeistphänomen auf die Launen des französischen Adels beschränkt hätte. Für diejenigen, die die Zeichen der Zeit zu deuten wussten, war der Ruf „Zurück zur Natur!" eine Kampfansage an die feudale Kultur Frankreichs, in deren Zentrum sich ein König unter Berufung auf vermeintlich göttliche Ordnungen nicht mehr behaupten konnte.

Erinnern wir uns: Rousseaus „Naturzustand" der Menschen beschreibt fiktiv das Leben der Menschen in Gemeinschaften noch vor der Erfindung der Wortsprache. In den Anfängen der Menschheit - so Rousseau - waren die Menschen nur durch Gefühle, nicht durch Worte miteinander verbunden. Worte sind Instrumente des Denkens, denn wir benutzen sie, um mit ihrer Hilfe unsere Absichten mitzuteilen. Gefühle, wie Sympathie, Zuneigung oder Wohlwollen, stellen sich von selbst ein und sind keine Werkzeuge der Sprache. Ganz ähnliche Gedanken hatte zu dieser Zeit der britische Empirist David Hume (1711-1776), den Rousseau in Paris kennenlernte und den er auf dessen Einladung hin in England besuchte. Auch Hume vertrat die Ansicht, dass Ethik das Ergebnis lebensnaher und praktischer Erfahrungen der Menschen sei. Gefühle von Lust und Unlust, von Wohlwollen und Abscheu bestimmen unser Verhältnis zu unseren Mitmenschen. Entgegen der Erwartung, dass diese Gefühlsmotive erst in der Ethik der Romantik Eingang in die Theoriebildung gefunden haben, zeigt sich am Beispiel von Hume und Rousseau, dass die Gefühlsethik keine Entdeckung der Romantik ist. Für Rousseau sind es nicht wir, die der Natur zu sagen haben, wie sie zu denken hat. Das Verhältnis des Menschen zur Natur sollte kein Verhältnis von Herrschaft und Knechtschaft sein. Vielmehr teilt sich die Natur uns in ihrer eigenen Sprache mit.

Eine Sprache, die wir nicht instrumentalisieren können, weil sie nicht in unserer Macht und kulturellen Verfügungsgewalt steht. Die Sprache der Natur kann freilich nur derjenige hören, fühlen oder auf andere Weise wahrnehmen, der gelernt hat, nicht den Verblendungen der Wortsprache zu verfallen. All dies erklärt Rousseau in literarischer Sprache und natürlich nicht mit den Kommunikationsformen der Natur, deren Nähe er stets gesucht hat, obwohl er deren nonverbale Kommunikationsformen nicht anders als wiederum mit Hilfe jener Sprache zu beschreiben unternimmt, deren Unzulänglichkeit als Erkenntnisinstrument er nicht müde wird zu betonen.

Die Bedeutung der Schriften Rousseaus für die praktische Ethik

Die praktischen wirkungsgeschichtlichen Folgen der Schriften Rousseaus waren einerseits jene, die als Legitimationsstrategien der Französischen Revolution und in der Verfassungsgeschichte demokratischer Republiken[47] ihre Anwendung fanden. Andererseits wirkten die Schriften Rousseaus - jenseits der politischen Ethik und Rechtsphilosophie - auch durch die in ihnen geforderte Neubegründung des Verhältnisses von Vernunft und Natur, vor allem in der pädagogischen Praxis[48], aber auch in der

---

47   Beispielsweise in der Verfassung der Vereinigten Staaten von Amerika (1787).
48   Die Wirkungsgeschichte der Wald-Pädagogik oder der in den 1960er Jahren
       intensiv diskutierten antiautoritären Unterrichtskonzepte, wäre ohne die vorrevolutionären Schriften Rousseaus

Musikästhetik, der Rousseau erstmals jene öffentliche Aufmerksamkeit verdankte, die zu seiner Zeit nur der Hof Ludwig des XV. bieten konnte. Der wohl größte Einfluss Rousseaus geht von seiner Konzeption des Gesellschaftsvertrages aus. Ein Vertrag, der zwischen autonomen Souveränen geschlossen wird und Rechtsbeziehungen in einem rechtsfreien Raum zwischen souveränen Subjekten ermöglicht und begründet. Dieses Konzept beeinflusste auch das Denken Kants. Von Rousseau übernahm Kant die Idee der natürlichen Autonomie vernunftbegabter Subjekte, die nur dem Gericht ihrer eigenen Vernunft unterworfen sind, auch wenn der Zufall der Geschichte sie zu Bürgern eines Staates gemacht hat, in dem die Prinzipien der Aufklärung noch nicht verstanden wurden. Kants berühmtes Diktum, Aufklärung sei der Ausgang des Menschen aus seiner selbstverschuldeten Unmündigkeit, gilt für Rousseaus Positionen allerdings nur eingeschränkt. Aufklärung ist für Rousseau immer auch gleichbedeutend mit jenem Prozess, der viel später von T.W. Adorno und M. Horkheimer als fehlgeleitete Entwicklungsgeschichte der „instrumentellen Vernunft" kritisiert wurde. Auch Adorno, ein Vertreter der Frankfurter Schule, der diesen Gedanken in seiner „Dialektik der Aufklärung" zusammen mit Horkheimer weiterentwickelte, beschrieb, ähnlich wie schon Rousseau, den Prozess der kulturellen Entwicklung der Menschheit als eine gesellschaftliche Fehlentwicklung, gleichsam als eine Geschichte der „Kolonialisierung unserer Lebenswelten" (um

kaum verständlich und hätte an den Universitäten nicht jenes und bis heute anhaltende Interesse in der pädagogischen Forschung gefunden.

eine Formulierung von J. Habermas zu verwenden). Sie alle, ob Rousseau, Adorno, Horkheimer und später auch Habermas, verbindet die Überzeugung, die Geschichte der Aufklärung und die ihr vorausgehende Geschichte der europäischen Zivilisationen auch in ihren Fehlentwicklungen beschreiben zu wollen. "Aufklärung ist nicht nur der Ausgang des Menschen aus seiner selbstverschuldeten Unmündigkeit, wie noch Immanuel Kant meinte. Der Begriff „Aufklärung" steht auch für den Prozess der kulturellen Entwicklung der Menschheit und damit auch für die Entstehungsbedingungen naturgegebener Formen von Unmündigkeit. Fehlentwicklungen der Vernunft, so die Botschaft, dürfen nicht nur am Maßstab einer Vernunft erkannt werden, die ihre natürlichen Grenzen nicht kennt. Das Zusammenleben der Menschen unter natürlichen Bedingungen zu rekonstruieren und ihr Verhältnis zueinander unter Berücksichtigung ihrer natürlichen Lebensbedingungen neu zu denken, ist eine Forderung, die heute nicht weniger aktuell ist als zu Rousseaus Zeiten.

Lernziele:

Erwerben von Grundkenntnissen der Funktionsweise des Gesellschaftsvertrages bei Jean-Jacques Rousseau und seine Auswirkungen auf die Rechtsphilosophie und philosophische Ethik der Aufklärung.

Übungsaufgaben / Übungsfragen:

- Was versteht Rousseau unter einem „Naturzustand"?
- Wie denkt Rousseau die Gewaltenteilung im Staat, im Rahmen des Gesellschaftsvertrages?
- Was unterscheidet gewöhnliche Verträge von Gesellschaftsverträgen, wie diese von Rousseau diskutiert werden?
- Warum gilt Rousseau als Vordenker der Französischen Revolution?
- Wie verbindet Rousseau Philosophie und Pädagogik?

Literatur-Empfehlung:

Primärliteratur
- Abhandlung über den Ursprung und die Grundlagen der Ungleichheit unter den Menschen, von Philipp Rippel und Jean-Jacques Rousseau, Reclam
- Émile oder Über die Erziehung, von Jean-Jacques Rousseau, Anaconda Verlag
- Der Gesellschaftsvertrag oder Grundsätze des politischen Rechts von Jean-Jacques Rousseau, Anaconda Verlag

- Bernhard H. F. Taureck: Jean-Jacques Rousseau. Mit Selbstzeugnissen und Bilddokumenten. Rowohlt, Reinbek bei Hamburg
- Jean-Jacques Rousseau: Leben und Werk, von Michel Soëtard, C.H.Beck

Einführungen:
- Christiane Bender: Freiheit, Verantwortung, direkte Demokratie: Zur Relevanz von Rousseau heute. In: Aus Politik und Zeitgeschichte. 62. Jg., 46–47/2012, S. 49–54.
- Günther Mensching: Jean-Jacques Rousseau zur Einführung. Junius, Hamburg 2000, ISBN 3-88506-384-0.
- Ursula Reitemeyer, Tim Zumhof (Hrsg.): Rousseau zur Einführung (= Studienbücher zur Lehrerbildung. Band 2, Theologie). Lit, Münster 2014, ISBN 978-3-643-12547-7.

Immanuel Kant (1724-1804)
Die Pflichtethik

Kants Werke gehören zu den Klassikern der Philosophie. In
ihnen verbindet Kant Positionen des empirischen Realismus,
des Rationalismus und der Aufklärung, die er teilweise auch
der Philosophie Jean Jacques Rousseaus entnimmt. (→ "Ethik
des Gesellschaftsvertrags").
Im Falle des Philosophen Kant lohnt es sich an dieser Stelle,
seine Biographie zumindest in einem Punkt vor den
biographischen Klischees zu bewahren, die über sein Leben
rasch in Umlauf gekommen sind. Da über Kants Leben
außerhalb der Fachphilosophie weit mehr Gerüchte als
Fakten kursieren, seien vorab einige Klarstellungen erlaubt: Es
ist nicht richtig, dass Kant nie daran gedacht habe, Königsberg
zu verlassen. Die ihm angebotenen Lehr- und Professuren in
Erlangen, Jena und später in Berlin hat er nicht spontan,
sondern nach reiflicher Überlegung abgelehnt. Es ist auch
nicht richtig, dass Kant Königsberg de facto nie verlassen hat.
Als junger Mann hielt sich Kant mehrfach für längere Zeit
außerhalb Königsbergs (Kaliningrad) auf. So zum Beispiel im
damaligen Judtschen (Wessjolowka), 100 km von Königsberg
entfernt, oder im damaligen Groß-Arnsdorf (Jarnoltowo), 140
km von Königsberg entfernt. Auch die Behauptung, Kant habe
sich vor allem mit philosophischen Fragen beschäftigt, bedarf
einer Korrektur: Kant lehrte neben der Metaphysik auch ganz
andere Fächer wie Mathematik, Physik, Geographie,
Anthropologie, Pädagogik und - man staune - Festungsbau
und Pyrotechnik. Diese vielfältigen Interessen und
Lehrverpflichtungen spiegeln sich auch in seiner
Privatbibliothek wider, die vor allem Bücher aus

verschiedenen wissenschaftlichen Disziplinen enthielt. Werke der Philosophen seiner Zeit sind in Kants nachgelassenen Bibliotheksbeständen eher die Ausnahme (nur 124 von ca. 400 Büchern sind philosophisch-pädagogische Werke). Uns interessiert hier aber nicht die bereits gut dokumentierte Biographie Kants, sondern die Frage, wie Kant zu der Überzeugung gelangte, eine universelle Ethik nach naturwissenschaftlichen Maßstäben sei möglich, ohne empirische Forschungen über das tatsächliche Verhalten der Menschen in verschiedenen Kulturen oder zu verschiedenen Zeiten zu Rate zu ziehen, um daraus Schlüsse für eine normative und universelle Ethik zu ziehen.

Der kategorische Imperativ

Kants berühmter „kategorischer Imperativ" steht für eine Ethik, die als rigoros und kompromisslos gilt. Um Kants Position vorweg und pointiert zu formulieren: Wenn etwas in dieser Welt gut ist, dann nicht, weil wir fühlen oder empfinden, dass etwas gut ist, sondern weil wir als Vernunftwesen wissen, ob eine Handlung mit einem guten Willen verbunden ist. Die allgemeine Formel dieses Imperativs ist wohl auch seine bekannteste Fassung:

„Handle nur nach derjenigen Maxime, durch die du zugleich wollen kannst, dass sie ein allgemeines Gesetz werde."

An dieser Formulierung fällt besonders auf, dass sie keine bestimmte Handlungsabsicht beschreibt. Es ist auch nicht die Rede davon, dass jemand etwas ganz Bestimmtes will, sondern davon, dass er etwas „wollen kann". Wie ist dieses „wollen können" zu verstehen?

Kant will mit dieser Formel zum Ausdruck bringen, dass derjenige, der einen Handlungsgrundsatz („Maxime") verfolgt, nicht immer will, dass dieser zum allgemeinen Gesetz wird. Man kann zwar wollen, dass seine Maxime von allen Menschen geteilt wird, man muss es aber nicht wollen. Das „Wollenkönnen" schränkt die im Gedankenexperiment unterstellte Verallgemeinerbarkeit der individuellen Handlungsmaxime ein, denn nicht jede Handlungsmaxime kann so gewollt werden, dass sie verallgemeinerbar ist. Beispielsweise sind nicht alle Handlungsprinzipien, die private Aspekte des eigenen Lebens betreffen, verallgemeinerbar. Handlungsgrundsätze („Maximen[49]") werden häufig nur aus Gründen geäußert, die asymmetrisch sind, weil sie nicht geäußert worden wären, wenn alle Menschen sie in vergleichbarer Weise äußern würden. Zum Beispiel kann niemand wollen, dass alle den Beruf ausüben, den einer von ihnen ausübt. Könnte ein Bäcker wollen, dass alle Bäcker werden? Er könnte es wollen, aber es versteht sich von selbst, dass die Ausübung dieses Berufes voraussetzt, dass man von seiner Tätigkeit auch leben kann. Das Handlungsprinzip „Ich will Bäcker werden" ist nicht verallgemeinerbar. Niemand

---

49   Eine „Maxime" ist ein Handlungs*grundsatz*, geht also über eine bloße Handlungs*absicht* hinaus, aber Kant spricht immer auch von konkreten Handlungsabsichten einzelner Personen, also davon, dass ein Handlungsgrundsatz sich auf eine konkrete Handlungsabsicht bezieht und für diese einzelne Handlungsabsicht wirksam wird, weil sie andernfalls am gelebten Leben der Menschen gewissermaßen vorbeilaufen würde.

würde einen Beruf ergreifen wollen, den jeder ergreifen würde, weil er unter dieser Handlungsprämisse von seinem Beruf nicht leben könnte.

Ganz anders verhält es sich, wenn der Handlungsgrundsatz oder die „Maxime" einer Handlung keine individuelle Handlungsabsicht berührt, sondern bereits das Fehlen einer Handlungsabsicht voraussetzt. Das Handlungsprinzip „Du sollst nicht stehlen!" kann von allen Menschen geteilt werden, ist also verallgemeinerbar, weil im Falle der Abwesenheit der Handlungsabsicht, stehlen zu wollen, deren Verallgemeinerung in der Verneinung („Niemand soll stehlen!") bereits mitgedacht ist. Wir können aber nicht sagen, dass das individuell Gewollte immer und überall gewollt wird oder auch nur gewollt werden könnte. Was individuell gewollt ist, kann in bestimmten Fällen nicht verallgemeinert werden, in anderen Fällen aber schon; und diese Einschränkung der Argumentationsmöglichkeiten deutet bereits an, dass mit der Verallgemeinerung einer Handlungsabsicht, zumal wenn sie zum Handlungsprinzip wird, gewisse nicht triviale Probleme verbunden sind.

So ist im Falle des kategorischen Imperativs zu unterscheiden, ob wir es mit personalen Handlungsprinzipien oder mit dem Fehlen solcher personaler Handlungsprinzipien zu tun haben. Individuelle Handlungsgrundsätze lassen sich nicht immer verallgemeinern, allgemeine Handlungsgrundsätze müssen nicht mehr verallgemeinert werden, lassen aber die individuellen Aspekte des Handelns im eigenen Lebensvollzug außen vor. Der Widerspruch lauert gewissermaßen an der Türschwelle jeder Verallgemeinerung. Dieses Problem kann hier nur angedeutet, aber nicht weiter behandelt werden, weil es grundsätzliche Fragen der Tragfähigkeit einer Theorie der Normen berührt und den Rahmen dieser Einführung sprengen würde.

Was uns hier im Falle der Verallgemeinerung eines Handlungsprinzips noch plausibel erscheinen mag, weil es schließlich um menschliche Handlungen und nicht um davon unabhängige Naturereignisse geht, wirft eine Reihe von Fragen auf, wenn wir versuchen, Handlungsverallgemeinerungen so zu denken, als wären sie Naturgesetze. Dieser Bezug auf Naturgesetze findet sich in der Tat in einer der so genannten „Formeln" des kategorischen Imperativs und auch in der „Kritik der reinen Vernunft". Es lohnt sich, einen kleinen Ausflug in dieses theoretische Zentrum der Ethik Kants zu unternehmen. Kants Ethik enthält die erwähnte „Naturgesetzformel" des kategorischen Imperativs in folgender Formulierung: „Handle so, dass deine Absicht durch deinen guten Willen widerspruchsfrei zum Naturgesetz werden kann". Das ist zwar nicht genau die wortgleiche Fassung der Formulierung, in der Kant seinen „kategorischen", also unbedingt geltenden Imperativ formuliert hat, aber die oben formulierte Variante enthält das von Kant selbst eingeführte Kriterium für die Universalisierbarkeit einer Handlungsabsicht: ihre Widerspruchsfreiheit.

Kant vergleicht den kategorischen Imperativ in der genannten Formel mit einem Naturgesetz, weil auch von einem Naturgesetz gesagt werden kann, dass die in ihm formulierten Geltungsansprüche überall in der Natur gelten. Man sollte also nur solche Geltungsansprüche in Hypothesen verwenden, die widerspruchsfrei zu einem allgemeinen Naturgesetz werden können. Das formale Kriterium der

Widerspruchsfreiheit kann - wie erwähnt - nur mit Hilfe eines Gedankenexperiments überprüft werden. Wir können uns z.B. vorstellen, dass jeder Mensch, dem wir begegnen, ein Lügner ist. Können wir uns aber auch widerspruchsfrei vorstellen, dass sich alle Menschen immer und überall gegenseitig belügen? Lüge und Wahrheit wären verwechselbar, und diese Voraussetzung widerspricht der Aussage, dass derjenige, der lügt, nicht die Wahrheit sagt, und derjenige, der die Wahrheit sagt, nicht lügt.

In seiner „Grundlegung zur Metaphysik der Sitten" gibt Kant ein drastisches Beispiel dafür, was unter einem universalisierten Lügenverbot zu verstehen ist[50].

> Kant: "Jeder Mensch aber hat nicht allein ein Recht, sondern sogar die strengste Pflicht zur Wahrhaftigkeit in Aussagen, die er nicht umgehen kann: sie mag nun ihm selbst oder anderen schaden".

Der erwähnte Widerspruch entsteht, wenn eine Handlungsabsicht zwar verallgemeinerbar wäre („Ich will grundsätzlich, dass...!"), aber die universalisierte Handlungsabsicht einen Widerspruch erzeugt. Ein solcher Widerspruch entsteht z.B. durch sogenannte Notlügen, also durch Handlungen, die als Ausnahmen gelten sollen und einer allgemeinen Regel widersprechen (z.B. der Regel, nicht zu lügen.

---

50   In diesem Punkt ist Kant dogmatisch: Eine Lüge ist unter keinen denkbaren Umständen moralisch zu legitimieren. Ausführlich wird dieser Gedanke auch in Kants Schrift „Über ein vermeintes Recht aus Menschenliebe zu lügen" behandelt.

Ein Widerspruch im Handlungsgrundsatz würde den von Kant genannten „guten Willen" beschädigen, denn ein Wille wäre - zumindest aus der Perspektive Kants - nicht „gut" zu nennen, wenn er einen Widerspruch in den Handlungsabsichten begründen sollte. Zwar können wir uns durchaus vorstellen, dass ein Terrorist den Handlungsgrundsatz verfolgt, all jene zu töten, die seinen Handlungsgrundsätzen widersprechen, wir können in diesem Falle aber nicht von der Widerspruchsfreiheit seines Handlungsgrundsatzes in Bezug auf einen „guten Willen überhaupt" ausgehen. Der „gute Wille", wie Kant ihn versteht, widerspricht sich nicht selbst[51].

Der Hinweis auf den guten Willen ist für den kategorischen Imperativ wesentlich. Fehlt der gute Wille, so fehlt auch die Option seiner Verallgemeinerbarkeit. Zwar könnten auch Terroristen wollen, dass alle Terroristen werden, aber nicht unter Berufung auf einen allgemein geteilten guten Willen. Ein „guter Wille überhaupt" ist der gute Wille aller möglichen Subjekte, und deren Zustimmung zu terroristischen Handlungsabsichten kann nicht widerspruchsfrei vorausgesetzt werden. Für Kant ist es undenkbar, dass ein guter Wille seine Selbstzerstörung wollen könnte.

Die Frage ist natürlich, ob jemals alle möglichen Subjekte der Handlungsabsicht eines einzelnen Subjekts zustimmen würden. Für Kant ist diese Frage jedoch irrelevant, denn er unterscheidet in dieser Frage nicht zwischen der Vernunft

---

51   Diese Position ist natürlich anfechtbar, denn jeder, der in Gedanken mit sich selbst spricht, könnte die Stimme seines Gewissens durchaus über einen Widerspruch in der eigenen Handlungsabsicht beschreiben.

eines einzelnen Subjekts und der Vernunft aller möglichen Subjekte, weil die Vernunft ohnehin nur eine ist: eine Welt, eine Vernunft, ein Naturgesetz, ein guter Wille.

Aber: Widerspruch ist nicht immer zerstörerisch. Kant zeigt in seiner „Kritik der reinen Vernunft", dass es auch vernünftige Widersprüche gibt. Beispielsweise ist für ihn die Aussage „Die Welt hat einen Anfang" nicht weniger vernünftig als die Aussage „Die Welt hat keinen Anfang", weil beide Aussagen uns aus vernünftigen Gründen an eine notwendige Grenze des uns möglichen Wissens über die Welt führen. Solche Widersprüche schließt Kant in der Ethik aber auch dort aus, wo er sie als Naturgesetze denkt. (Spätere Philosophen werden Kant in diesem Punkt heftig widersprechen.) Fassen wir diese Überlegung noch einmal kurz zusammen: Ein Widerspruch in einer Handlungsabsicht tritt immer dann auf, wenn eine Handlungsabsicht keinen guten Willen hat. Kants Ethik wäre ohne diesen „guten Willen überhaupt" nicht denkbar. Kant lässt auch keinen Zweifel daran, dass hier der Dreh- und Angelpunkt seiner Ethik liegt:

„Es ist nichts in der Welt, ja überhaupt außerhalb derselben zu denken, was ohne Einschränkung für gut gehalten werden könnte, als allein ein guter Wille".

Die hier gegebene Darstellung der Argumentation Kants kann natürlich nur deren Umrisse beschreiben, denn die Probleme liegen im Detail. Beispielsweise könnte jemand einwenden, dass die Abschaffung des Eigentums guten Willen voraussetzt und widerspruchsfrei gedacht werden kann. Gibt es einen Widerspruch, wenn jeder die Absicht hat zu stehlen? Ja, denn hier haben wir einen Widerspruch in der

Gebrauchsbedeutung des Begriffs „Eigentum". Wenn jeder stehlen dürfte, wäre der Begriff „Eigentum" und damit auch der Begriff „stehlen" bedeutungslos geworden, denn wo es kein Eigentum gibt, kann auch nicht gestohlen werden. Letzteres könnte natürlich allgemein gewollt sein (worauf ein bekannter Kritiker Kants hingewiesen hat), aber es wäre zu fragen, ob der Verlust der Unterscheidung zwischen „stehlen" und „nicht stehlen" mit einem guten Willen vereinbar wäre. Kann ein „guter Wille" die Absicht vertreten, elementare begriffliche Differenzierungen aufzuheben, um die Logik der Alltagssprache für bestimmte Interessen zu vereinnahmen? „Nein", sagt Kant.

Kritik der reinen Vernunft

In der „Kritik der reinen Vernunft" lässt Kant keinen Zweifel an seiner radikal neuen Deutung der Funktionsweise unserer Erkenntnis. Nicht die Natur diktiert uns ihre Gesetze, sondern wir diktieren der Natur ihre Gesetze. Nicht wir müssen uns nach der Natur richten, sondern die Natur nach uns. Kants Vernunftkritik ist im Wesentlichen der Versuch, diese Thesen rational zu begründen. Dabei arbeitet er an der Umkehrung der traditionellen Auffassung, dass wir die Naturgesetze wie das Wetter einfach hinzunehmen hätten. Diese kritische Sicht auf das Verhältnis des Menschen zur Natur wird in der Fachliteratur als Kants „kopernikanische Wende" bezeichnet, weil Kopernikus die These vertrat, dass wir unsere Sichtweise auf die Natur ändern müssen: Nicht die Sonne dreht sich um die Erde, sondern die Erde um die Sonne. Die philosophische Variante dieser kopernikanischen Wende führt Kant zu der These, dass die Vernunft (gewissermaßen die Sonne der

Philosophie) das Zentrum ist, um das die Natur „kreist". In dieser Interpretation ist es die Vernunft, die nun zum Dreh- und Angelpunkt unserer Beschreibungen des Universums wird.

Bereits in Kants Vernunftkritik fällt die Nähe zu seiner Ethik auf. Nach Kant orientieren wir uns in der Ethik nicht an den natürlichen Eigenschaften oder Bedürfnissen der Menschen, sondern die Ethik orientiert sich an der Vernunft aller vernünftigen Wesen überhaupt, in welchen Welten auch immer sie leben mögen. Auch hier wäre zu fragen, warum sich die Ethik an der Vernunft orientieren kann, nicht aber an der Natur der menschlichen Bedürfnisse oder an den evolutionär bedingten Verhaltensweisen der Menschen. Bietet nicht auch die Anthropologie reichlich Anschauungsmaterial für unterschiedliche Auffassungen darüber, was in bestimmten Situationen zu tun ist? Kant kehrt auch hier die Perspektive um: Auch in der Ethik orientieren wir uns nicht an der Natur, sondern begründen das, was als natürlich gelten kann, mit der Vernunft verallgemeinerbarer Handlungsabsichten. Aber wie vernünftig ist diese Umkehrung der Perspektive? Wie kann das Universum, dessen winziger Teil wir sind, in der Vernunft eine Voraussetzung finden? Was spricht für die Annahme, dass die Beobachtung eines Naturphänomens, etwa die Beobachtung von Herbstlaub, das auf einem Fluss treibt, durch die Gesetze der Vernunft und nicht durch die Gesetze der Natur bestimmt ist? Wie kann der Vernunft die Macht zugeschrieben werden, die Gesetze der Natur nach ihren eigenen Maßstäben zu bestimmen oder zu verändern? Ist Kants Versuch einer umfassenden Vernunftkritik nicht eher ein Fall von Größenwahn?

In der Geschichte der Kant-Interpretation hat es nicht an Versuchen gefehlt, die hier nur angedeuteten Probleme seiner Vernunftkritik zu lösen. Nur eine Deutungsvariante dieser Texte soll hier etwas näher betrachtet werden, nämlich diejenige, die sich an Gedanken der aristotelischen Philosophie orientiert. Die aristotelische Philosophie dürfte Kant sehr vertraut gewesen sein, auch wenn er nur selten auf sie zurückgreift. Für Aristoteles ist jeder Wahrnehmungsinhalt nach Form und Stoff zu unterscheiden. Nicht der Stein - so betont Aristoteles - ist in der Seele, sondern seine Form. Die Materie des Steins ist etwas, das nicht zum menschlichen Geist gehört, auf das wir aber in unseren Begriffen verwiesen bleiben. Diese Aussage stimmt in einigen Punkten mit Kants Überlegungen überein. Kant geht noch einen entscheidenden Schritt weiter: Was immer mit einem Stein geschieht, ob er mit Werkzeugen bearbeitet oder in einem Experimentierofen geschmolzen wird, wir können ihn als den Stein identifizieren: Wir können ihn als den Stein identifizieren, an dem sich diese Veränderungen vollziehen oder vollzogen haben. Wir müssen die raum-zeitliche Identifizierbarkeit eines Steins in allen Veränderungsprozessen voraussetzen, um ihn als identischen Gegenstand unserer Beschreibungen identifizieren zu können. Auch hier kommt der Formbegriff ins Spiel, und zwar als Voraussetzung einer konkreten Wahrnehmung und nicht als qualitative Bestimmung eines Wahrnehmungsgegenstandes. Eine dieser Vorbedingungen soll an dem oben genannten Beispiel verdeutlicht werden: Wir sehen ein Blatt in den Fluss fallen und sehen, wie es den Fluss hinunter treibt. Dieses Szenario könnten wir beispielsweise filmen. In der unendlichen Kette von Ereignissen, die aufeinander folgen, wird durch unsere

Beobachtung eine Auswahl im Strom der Erfahrungen getroffen und in dieser Auswahl ein Anfang und ein Ende gesetzt. Die aufeinander folgenden Ereignisse werden durch unsere Beschreibung zu etwas, das einen Anfang und ein Ende hat und von uns als Ursache oder Wirkung beschrieben wird. Im Fall des Blattes, das auf dem Fluss treibt, müssen wir noch einen Maßstab für die Bedeutung von „stromabwärts treiben" festlegen, denn ein Blatt kann z.B. auch in einem Mäander auf dem Wasser treiben, in dem sich die Strömungsrichtung umkehrt. Auch hier hängt die Frage, wohin ein Blatt treibt, von der Wahl des Bezugssystems zur Beschreibung dieser Mäander ab. Kurz: Kants These, dass nicht wir uns nach der Natur richten, sondern die Natur sich nach uns richtet, ist keineswegs abwegig, wenn wir das Verhältnis von Beschreibungsmaßstab und Beschriebenem untersuchen. Die Maßstäbe unserer Beschreibungen in der Mathematik, in den Naturwissenschaften oder in der Ethik zu finden und zu analysieren, gehört zu den zentralen Aufgaben und Problemen dieser sogenannten „Vernunftkritik" Kants. Auch hier nur ein Beispiel.

Nehmen wir die Beschreibung von Zufallsereignissen. Ist es sinnvoll, auch hier nach einem Beschreibungsmaßstab zu suchen? Finden wir überhaupt Maßstäbe für die Messung des Zufalls? Technisch ist es möglich, Zufallsereignisse mit Hilfe mathematischer Algorithmen zu erzeugen und von physikalischen Zufallsereignissen, die z.B. durch den Zerfall eines radioaktiven Isotops entstehen, zu unterscheiden. Es gibt also technische Möglichkeiten, reine Zufallsereignisse zu erzeugen. Ein philosophisches Problem liegt in der Beschreibung des Zufalls, denn die Wiederholbarkeit der Beschreibung eines Zufallsereignisses macht dieses selbst vollständig vorhersagbar, verändert also paradoxerweise den Inhalt der Beschreibung. Hier haben wir ein Beispiel dafür, dass die Form der Beschreibung auch ihren Inhalt und damit die Gebrauchsbedeutung einer Beschreibung verändern kann. Dies mag Kants Anspruch bestätigen, dass sich im Rahmen seines Vernunftsystems die Natur an der Vernunft ausrichtet; aber natürlich verschieben sich hier nur bestimmte Problemfelder, weil nun Form und Inhalt einer Beschreibung begrifflich getrennt werden, aber dieses Problem ist nicht mehr ein ethisches, sondern ein theoretisches Problem seines Hauptwerkes, der „Kritik der reinen Vernunft". Zumindest die aktive Rolle der Vernunft bei der Konstruktion der Inhalte unserer Erfahrung bestätigt in doppelter Weise Kants Forderung: Nicht wir sollen uns nach der Natur richten, sondern die Natur nach uns.

Woran aber erkennen wir, ob eine Beschreibung richtig oder falsch konstruiert wurde? Für Kant ist es ein Merkmal, das hier bereits erwähnt wurde: die Widerspruchsfreiheit einer Beschreibung. Bei der Wiederholung einer Beschreibung in Form ihrer Rekonstruktion tritt dieser Beschreibungswiderspruch nicht auf. Es ist dieser konstruktivistische Ansatz (Kant spricht von „synthetischen Sätzen a priori"), der es Kant erlaubt, auch Zufallsereignisse widerspruchsfrei zu beschreiben.

Auch hier finden wir wieder eine Brücke zwischen der Vernunftkritik und der Ethik Kants, denn auch in der Ethik ist die Frage der Widerspruchsfreiheit einer zufälligen Handlungsabsicht ein Merkmal ihrer Verallgemeinerbarkeit. Auch in Kants Ethik gilt seine „kopernikanische Wende": Nicht wir richten uns nach der Natur der Menschen, sondern diese wird am Maßstab universalisierbarer und widerspruchsfreier Handlungsprinzipien gemessen.

Kants ethische Maßstäbe

Wer sich eines Längenmaßes bedient und mit diesem Längenmaß eine Strecke misst, bestimmt damit zugleich objektiv die Länge dieser Strecke. Die gemessene Länge des Weges wäre eine andere, wenn das Längenmaß ein anderes wäre. Ein Weg kann immer gleich lang sein, auch wenn wir Wege mit unterschiedlichen Längenmaßen messen. Das Problem ist aber, dass die Frage „Was bedeutet ‚gleich lang'?" wieder nach einem Längenmaß verlangt und die Behauptung, der Weg sei ohnehin immer derselbe, nicht begründet werden kann, ohne wieder Längenmaße zu verwenden. Wir können zwar verschiedene Längenmaße miteinander vergleichen und ineinander umrechnen, wenn wir einen Vergleichsmaßstab verwenden, aber die Annahme, dass etwas immer gleich lang oder gleich weit von uns entfernt ist und dass dies unabhängig davon ist, welchen Maßstab wir verwenden, mag zwar einleuchtend erscheinen, erweist sich aber bei näherer Betrachtung als unhaltbar.

Wir verwenden einen natürlichen Maßstab, z.B. die durchschnittliche Schrittlänge, um eine Entfernung zu messen. Wenn die Anzahl der Schritte die Länge eines Weges misst, dann ist das nur möglich, weil wir einen Maßstab festgelegt haben. Die Tatsache, dass es sich um einen natürlichen Maßstab handelt, ändert nichts an der Tatsache, dass es in der Natur keinen natürlichen Maßstab gibt, es sei denn, wir nehmen an, dass die Natur in der Lage ist, sich selbst zu messen.

Diese Annahme ist zwar nicht abwegig[52], arbeitet aber mit Prämissen, die nicht minder problematisch sind als jene, die wir verwenden, wenn wir davon ausgehen, dass *wir* es sind, die Maßstäbe herstellen und anwenden. „Der Mensch ist das Maß aller Dinge." Dieser Ausspruch des Philosophen Protagoras ist hier wortwörtlich zu verstehen, denn Kants Vernunftkritik ist der Versuch, die Welt mit Maßstäben zu vermessen, die nicht aus der Erfahrung abgeleitet werden können. (→ „Einleitung: Der Handlungsmaßstab")

Kant beschreibt die Suche nach den unverzichtbaren und jeder Wahrnehmung vorausgesetzten Maßstäben als Suche nach den Voraussetzungen unserer alltäglichen Wahrnehmungen. Kant wird bei dieser Suche dadurch unterstützt, dass jeder Maßstab sowohl normativ als auch deskriptiv verwendet wird. Wird ein Maßstab normativ verwendet, so beschreiben wir mit ihm die Voraussetzungen einer Messung. Wird ein Maßstab dagegen deskriptiv verwendet, beschreiben wir seine Verwendung in der Praxis. Ein Beispiel: Ein Meterstab definiert durch die Meterkonvention die Länge eines Meters. Wenn diese Länge normativ festgelegt ist, können wir einen Meterstab deskriptiv verwenden, um die Länge von Objekten zu beschreiben. Diese Doppelfunktion von deskriptiver und

---

52   Ein Samenkorn des Johannisbrotbaumes wiegt 0,2 Gramm und wird als naturgegebenes internationales Gewichtsmaß verwendet („Ein Karat"), aber die Gewichtsgleichheit zweier Karat-Nüsse festzustellen, bleibt notgedrungen uns überlassen. Wir sind es, die die Gewichtsgleichheit überprüfen.

normativer Beschreibung finden wir auch bei Verhaltensmaßstäben. Kant entwickelt und beschreibt auch ethische Maßstäbe, deren unterschiedliche Anwendungen im Folgenden skizziert werden.

Der Gesetzesmaßstab

In der sogenannten „Gesetzesformel" des kategorischen Imperativs werden Handlungsprinzipien in Form von gesetzesartigen Aussagen fiktiv verallgemeinert:

Kant: "Handle nur nach derjenigen Maxime, durch die du zugleich wollen kannst, dass sie ein allgemeines Gesetz werde".

Die Formel „durch die du zugleich wollen kannst" erinnert uns daran, dass wir nicht wollen müssen, dass eine Handlungsabsicht von allen Menschen geteilt wird. Ich kann z.B. nicht wollen, dass mein Leben von allen Menschen gelebt wird, weil das meinem Selbstverständnis widersprechen würde. Ich kann aber ohne Widerspruch wollen, dass nicht gestohlen wird. Wenn niemand stiehlt, wird zwar das Gebot „Du sollst nicht stehlen" obsolet, aber auch das ist das Ziel einer Ethik, die das Gute mit dem Selbstverständlichen verbinden will. Kant begreift die Menschheit nicht nur als Teil des physikalischen Universums, sondern auch als Versammlung aller Wesen, die ihre Handlungen als freie Subjekte planen, unabhängig davon, ob ein objektiver Beweis ihrer Freiheit jemals gelingen kann.
Die Frage, wie ein allgemeines Gesetz als Handlungsmaßstab dienen kann, ist uns aus dem Bereich der sozialen

Konventionen vertraut, denn als konventionell betrachten wir ein Verhalten, das wir mit Hilfe einer Regel beschreiben können, deren allgemeine Befolgung (im Geltungsbereich der Regel) wiederum zu diesem konventionellen Verhalten führt. In diesem Fall betrachten wir Gemeinschaften und ihre Verhaltensweisen nicht als Elemente der Natur, sondern als Elemente einer sozialen Ordnung.

Die folgende Naturgesetzformel hingegen beschreibt menschliche Verhaltensweisen als naturbedingte Handlungsweisen. In der Naturgesetzformel wird das menschliche Verhalten durch jene Natur bestimmt, deren Orientierung an der Vernunft („kopernikanische Wende") bereits Kant in der „Kritik der reinen Vernunft" in den Mittelpunkt seiner Untersuchungen gestellt hat.

Die "Naturgesetz"-Formel

Die sogenannte Naturgesetzformel des kategorischen Imperativs enthält den vielleicht kühnsten Anspruch an dessen Leistungsfähigkeit: In einem einzigen Satz behauptet Kant nicht nur die Verallgemeinerbarkeit eines Handlungsprinzips in Form eines Naturgesetzes; er behauptet auch, dass frei motivierte Handlungsabsichten und deren realisierte Handlungen widerspruchsfrei wie physikalische Gesetze aufeinander bezogen werden können, weil sich die Natur ohnehin an den Gesetzen der Vernunft orientiert.

Kant: "Handle so, als ob die Maxime deines Handelns durch deinen Willen allgemeine Naturgesetze werden sollten."

Kant setzt offenbar voraus, dass eine Handlungsmaxime so zum Naturgesetz werden kann, dass zwischen meiner eigenen Handlungsmaxime und der Handlungsmaxime aller vernünftigen Wesen im Geltungsbereich eines Naturgesetzes und in dem uns bekannten Universum kein Widerspruch besteht. Wenn alle vernünftigen Wesen in vergleichbaren naturgesetzlichen Situationen das gleiche Handlungsprinzip entwickeln, dann erfüllt dieses die Bedingungen der Naturgesetzformel des kategorischen Imperativs.

Die Probleme, die hier in einem einzigen Satz Kants zusammengeführt werden, füllen in der Rezeption dieser Texte Bücherregale. Für Leser, die von einer Einführung mehr erwarten als eine Vertröstung auf bessere Einsichten, mag dies keine Antwort auf drängende Fragen sein. Aber auch auf diese Fragen muss eine Einführung zumindest in Ansätzen eine nachvollziehbare Problemlösung anbieten.

Ich möchte hier nur an einem Beispiel zeigen, dass der unmittelbare Zusammenhang von Naturgesetzen und universalisierten Handlungsintentionen, die zugleich als physikalische Gesetze zu denken sind, in der Philosophie bereits von dem britischen Philosophen David Hume (1711-1776) skizziert worden ist.

Dessen zentrale Schriften lagen nicht nur in deutscher Übersetzung vor, sondern waren Kant auch bekannt. Kant selbst sagte einmal, David Hume sei der Denker gewesen, der ihn aus seinem „dogmatischen Schlummer" geweckt habe. Was wir Hume verdanken, ist die Erkenntnis, dass menschliches Handeln und physikalische Gesetze durchaus als miteinander vereinbar gedacht werden können, und zwar genau dann, wenn wir dieses Handeln als Naturereignis beschreiben. Wetterereignisse beispielsweise lassen sich mit hoher Wahrscheinlichkeit vorhersagen. Außerhalb der Wissenschaften spricht man von so genannten „Bauernregeln", mit deren Hilfe man anhand von markanten Wettermerkmalen das zukünftige lokale Wetter in der Regel zuverlässig vorhersagen kann. Dieses Prinzip der Vorhersagbarkeit von Ereignissen lässt sich auch auf zukünftiges menschliches Handeln übertragen. Wenn Menschen in bestimmten Situationen mit großer Regelmäßigkeit das tun, was sie in der Vergangenheit getan haben, dann kann man erwarten, dass sie in vergleichbaren Situationen auch in Zukunft vergleichbares tun werden. Klugheitsregeln, gewissermaßen die Bauernregeln menschlichen Verhaltens, spiegeln die Vorhersagbarkeit menschlichen Verhaltens wider.

Andererseits gehen wir davon aus, dass die beobachteten Handlungen auf freien Entscheidungen beruhen. Wenn wir nun menschliches Verhalten so beschreiben, wie wir z.B. das Wettergeschehen beschreiben, dann finden wir physikalisch-statistische Gesetzmäßigkeiten sowohl im Wettergeschehen als auch im menschlichen Verhalten. Beispielsweise können wir die Kriminalitätsrate an bestimmten Orten mit hoher Wahrscheinlichkeit vorhersagen. Ebenso ist die Zahl der Verkehrsunfälle oder die Häufigkeit anderer Ereignisse, an denen Menschen beteiligt sind, durchaus vorhersagbar, und zwar unabhängig von der Beantwortung der Frage, ob Menschen wie Maschinen handeln. Auch freie Entscheidungen von Menschen manifestieren sich im Raum der physikalischen Objekte mit großer Regelmäßigkeit, wenn auch nicht in jedem Einzelfall, so doch in der Mehrzahl der Fälle und in statistisch vorhersagbaren Verhaltensweisen. Für die Vorhersagbarkeit menschlichen Handelns spielt es demnach keine Rolle, ob menschliches Verhalten physikalisch determiniert oder frei ist, da die beobachtbare Praxis keinen Unterschied erkennen lässt. Diese Position wird in der Philosophie auch als „Kompatibilismus" bezeichnet. Man könnte auch von „Pragmatismus" sprechen, denn Humes Argumentation ist typisch für den philosophischen Pragmatismus. Dieser geht davon aus, dass es für die Frage der Freiheit oder Unfreiheit menschlicher Handlungsabsichten keinen Unterschied macht, ob jemand aus Freiheit oder Unfreiheit eine bestimmte Handlung setzt. Menschliche Handlungen lassen sich als physische Ereignisse beschreiben[53]. Damit ist natürlich noch nicht erklärt, wie eine Handlungsabsicht ihre eigene Ursache sein kann („Kausalität aus Freiheit"); aber es ist zumindest gezeigt, dass beobachtbare physikalische Gesetzmäßigkeiten im menschlichen Verhalten nicht im Widerspruch zu ihrer Verursachung aus freiem Willen stehen. Das ist natürlich kein Freiheitsbeweis, aber ein Beweis für die Möglichkeit der Vereinbarkeit von physikalischen Gesetzen und Handlungen, die aus frei gewählten Handlungsintentionen resultieren. Mehr als diese Vereinbarkeit von Freiheit und physikalischer Determiniertheit will Kant nicht beweisen. Einen Beweis für

---

53 Kant: „Die Kausalität nach Gesetzen der Natur ist nicht die einzige [...] Es ist noch eine Kausalität durch Freiheit zur Erklärung derselben anzunehmen notwendig". Die Antithese der Deterministen lautet: „Es ist keine Freiheit, sondern alles in der Welt geschieht lediglich nach Gesetzen der Natur". These und Antithese sind gleichermaßen vernünftig und zeigen dadurch auf, dass wir hier an eine Grenze der Entscheidbarkeit philosophischer Probleme gelangt sind.

die Freiheit menschlicher Handlungen oder einen Gegenbeweis für die prinzipielle Unfreiheit menschlicher Handlungsabsichten und Handlungen hält Kant für unmöglich. Neben diesen zentralen Problemen zeigt die „Naturgesetzformel" auch, dass der Begriff der Verallgemeinerbarkeit von Kant in einem eher intuitiven Sinne verwendet wird. Aus physikalischer Sicht ist eine physikalische Aussage nur dann im gesamten uns bekannten Universum gültig, wenn eine beliebige Stichprobe an beliebigen Orten diese Verallgemeinerungsaussage bestätigen kann.

Die bloße Verallgemeinerungsbehauptung einer Handlungsabsicht wäre nur dann einem Naturgesetz vergleichbar, wenn eine Überprüfung diese Hypothese an allen Handlungsorten vernünftiger Wesen, einschließlich möglicher außerirdischer vernünftiger Wesen auf anderen Planeten, bestätigen könnte. Eine mögliche empirische Überprüfbarkeit des Sinns verallgemeinerter Aussagen wird von Kant jedoch nicht beschrieben. Ebenso wenig zieht er die Möglichkeit der empirischen Widerlegbarkeit eines physikalischen Gesetzes durch Verifikation in Betracht. Die Newtonsche Mechanik stellt für Kant offenbar allgemeingültige Gesetze der Physik dar, die keiner weiteren Überprüfung bedürfen. Das ist vor dem Hintergrund des physikalischen Wissens seiner Zeit verständlich, stellt uns heute aber vor wissenschaftstheoretische Probleme, die nicht leicht zu lösen sein dürften. Auch die fachphilosophischen Diskussionen sind noch nicht abgeschlossen.

Die "Achtungsformel

Das barocke Hochdeutsch in Kants Texten enthält immer wieder Wendungen und Formulierungen, die einer Übersetzung in die heutige Sprache bedürfen. Eine dieser übersetzungsbedürftigen Wendungen findet sich in der sogenannten „Achtungs-Formel" des kategorischen Imperativs:

> "Pflicht ist die Notwendigkeit, aus Achtung vor dem Gesetz zu handeln."

„Achtung vor dem Gesetz" lässt sich heute wohl am ehesten mit „Achtung vor dem Gesetz" oder als „unbedingte Anerkennung des Gesetzes" übersetzen. Gemeint ist das universalisierte Gesetz, das aus der Verallgemeinerung einer Handlungsabsicht entsteht, aber nicht notwendig als Naturgesetz gedacht werden muss. Das moralische Gesetz, von dem Kant spricht, ist im Universum nicht mit physikalischen Methoden messbar. Die Achtung vor einem Gesetz, die Kant für diese Fassung des kategorischen Imperativs für wesentlich hält, ist die Achtung vor einem selbst gegebenen Gesetz, das aus der Verallgemeinerung einer Handlungsabsicht resultiert, also nicht die Achtung vor einem irgendwie gefundenen oder vorgefundenen Gesetz. „Achtung" vor etwas zu empfinden, scheint ein Vorgang zu sein, der mit Emotionen verbunden ist. Mit diesen aber will Kant in seiner Ethik nichts zu tun haben, denn Gefühle sind für ihn generell keine Richtschnur für moralisch relevante Handlungsabsichten. Deshalb beeilt sich Kant auch sogleich, darauf hinzuweisen, dass es sich hier nicht um ein Gefühl im

eigentlichen Sinne, sondern um etwas „Gefühlsähnliches"
handelt. „Achtung vor dem Gesetz" beschreibt also eher eine
Form geistiger Aufmerksamkeit als ein körperliches Gefühl.
Eine vergleichbare Formulierung finden wir auch in einem
berühmt gewordenen Ausspruch Kants:
Kant: "Zwei Dinge erfüllen das Gemüt mit immer neuer und
wachsender Bewunderung und Ehrfurcht, je öfter und
anhaltender sich das Nachdenken damit beschäftigt: der
bestirnte Himmel über mir und das moralische Gesetz in mir."
(„Kritik der praktischen Vernunft")

Entgegen Kants Behauptung scheinen „Achtung", „Ehrfurcht"
und „Bewunderung" doch mehr zu sein als nur gefühllose
Aufmerksamkeit. Kant hat sich mit dieser Bemerkung - eine
seltene Ausnahme - gleichsam zu einer Gefühlsäußerung im
Zusammenhang des Verhältnisses von Natur- und
Sittengesetz hinreißen lassen. Seine Bemerkung über das
Verhältnis von kosmologischer und sittlicher Ordnung steht
für eine ganzheitliche Betrachtung von Natur- und
Sittengesetz. Die eine Ordnung spiegelt sich gleichsam in der
anderen. Auch in dieser Bemerkung wird deutlich, dass Kants
kategorischer Imperativ ein Zwei-Welten-Imperativ ist: Eine
Handlungsabsicht muss als verallgemeinerungsfähige
Handlungsabsicht von vernünftigen Subjekten gewollt sein,
sie muss aber auch die Form eines in der Natur wirksamen
Gesetzes annehmen können, muss also ein Naturgesetz
werden können. Es kann also keine Rede davon sein, dass es
Kant hier allein um die Verallgemeinerbarkeit einer
moralischen „Gesinnung" gegangen wäre. Im Gegenteil: In
der Naturgesetzformel des kategorischen Imperativs
argumentiert Kant mit dem Übergang einer Handlungsabsicht

in ein Handlungsprinzip und mit dem Übergang des letzteren in ein Naturgesetz. Hier, in der Achtungsformel, spricht Kant ähnlich wie in der allgemeinen Gesetzesformel davon, dass er als Betrachter des bestirnten Himmels über ihm und des moralischen Gesetzes in ihm die gemeinsame Vernunftordnung beider Welten auch in der ethischen Handlungspraxis verbunden sehen will, weil sich ihm in beiden Welten Fragen aufdrängen, die er nicht von sich weisen kann.

Die "Selbstzweckformel

"Handle so, dass du die Menschheit sowohl in deiner Person als in der Person eines jeden anderen jederzeit zugleich als Zweck, niemals bloß als Mittel brauchst."

In Kants Wohnhaus soll es nur ein einziges Gemälde gegeben haben, das den Philosophen, Pädagogen, Literaten, Staatstheoretiker, Musiker und Botaniker Jean Jacques Rousseau zeigte. Der Einfluss Rousseaus auf die Philosophie Kants wird in der so genannten „Selbstzweck-Formel" deutlich, denn dass uns in jedem Menschen die Menschheit begegnet, ist ein Gedanke, den Rousseau ausführlich begründet hat. Erinnern wir uns an das Kapitel über Rousseaus Auffassung vom Verhältnis der Menschen zueinander. Niemand - so Rousseau - ist von Natur aus einem anderen Menschen untertan. Jeder Mensch ist Herrscher und Beherrschter zugleich. Frei in der Wahl seiner Handlungsabsichten, aber zugleich als autonomes moralisches Subjekt seiner eigenen Gesetzgebung unterworfen, tritt jedes einzelne Subjekt in eine

Gemeinschaft mit anderen Subjekten ein, die ihm gleich sind. Rousseau beschreibt eine Gemeinschaft gleichberechtigter, moralisch autonomer Subjekte, deren gemeinsamer Wille daran erkennbar ist, dass die Subjekte einander äußere Zeichen des gemeinsamen Willens geben. Die Souveräne können zwar untereinander Verträge abschließen und sich auf diese Weise wechselseitig verpflichten, aber sie wären keine autonomen Subjekte, wenn sie einander nur Mittel zum Zweck wären. Autonom ist nur, wer das, was er tut, um seiner selbst willen tut. Autonome Subjekte sind verwirklichte Selbstzwecke und unterscheiden sich darin nicht von anderen autonomen Subjekten. Ein moralisch autonomes Subjekt repräsentiert also nicht nur sich selbst als Subjekt seiner selbst, sondern auch jedes andere autonome Subjekt. So wie der erste Mensch auf dem Mond in seiner Person die Menschheit vertreten konnte, so kann ein Souverän in seiner Person das Volk vertreten. Da aber die Menschheit um ihrer selbst willen existiert, muss ein Botschafter der Menschheit auch Botschafter dieses Selbstzweckes der Menschheit in seiner eigenen Person sein können. In dieser Formulierung der „Selbstzweckformel" und ihren Erläuterungen geht Kant allerdings mit keinem Wort auf die Frage ein, wie denn ein zufällig ausgewählter Einzelner die Menschheit als Ganzes vertreten könne. Diese Frage ist für Kant ebenso wenig zu beantworten wie die Frage, wie ein Apfel ein Beispiel für Obst sein kann. Die Gemeinsamkeiten aller Obstsorten, z.B. dass es sich um für den Menschen essbare Früchte handelt, beschreiben begriffliche Merkmale dessen, was wir „Obst" nennen. Ebenso sind die Gemeinsamkeiten aller Menschen keine materiellen, sondern begriffliche Eigenschaften, z.B. dass jeder Mensch von Natur aus ein vernunftbegabtes

Wesen ist. Insofern diese begriffliche Eigenschaft auf alle Menschen zutrifft, kann auch jeder Mensch am Beispiel seiner Person die Menschheit repräsentieren, denn seine Eigenschaften als vernunftbegabtes Wesen spiegeln die Eigenschaften aller möglichen vernunftbegabten Wesen wider.

Etwas komplizierter wird diese Repräsentationsfunktion, wenn nicht ein Mensch, sondern z.B. Bild- oder Datensammlungen die Menschheit repräsentieren sollen, wie z.b. jene audiovisuellen Dokumentensammlungen, mit denen die NASA in den 1970er Jahren zwei Voyager-Sonden auf eine Reise jenseits unseres Sonnensystems schickte, um mit Hilfe dieser Dokumente die Menschheit gegenüber möglichen vernunftbegabten außerirdischen Wesen zu repräsentieren.[54]. Das Beispiel zeigt, dass wir in unserer Praxis kein Problem damit haben, die Menschheit auch durch Medien-Informationen über sie vertreten zu lassen.

Existierte nur noch ein einziger Mensch auf diesem Planeten, könnte auch er die Menschheit in seiner Person vertreten, denn er wäre ein Beispiel für das, was wir einen Menschen nennen.

Dies sollte in Hinblick auf kommende Kapitel nicht unerwähnt bleiben, denn die Kritik, die von Vertretern der Diskursethik Kant gegenüber geäußert wurde, setzt stets eine Vielzahl von Menschen voraus, die sich ihrer selbst nur über den Weg der wechselseitigen Anerkennung von Geltungsansprüchen versichern können. Kant aber prüft die Verallgemeinerungsfähigkeit einer Handlungsabsicht nicht

---

54   Konkret wurden von der NASA Daten-Platten an Raumsonden montiert („Voyager Golden Record").

durch Meinungsumfragen, weil Handlungsabsichten für Kant nur dann auf vernünftige Weise verallgemeinerbar sind, wenn sie als Beispiele für vernünftiges Verhalten vernünftiger Wesen gelten können. Unser Verständnis dessen, was ein vernünftiges Wesen ist, ist für Kant kein Produkt einer Meinungsumfrage, die nur zu wechselnden Resultaten führen kann. Zwar finden wir in unserer kulturellen Praxis zahllose Antworten auf die Frage, was ein vernunftbegabtes Lebewesen sei, aber diese Antworten sind einander zumindest ähnlich und zumindest diese Ähnlichkeit ist ihnen wesentlich und ist nicht neuerlich das Produkt einer Umfrage. Weder erfordert Kant eine Zustimmung jedes einzelnen Menschen zu einer Handlungsabsicht noch setzt für ihn die Widerspruchsfreiheit und Vernünftigkeit einer Handlung überhaupt mehrere Personen voraus. Auch ein gestrandeter Schiffbrüchiger, auf der sprichwörtlichen einsamen Insel, könnte seine Lebensführung an der Ethik des kategorischen Imperativs ausrichten, denn er selbst vertritt die Menschheit in seiner Person.

Die „Reich der Zwecke"-Formel

> „Handle so, als ob du durch deine Maxime jederzeit ein gesetzgebendes Glied im allgemeinen Reich der Zwecke wärest."

Kant spricht in dieser Zweckformel des kategorischen Imperativs nicht von einzelnen Zwecken, sondern vom allgemeinen Reich der Zwecke. Ein „Reich", das wir uns als die Gesamtheit aller menschlichen Handlungszwecke vorstellen können. Das Verhältnis von Handlungszweck und

Handlungsabsicht kann hier allerdings nicht als austauschbar betrachtet werden. Zwar muss jeder Handlungszweck ein beabsichtigter Zweck sein, und aus jedem Handlungszweck lässt sich auch eine Handlungsabsicht ableiten, aber Kant spricht von einem „Reich der Zwecke", nicht von einem „Reich der Handlungsabsichten". Was unterscheidet Absichten von Zwecken?

Die Umsetzung einer Handlungsabsicht ist mit einem Handlungswillen verbunden. Das Ziel einer Handlung kann dagegen auch dann erreicht werden, wenn nicht wirklich klar ist, ob eine Handlung aus gutem Willen erfolgt ist. Die Widerspruchsfreiheit von Handlungszielen garantiert also noch nicht die Verbindung von Handlungsabsichten und einem guten Willen bei der Formulierung dieser Handlungsabsichten. Unter anderem aus diesem Grund betont Kant den Zusammenhang von Handlungsabsichten und Handlungszielen. Die Vermittlung zwischen beiden gleicht der Forderung an den Gesetzgeber, keine sich gegenseitig ausschließenden Ziele auf den Weg der Gesetzgebung zu bringen und keine Ziele zu verfolgen, deren guter Wille nicht erkennbar ist. Dies ist eine gewaltige Aufgabe, bei der sich die Frage stellt, wie ein einzelnes Subjekt dies jemals leisten kann, wenn allein die Zahl der individuellen Handlungsziele unüberschaubar groß ist. Bei genauerer Betrachtung beschreibt Kant hier eine Aufgabe, vor der eine Weltregierung stünde, wenn sie die Ziele der Gesetzgebungsverfahren aller ihrer Mitgliedsstaaten harmonisieren wollte. In der gelebten Praxis läuft ein solcher Harmonisierungsversuch auf ein immens arbeitsintensives Prüfen, Verwerfen, Umformulieren, Beraten, Diskutieren und zahllose andere Maßnahmen hinaus. Aufgaben, die nur arbeitsteilig bewältigt werden können, nicht aber durch einsame Prüfung der eigenen Handlungsabsichten. Wer aber Mitglied im gemeinsamen Reich der Zwecke ist, kann ohnehin keine einsamen Entscheidungen treffen, weil er diese Position mit allen anderen Mitgliedern im Reich der Zwecke teilt. Alle Mitglieder im Reich der Zwecke könnten in einem - vielleicht ungeschriebenen - Vertragsverhältnis dergestalt stehen, dass die Ziele jedes Einzelnen klar und eindeutig mit den Zielen aller anderen Vertragsmitglieder verknüpft wären. Diese Situation finden wir heute auf internationaler Ebene vor. Zum Beispiel im Verhältnis der Staaten der Europäischen Union oder im Verhältnis der Mitglieder der Vereinten Nationen. In den genannten Fällen ist nicht weniger als ein Denken in globalen Maßstäben gefordert.

In Zeiten zunehmender ökologischer Krisen erwarten wir heute von den Menschen, dass sie sich im Sinne Kants als gesetzgebende Glieder im „allgemeinen Reich der Zwecke" begreifen und ihr Handeln so planen, als wären sie Mitglieder einer Weltregierung. Dass darin andererseits eine systematische Überforderung jedes einzelnen Menschen liegen könnte, ist nicht von der Hand zu weisen und wurde in der Rezeption des kategorischen Imperativs von vielen Philosophen kritisiert. Auf der anderen Seite hat Kant immer wieder versucht, sich selbst in eine fiktive Position zu bringen, die eine solche universale Gesetzgebung im allgemeinen Reich der Zwecke ermöglicht, etwa in seiner Schrift „Zum ewigen Frieden".

Stärken der Ethik Kants

- Kants Ethik ist die erste formale Ethik: In ihr wird keine einzige konkrete Handlungsabsicht oder Handlungskonvention benannt oder beschrieben.
- Kants Ethik folgt dem Prinzip universeller Naturgesetze, d.h. sie gilt unabhängig von kulturellen Epochen oder Traditionen, unabhängig auch von der Frage, ob vernünftige Wesen dieses oder eines anderen Planeten Handlungsabsichten universalisieren.
- Das Konzept der Prüfung einer Handlungsabsicht am „guten Willen überhaupt" rückt Gewissensentscheidungen ins Zentrum dieser Ethik, auch wenn Kant nicht von „Gewissensentscheidungen" spricht.

Schwächen der Ethik Kants

- Kant differenziert nicht zwischen Handlungsabsichten, die verallgemeinerbar sind („Du sollst nicht lügen!") und Handlungsabsichten, die nicht verallgemeinerbar sind, weil sie mit der individuellen Lebensführung verbunden sind.
- Kants Ethik kennt weder Ausnahmeregelungen noch kennt sie ethische Dilemmata und verfehlt dadurch die Beschreibung komplexer alltäglicher Handlungspraxen.
- Kants Ethik ignoriert die sozialen und zeitlichen Kontexte sittlicher Entscheidungen, ist aber andererseits an Erläuterungsbeispiele gebunden, die auf eine Vielfalt höchst unterschiedlicher kultureller,

geschichtlicher oder sozialer Fakten verwiesen bleiben.

Bedeutung der Ethik Kants für die Praxis

Eine Ethik, die ihre Prinzipien weder auf gesellschaftliche Konventionen noch auf das Prinzip der Nützlichkeit einer Handlungsabsicht stützt, ist geeignet, nach bestem Wissen und Gewissen und unabhängig von Drohungen oder Belohnungen eine stabile Grundlage für Handlungsentscheidungen zu liefern. Auf diese Ethik haben sich Menschen auch in denkbar größten Bedrohungssituationen berufen, so etwa der Musikwissenschaftler, Philosoph und Psychologe Kurt Huber, Mitglied der „Weißen Rose", in seiner Verteidigungsrede vor dem nationalsozialistischen „Volksgerichtshof" (1943). In mancher Hinsicht erinnert Kants Ethik auch an die Prinzipien der stoischen Ethik. Für einen Stoiker wie für Kant sind nur solche Handlungen sittlich gut, die frei von eigennützigen Interessen sind und auch in Bedrohungssituationen das praktische Handeln beständig und unveränderlich leiten können. Kants Ethik mag in mancher Hinsicht zu formalistisch und zu unkonkret erscheinen, aber sein Ziel und Zweck, die Menschheit in eigener Person und gleichsam als personalisiertes Gewissen aller vernünftigen Menschen vertreten zu können, hat die Versuche, eine globale Ethik nicht mehr als utopisches Programm zu betrachten und Maßnahmen zu ihrer Verwirklichung zu finden, wesentlich motiviert und vorangetrieben. Ein Beispiel für eine Sammlung vernünftiger und zugleich verallgemeinerter Handlungsprinzipien ist die „Allgemeine Erklärung der

Menschenrechte". Sie dokumentiert das Bemühen, vernünftigen Handlungsprinzipien universelle Geltung für alle Menschen dieser Erde zu verschaffen. Die Grundlagen einer Ethik, die dies leisten kann, hat Kant in seiner Ethik zu formulieren versucht.

Lernziele

Kenntnis der Funktionsweise eines kategorischen Imperativs.

Übungsfragen

- Was ist unter einer „Maxime" zu verstehen?
- Was ist für Kant ein „hypothetischer Imperativ"?
- Welche Formen des kategorischen Imperativs entwickelte Kant?
- Was bedeutet „pflichtgemäß handeln" im Unterschied zu „aus Pflicht handeln"?
- Ist für Kant eine Notlüge sittlich vertretbar?
- Warum befragt Kant nicht seine Mitmenschen, ob sie seine Handlungsabsichten teilen?
- Kant denkt den kategorischen Imperativ als wäre er ein Naturgesetz. Welche Merkmale haben für Kant Naturgesetze?

Literatur

- Kants Ethik: Eine Einführung, von Tim Henning, 160 Seiten, Verlag: Reclam
- Grundlegung zur Metaphysik der Sitten, von Immanuel Kant, 130 Seiten, Verlag: Reclam

- Kant: Eine Einführung, von Herbert Schnädelbach, 195 Seiten, Verlag: Reclam
- Kant für Anfänger: Der kategorische Imperativ, von Ralf Ludwig (Herausgeber) 128 Seiten, Verlag: dtv

Georg Wilhelm Friedrich Hegel (1770-1831)
Dialektische Ethik

Hegels Texte sind eine Zumutung. Wer auch nur einige Seiten der „Phänomenologie des Geistes", der „Enzyklopädie" oder der **Objektiven** Logik" liest, wird dieser Einschätzung zustimmen. Nicht wenige Philosophen waren der Überzeugung, Hegels Texte seien überhaupt unverständlich. Schopenhauer (1788-1860), ein Zeitgenosse Hegels und Philosoph in der Tradition Kants, war einer der ersten, der in seiner Kritik an Hegel kein Blatt vor den Mund nahm. Hegels Texte werden vielleicht etwas verständlicher, wenn wir versuchen, sie in ihrer selbstreferentiellen Struktur zu verstehen, denn eine Besonderheit dieser Texte ist ihre in der Regel radikal selbstreferentielle Struktur. Hegel bedient sich einer Sprache, deren zentrales Anliegen es ist, die selbstbezügliche Struktur des Denkens systematisch zu entfalten. Erinnern wir uns: Dieses Thema ist uns bereits in der sokratisch-platonischen Dialektik begegnet, blieb dort aber ein eher randständiges, kühnes Experiment, das Platon auf den Weg gebracht, aber nicht systematisch entwickelt hat. Was aber bedeutet es, dialektisch zu denken? Mit Blick auf Hegels umfangreiches Werk drängt sich die Frage auf, ob es möglich ist, selbstbezügliche Denkmuster in irgendeiner Weise „zusammenzufassen" und Hegels Denken gleichsam elegant abzukürzen. Doch allein diese Frage hat unter den Interpret/innen der Philosophie Hegels zu intensiven und immer noch offenen und kontroversen Diskussionen geführt. Hegel selbst schwankte in der Beantwortung dieser Frage. Wenn sich Dialektik gleichsam abkürzen oder zusammenfassen ließe, dann wäre sein Anspruch, eine Dialektik des absoluten Wissens zu beschreiben, bereits durch seine „Zusammenfassung" widerlegt, denn ein absoluter Begriff enthält keine redundanten oder unwesentlichen Inhalte, auf die man in einer Darstellung dieses Denkens verzichten könnte. Andererseits hat gerade dieser Begriff des Absoluten für Hegel eine Entwicklungsgeschichte, und in dieser Geschichte haben auch Einleitungen ihren Platz. Erstaunlicherweise ist dieser Widerspruch in der Frage nach der Möglichkeit einer Zusammenfassung des Hegelschen Denkens bereits Bestandteil der Hegelschen Dialektik.

Aber worum geht es hier, worum geht es eigentlich in diesen so unterschiedlichen Texten der sogenannten „Systemphilosophie" Hegels? Finden wir in diesen Texten ein Leitthema, das im Gesamtwerk jeweils nur variiert wird? Ist dieses Leitthema, wenn es denn zu finden ist, auch ein ethisches? Ist Hegels Ethik deskriptiv oder normativ oder beides?

Nur in seinem Frühwerk, der sogenannten „Phänomenologie des Geistes", hat Hegel versucht, die Entstehung des sittlichen Bewusstseins zu beschreiben, allerdings ohne den Anspruch zu vertreten, dass ein einzelnes Individuum durch sein eigenes Denken und Handeln den Lauf der Dinge mehr als nur zufällig beeinflussen könne. In seinen späteren Werken verschiebt sich die Frage, was der Einzelne im Einzelfall tun soll, zu einer ganz anderen Frage- und Problemstellung. Nicht mehr das, was im Einzelfall getan werden soll, ist hier ein Problem der Ethik, sondern das, was tatsächlich getan wurde und wird, und zwar einerseits individuell und im Verlauf der kulturgeschichtlichen Entwicklung menschlicher Gesellschaften, andererseits aber auch und entscheidend im Rahmen eines durch staatliche Rechtsordnungen gewonnenen Handlungsmaßstabes, der keinen anderen weltlichen Maßstab neben oder über sich kennt. All diesen Aspekten der Hegelschen Ethik nachzugehen, ist im Rahmen einer kurzen Einführung nahezu unmöglich. Gesucht ist hier nur der sprichwörtliche „rote

Faden", der sich durch alle diese Texte seines umfangreichen Gesamtwerkes und damit auch durch Hegels Ethik zieht.

Selbstbezügliches Denken

Tatsächlich lässt sich in Hegels Schriften ein durchgehendes Thema finden: Die radikale Selbstreflexivität unserer Begriffe und damit die Selbstbezüglichkeit unseres vernünftigen Denkens.
Um die Einheit von Funktion und Inhalt selbstreferentieller Begriffe überhaupt beschreiben zu können, entwickelt Hegel eine neue Terminologie, denn die Beschreibung der Selbstinterpretation von Begriffen erfordert eine Sprache, die es uns erlaubt, wahre und falsche Aussagen als Formen selbstreflexiver Widersprüche zu deuten.
Im Gegensatz zu jeder Logik, die zu Beginn des 19. Jahrhunderts innerhalb und außerhalb der Philosophie bekannt war, ist ein „Widerspruch" für Hegel nicht automatisch ein Zeichen für unvernünftiges oder logisch falsches Denken. Ein vernünftiger Widerspruch ist in der Regel immer dann unvermeidlich, wenn sich selbstbezügliche Aussagen auf ein und denselben Begriff beziehen. Für Hegel ist eine Aussage nur dann notwendig wahr, wenn sich eine wahre Aussage innerhalb eines eingeschlossenen Widerspruchs befindet. „Dialektisch" ist dieses Denken zu nennen, weil es in seiner selbstbezüglichen Form Argumente und Negationen dieser Argumente entwickelt, ohne diese selbstbezügliche Form des Denkens zu verlassen.
Eine solche spekulative Wahrheitstheorie eingeschlossener Widersprüche wird - seit Hegel - spekulativ-dialektische Wahrheitstheorie genannt. Ohne diese dialektische Wahrheitsvoraussetzung ist Hegels Denken nicht zu durchdringen. Ob wir mit dieser Wahrheitstheorie auch in Hegels Dialektik verbleiben können, bleibt offen; denn

natürlich muss eine solche Theorie sich selbst widersprechen, führt also - methodisch gesehen - aus sich heraus ständig zu neuen Widersprüchen ebenso wie zu vorübergehend widerspruchsfreien Aussagen. Mit anderen Worten: Auch eine dialektische Wahrheitstheorie ist auf widerspruchsfreie Aussagen angewiesen, in denen die traditionelle Logik zur Anwendung kommt, etwa wenn wir Ereignisse mit Hilfe der Alltagssprache beschreiben.

Was Hegel in dieser sogenannten spekulativen Dialektik versucht, lässt sich jedenfalls leichter verstehen, wenn man nach einem Erklärungsmodell sucht, das die Logik des selbstbezüglichen Denkens intuitiv verständlicher macht. Dazu eignen sich Beschreibungen und Analysen von Träumen besonders gut, die nur dort gelingen können, wo der Träumende auch der Autor der Inhalte seiner Träume ist und alles, was ihm seine Traumwelt zeigt, sein eigenes Denken widerspiegelt.

Traum, Selbstreflexion und ethische Normen

Stellen wir uns eine Traumszene vor, in der ein Träumender einer Person im Traum begegnet. Wenn der Träumende und die Person, die ihm im Traum begegnet, ihre Beziehung zueinander wechselseitig beschreiben, dann muss die Rekonstruktion des Traumes nach dem Erwachen selbstreferentielle Beschreibungen enthalten, denn alle Personen im Traum beziehen sich auf den Träumenden. Jede Person ist im Traum jeder anderen Person in diesem Traum ein Anderer seiner selbst, denn es ist der Träumende selbst, der im Traum seine Traumwelt und alle Personen in dieser Traumwelt erschafft und zum Leben erweckt.

Der Träumende belebt seine Traumwelt für sich und in sich. Auch diese Rede vom „Fürsichsein" oder vom „Insichsein" enthält Formulierungen, in denen sich die Selbstbezüglichkeit der Begriffsbildung zeigt. Beispielsweise kann eine Person einer anderen Person im Traum widersprechen. Nach dem Aufwachen wird dieser Widerspruch jedoch als Selbstwiderspruch erkannt werden müssen, denn alle Aussagen der geträumten Personen beziehen sich auf denselben Träumenden. Ohne ihn, den Träumenden, würde in seinen Träumen niemand zu irgendeiner anderen Traumperson sprechen. Die Traumwelt des Träumers besteht aus seinen Gedanken. So wie in der Traumdeutung jedes Ereignis und jede Aussage auf den Träumenden verweist, so finden wir in den dialektisch verwendeten Begriffen Formen des selbstbezüglichen Denkens. Die Selbstbezüglichkeit der verwendeten Begriffe ist entscheidend für die Beantwortung der Frage, ob Hegels Denken überhaupt eine normative Ethik zulässt, denn auch ein Traum braucht keine ethischen Maßstäbe, an denen er sich zu messen hätte. Was jemand tun oder lassen soll, was ist oder sein soll, geht im Traum in ein Traumgeschehen über, das einfach so ist, wie es ist.

Könnte sich der Träumende im Traum gleichsam zurufen, dass dieser Traum ein anderer sein sollte? Diese Frage könnte sich vielleicht jemand stellen, der aufgewacht ist, aber dann wäre dieser Traum bereits eine Geschichte, die im Nachhinein nicht mehr verändert werden könnte. Für den Träumenden und das Geträumte ist alles, was im Traum geschieht, eine Mitteilung ein und derselben Person. Wir finden in Träumen keine Differenz zwischen Sein und Sollen, denn was sein soll, ist auch, und was ist, soll so sein, denn sonst stünden der Träumende und sein Trauminhalt in einem Außen- und nicht in einem Selbstverhältnis zueinander. Träume müssen keine moralischen Normen erfüllen, weil sie nur selbstreferentielle Verhältnisse des Träumenden zeigen, die dieser nicht bewusst beeinflussen kann. Dem Träumenden bleibt in seinem Traum nur das Zuschauen, das Akzeptieren einer ihm gegebenen Traumwelt, die so ist, wie sie ist.

Das ist - wie gesagt - nur eine Analogie zu dem, was Hegel unter Selbstbezüglichkeit versteht. Die Traumanalogie zeigt uns aber, dass sich im Traum das Verhältnis von Handlungsnormen und ihren Anwendungen ebenso wenig stellt wie das Problem der Verallgemeinerung von Handlungsprinzipien, denn die Welt des Träumenden enthält immer alles so, wie es aus der Sicht des Träumenden sein soll. Er ist der Schöpfer seiner Traumwelt und zugleich der absolute Maßstab für alles, was ihm oder anderen in seinen Träumen widerfährt.

Hegel spricht nicht von Traumwelten, sondern von einem Denken, das die Logik selbstreferentieller Beschreibungen und ihrer Inhalte voraussetzt; und solche Beschreibungen erinnern an die Beschreibung unserer eigenen Träume.

Für Hegel beschreiben Systemphilosophen die Welt aus der Perspektive der Gedanken Gottes. Unter dieser spekulativen Prämisse wäre es unvernünftig, eine normative Ethik jenseits eines selbstbezüglichen Systems zu entwickeln. Ethik ist für Hegel gerade deshalb kein zentrales Thema seiner Philosophie, weil die Beschreibung der Welt keine bleibende Differenz zwischen dem, was ist, und dem, was sein soll, enthält. Ethik als System ist für Hegel eine Beschreibung der Gedanken Gottes („vor der Erschaffung der Welt", wie Hegel betont), denn Gott selbst könnte nicht anders handeln, als er handelt. Der Unterschied zwischen Sein und Sollen, zwischen Beschreibungen und Normen oder Imperativen existiert nicht mehr, wenn wir die Philosophie als ein solches „absolutes System" betrachten.

Natürlich sind wir nicht gezwungen, diese spekulative Prämisse Hegels zu teilen. Wenn wir aber diese Prämisse teilen, dann wird Hegels Verzicht auf eine Ethik zumindest in ihren Motiven verständlicher, denn es kann nicht Aufgabe der Philosophie sein, Gottes Gedanken (deren geschichtlicher Zeuge wir für Hegel sind) durch individuelle

Handlungsempfehlungen gleichsam philosophisch zu dekorieren.

Zwar vollzieht Hegel den Übergang von der menschlichen zur göttlichen Anschauung des Weltgeschehens über die Entwicklung des sittlichen Bewusstseins, das gleichsam auf der Leiter seiner Selbsterkenntnis emporsteigt; aber diese Selbsterkenntnis bleibt nicht bei sich selbst stehen, bleibt nicht in dem, was Hegel das Moment seines Selbstbewusstseins nennt, stehen. Vielmehr erkennt dieses Selbstbewußtsein seine eigene Entwicklung als Teil eines Prozesses, in den alle Individuen einbezogen sind, weil sie an der Entwicklung des Weltgeistes teilhaben, der sich dieser subjektiven Entwicklungsstufen des Bewußtseins bedient und nicht bei der Erkenntnis der subjektiven Freiheit einzelner Individuen stehen bleibt. Die Sittlichkeit kann sich nicht im einzelnen Individuum vollenden, sondern nur im Endpunkt der Entwicklung einer Gesellschaft: im Staat. Ethik ist für Hegel keine Lehre, die subjektives Handeln zum Inhalt hat, es sei denn, dieses Handeln wird in seiner Entwicklung beschrieben. Das Ziel dieses Handelns ist in Hegels Philosophie das sich objektiv durchsetzende Recht, das mit der Staatsgewalt verbunden ist. Im Staat verbinden sich für Hegel Sein und Sollen, also das, was ist, mit dem, was sein soll. Diesen Gedanken verfolgt Hegel vor allem in seiner Rechtsphilosophie, in der der Staat den Endpunkt einer gesellschaftlichen Entwicklung markiert, in der Konflikte und Kriege unvermeidlich sind, weil nicht die Menschen einander widersprechen oder sich bekriegen, sondern die in ihnen wirkende Vernunft sich über Konflikte, Kriege und andere Formen des Widerspruchs verständigt und als Weltgeschichte ihre Akteure gleichsam vor sich hertreibt.

Weil ein absoluter Begriff in seinem Selbstverhältnis weder Schuld noch Unschuld kennt, sondern Maßstab für gutes und schlechtes Handeln ist, kann er selbst als Handlungsmaßstab keine Handlungsnorm verfehlen und unterliegt keiner ethischen Beschreibung oder Bewertung. Die Selbstauslegung des absoluten Begriffs liegt auch nicht in der Macht irgendeines Menschen. Menschen können nur Zeugen dieser Selbstauslegung werden, etwa wenn sie philosophieren oder mit Vernunftbegriffen arbeiten.

Mit dem Begriff der Selbstauslegung der Vernunft greift Hegel ein zentrales Lehrelement der reformatorischen Theologie auf. Im Verständnis dieser Theologie ist die Heilige Schrift nicht subjektiv willkürlichen Auslegungen ausgeliefert, sondern sie ist „heilig", weil sie sich selbst auslegt („sola scriptura"-Prinzip). Hegel kleidet den Gedanken der Selbstauslegung der Heiligen Schrift in den Begriff der Selbstauslegung der Vernunft. Auch hier - so Hegel - bleibt uns nichts anderes übrig, als „zuzusehen", nämlich diese Selbstauslegung unserer Vernunftbegriffe anzunehmen.

Philosophie als Universalwissenschaft

Kehren wir noch einmal zu den Motiven und Gründen des Hegelschen Denkens zurück. Ungeachtet der arbeitsteilig organisierten universitären Forschung und Lehre versucht Hegel, der Philosophie die Rolle einer Universalwissenschaft zuzuweisen. Universalwissenschaft war die Philosophie zwar schon in der griechischen Antike, aber schon damals zeichnete sich ab, dass wissenschaftliche Disziplinen, etwa die Mechanik oder die Mathematik, weitgehend unabhängig von den großen philosophischen Schulen eigene methodische Wege gingen. Die Fachsprachen, Methoden und Instrumente der naturwissenschaftlichen Disziplinen folgen häufig nicht den verbalen Methoden philosophischer Argumentation. Hegel hingegen steht zu Beginn des 19. Jahrhunderts noch tief in der Tradition naturphilosophischer Spekulation. In Hegels Denken scheint es noch fraglos möglich zu sein,

Astronomie ohne Berechnungen und unter Verzicht auf astronomische Forschungsmethoden allein mit Hilfe alltagssprachlicher Begriffe zu betreiben. So versuchte Hegel in seiner Dissertation, Aussagen über die Anzahl der Planeten und ihre Bahnen begrifflich-spekulativ zu begründen. Doch alle Versuche, naturphilosophische Spekulationen gegen naturwissenschaftliches Denken durchzusetzen, waren nicht von Erfolg gekrönt. Positivismus und Materialismus des späten 19. Jahrhunderts setzten diesen naturphilosophischen Bemühungen ebenso ein Ende wie der Sprachphilosophie. (Aber das ist eine andere Geschichte.) Die Probleme der Philosophie Hegels sind aber auch aus anderen Gründen allgegenwärtig, denn sein Verständnis der Philosophie als einer enzyklopädisch arbeitenden Universalwissenschaft weist erhebliche systematische Lücken auf. So sucht man in seinen Schriften vergeblich nach einer ökonomischen Theorie, nach einer Theorie der Entwicklung der Arten im Tierreich oder nach einer Kosmologie, um nur einige willkürlich herausgegriffene Beispiele zu nennen. Vor allem aber - und das ist im Kontext der idealistischen Philosophie ungewöhnlich - verzichtet Hegel darauf, eine allgemeingültige normative Ethik zu entwerfen, die über seine rechtsphilosophischen Ausführungen hinausgeht, in denen die Frage, was im Einzelfall zu tun ist, für die an dieser Frage Interessierten bereits durch das geltende Recht entschieden ist.

Dialektik als wissenschaftliche Logik

In diesem Zusammenhang hat die Populärphilosophie, insbesondere im Anschluss an marxistische Varianten der Hegelschen Dialektik, maßgeblich zur Entstehung eines Hegel-Klischees beigetragen, das uns ein gleichsam automatisiertes Denken in Widersprüchen gesellschaftlicher Verhältnisse vorführen soll. Die verbreitete Behauptung, Hegels Denken folge dem Muster eines sich in Thesen, Antithesen und Synthesen bewegenden Denkens, ist jedoch irreführend. Die oben diskutierte Analogie, dass ein Träumender sich im Traum als ein Anderes seiner selbst erscheinen kann, bedarf beispielsweise keiner These, Antithese oder Synthese. Es ist nicht möglich, diskursiv in ein Selbstverhältnis einzutreten oder es zu vermitteln. Auch dieses Thema kann hier nicht weiter vertieft werden, aber es ist festzuhalten, dass zumindest in einem Punkt Freunde und Feinde der Philosophie Hegels übereinstimmen: Hegel denkt und argumentiert dialektisch. Was darunter aber konkret zu verstehen ist, ist bis heute ein Dauerthema der Hegelinterpretation geblieben.

„Dialektik" bedeutet ursprünglich „Kunst der Gesprächsführung" (dialektiké téchne). Eine Kunst des Gesprächs ist sie auch für Hegel, allerdings in der Form eines Selbstgesprächs selbstreferentieller Begriffe, deren theologisches Vorbild in der Überzeugung zu finden ist, dass der christlich-trinitarische Gott ein Gespräch mit sich selbst führt, dessen Zeugen wir werden.

Vor diesem theologischen Hintergrund ist es kein Zufall, dass Hegel das Denken in Dreischritten konsequent betont und das spekulative Denken an diesem Schema auszurichten versucht hat. Was aber unter Hegels Dialektik im Einzelfall zu verstehen ist, ist - wie erwähnt - umstritten, denn gerade in diesem Punkt war Hegel außerordentlich kreativ und vermochte seine Leser/innen auf jeder Seite seiner Texte aufs Neue zu überraschen. Hegels spekulative Logik war auch der erste Versuch, die Entwicklung konkurrierender wissenschaftlicher Theorien systematisch zu rekonstruieren. Obwohl Hegel die Dynamik konkurrierender Theorien nur an Beispielen der Entwicklung philosophischer Theorien und nicht an Beispielen der Entwicklung naturwissenschaftlicher Theorien beschrieb, war diese Theorie einer dialektischen Wissenschaftstheorie im frühen 19. Jahrhundert etwas völlig Neues.

Hegels Dialektik, deren Funktionsweise und Probleme in diesem Zusammenhang bestenfalls angedeutet werden können, zeichnet sich vor allem durch eine Eigenschaft aus, die den Anhängern der Philosophie Kants zutiefst suspekt erschien. Für die Anhänger Kants war Hegels Versuch, bestimmte Begriffe selbstreferentiell zu interpretieren, zwar durchaus nachvollziehbar, da sich dieser Versuch auch in Kants Hauptwerk, der „Kritik der reinen Vernunft", findet. Aber die Anhänger der Philosophie Kants hatten Probleme mit dem Anspruch Hegels, der Vernunft in ihrem Gebrauch gerade keine Grenzen zu setzen und die Erfahrungsinhalte unserer sinnlichen Wahrnehmungen durch ihre Begriffe zu ersetzen. Für die Anhänger einer Philosophie, die der Reichweite und Anwendbarkeit von Vernunftbegriffen Grenzen setzen will, ist eine Position, wie sie Hegel vertritt, nicht akzeptabel.

Die Anhänger Hegels hingegen argumentierten in genau die entgegengesetzte Richtung, nämlich für die Geschlossenheit eines Begriffssystems, für das es nichts zwischen Himmel und Erde gibt, was gleichsam aus seinem Begriff herausfallen könnte. Mit anderen Worten. Hegels Dialektik ist der Wirklichkeit keine Rechenschaft schuldig, weil diese Wirklichkeit kein Anwendungsmaßstab für die Dialektik selbstbezüglicher Begriffe ist. Hegels Vernunftbegriff ist spekulativ, weil er die Welt aus der Position des „absoluten Wissens" zu beschreiben versucht:

Hegel: „Man kann also sagen, dass dieser Inhalt [der Logik] die Darstellung Gottes ist, wie er in seinem ewigen Wesen vor der Schöpfung der Natur und des endlichen Geistes ist."

Es ist nicht Hegel, der seine Gedanken entwickelt. Es sind - wie gesagt - die Gedanken Gottes, die sich dem Philosophen offenbaren und deren Zeuge er wird.

Sein und Sollen

Vor diesem Hintergrund ist die Frage, wie Hegel mit Fragen der Ethik umgeht, nicht leicht zu beantworten. Zunächst fällt auf, dass Hegel nie einen größeren Text allgemeinen oder speziellen Fragen der Ethik gewidmet hat. Zwar scheint er in seinem ersten Buch, der „Phänomenologie des Geistes", eine Ethik entwickeln zu wollen, doch wird sehr schnell deutlich, dass es sich hier gleichsam nur um unvermeidliche Durchgangsmomente der Selbstauslegung des absoluten Begriffs handelt, der diese Form der Ethik durchlaufen und hinter sich lassen musste, um gleichsam seine geschichtlichen Entwicklungsstufen über Entwicklungsstufen des menschlichen Selbstbewusstseins abzuarbeiten. Sittlichkeit ist für Hegel der jeweilige Endpunkt einer gesellschaftlichen Entwicklung, nicht das Produkt subjektiv motivierter Handlungsentscheidungen, nicht das Produkt individuellen Handelns. Abgesehen von den Handlungsmotiven weltgeschichtlich bedeutsamer Personen („Napoleon"), die sich gleichsam an Knotenpunkten der Weltgeschichte ereignen, sind individuelle Handlungen für den Verlauf dieser Weltgeschichte höchst irrelevant. Individuelles Handeln ist für Hegel nur dann von Interesse, wenn es im Dienste der höchsten Form der Sittlichkeit steht, nämlich im Dienste eines Staates, dem Fragen der Ethik zu Fragen seines Rechtssystems geworden sind. Hier kann die individuelle Sittlichkeit zum Spiegel der staatlichen Ordnung werden, und nur in dieser Funktion ist das Handeln der einzelnen Subjekte für Hegels Dialektik von Bedeutung. Nur auf staatlicher Ebene ist das Gute auch durchsetzbar, nur dort wird es Wirklichkeit, nicht aber - so Hegel - durch Gedankenexperimente, wie sie Kant unternimmt, wenn er über die Verallgemeinerung seiner eigenen Handlungsabsichten nachdenkt. Wer - wie Kant - erneut den Versuch unternimmt, eine universale Ethik für alle vernünftigen Wesen auf der Grundlage von Gewissensentscheidungen zu entwickeln, verhält sich für Hegel schlicht willkürlich, denn erst eine konkrete staatliche Rechtsordnung verleiht ihr Wirklichkeit in Form einer staatlich durchsetzbaren Rechtsordnung. Der Staat - so Hegel wörtlich - ist der „Gang Gottes in der Welt". Wenn also bei Hegel überhaupt eine Ethik erkennbar wird, dann auf der Ebene des Staates, also dort, wo sich eine bereits vollzogene gesellschaftliche Entwicklung rekonstruieren lässt.

Der Maßstab des Handelns

Hegel ist bei der Rekonstruktion der Geschichte der Philosophie ebenso wie bei der Rekonstruktion der Philosophie der Geschichte auf Handlungsmaßstäbe angewiesen, mit deren Hilfe das jeweils Geschehene objektiv beschrieben werden kann. Die Objektivität der Darstellung ist entscheidend, weil geschichtliche Ereignisse zu geschichtlichen Tatsachen geworden sind und das, was früher zufällig auch anders hätte sein können, als Teil der Vergangenheit zu etwas geworden ist, das notwendig so unveränderlich ist wie diese Vergangenheit. Andererseits stehen wir bei der Rekonstruktion historischer Ereignisse vor dem Problem, mit Hypothesen arbeiten zu müssen, weil eine Handlung vielleicht gar nicht stattgefunden hat oder aus ganz anderen Motiven oder Gründen zustande gekommen ist. Geschichte besteht nur dann aus einer Abfolge unveränderlicher Ereignisse, wenn auch der Beschreibungsmaßstab dieser Ereignisse unveränderlich ist, wenn also der Maßstab unserer Beschreibung historischer Ereignisse nicht einer zufälligen Erfahrung entnommen ist. Darüber lässt Hegel keinen Zweifel aufkommen, denn er verwendet grundsätzlich keine Beschreibungen, die als Hypothesen bezeichnet werden.

Die dialektisch konsistente Argumentation hat Hegel einmal mit den Worten umschrieben, die Philosophie könne sich nicht bei bloßen Versicherungen oder Zusicherungen aufhalten, denn hier gelte eine „trockene Versicherung so viel wie eine andere". Der Beschreibungsmaßstab, der anzulegen ist, um überprüfen zu können, ob selbstreferentiell argumentiert wurde, muss in der Selbstdeutung dieser Ereignisse zu finden sein. Jener Ereignisse, die - nach Hegel - der Dialektik selbstbezüglicher Begriffe folgen. Auch diese Form der Selbstauslegung unserer Begriffe ist nicht etwas, das wir machen, sondern etwas, dessen Zeugen wir werden. Hegels Denken aus einer (als möglich unterstellten) göttlichen Perspektive der Rekonstruktion der Geschichte macht deutlich, warum für Hegel die Differenz von Sein und Sollen nur ein Durchgangsmoment ist. Aus der Position Gottes gibt es zwischen dem, was sein soll, und dem, was ist, keine Schranken, die es zu überwinden gilt. Hegels berühmtes Diktum „Was vernünftig ist, das ist wirklich; und was wirklich ist, das ist vernünftig" („Grundlinien der Philosophie des Rechts") ist nur aus dieser göttlichen Perspektive der Weltbeschreibung verständlich. Etwas ist nur dann "wirklich", wenn es auf seinen Begriff gebracht werden kann, und wenn dies geschieht, ist es auch "vernünftig".

Wirklichkeit und Vernünftigkeit im Sinne Hegels schließen freilich nicht aus, dass Verbrechen aller Art, Kriege, Krankheiten oder Naturkatastrophen als „vernünftig" gelten können, aber nicht, weil sie subjektiv erlebt oder bewertet werden. Vernünftig sind die Ereignisse der Weltgeschichte nur insoweit, als sie sich selbst auf ihren Begriff bringen.

Katastrophen und Zufälle aller Art sind „vernünftig", weil sie notwendig zur Geschichte der Vernunft gehören. Deshalb kennt Hegel keine Zukunftsethik, weil die Zukunft noch nicht Teil unserer Geschichte geworden ist, sich noch nicht auf ihren Begriff gebracht hat.

Diese Thesen Hegels können mit guten Gründen kritisiert werden, denn alles, was wir tun, ist auf die Zukunft gerichtet, und diese Zukunft ist rationaler Planung zugänglich, einschließlich der zu erwartenden Fernwirkungen unseres Handelns. Wäre die Zukunft nicht individuell planbar, wäre jegliche Handlungsplanung, insbesondere im wirtschaftlichen Kontext, unmöglich. Von einer Dialektik der Verantwortung für die Wirkungen unseres Handelns ist bei Hegel in den uns bekannten Werken jedoch nichts zu lesen. Man mag es als eine Ironie der Philosophiegeschichte betrachten, dass ausgerechnet ein System absoluten Wissens an den einfachsten Prognosen scheitert, während wir im Alltag, von den Methoden der Naturwissenschaften ganz zu schweigen, ständig erfolgreich mit prognostischem Wissen arbeiten.

Herr und Knecht

Wenn es auch nicht möglich ist, bei Hegel eine Zukunfts- oder Verantwortungsethik zu finden, so hat doch insbesondere unter Linkshegelianern ein Beispiel die Runde gemacht, das Hegel in einem frühen Werk, der „Phänomenologie des Geistes", eher beiläufig erwähnt und das in der Rezeptionsgeschichte Hegels für die These zu sprechen scheint, Hegel habe eine Handlungsethik entwickelt. Hegel erläutert in diesem Frühwerk, wie sich Abhängigkeitsverhältnisse verändern können. Beispielsweise hängt der soziale Status eines Arbeitgebers von der Anerkennung ab, die er von seinen Arbeitnehmern erhält. Hegel verwendet zwar andere Begriffe, denn er spricht von

„Herren" und „Knechten", aber das ändert nichts an der Logik seiner Argumentation. Die „Knechte" - so Hegel - beziehen ihr Selbstbewusstsein aus der Beherrschung der Natur durch die Werkzeuge ihrer Arbeit. Eine Dialektik des Verhältnisses von „Herr und Knecht" entsteht, wenn auch die Knechte die Anerkennung der Herren erlangen wollen. Dieser Fall tritt ein, wenn der Herr erkennt, dass seine Knechte ihm die Produkte ihrer Arbeit verweigern. Auch der Herr steht in einem Abhängigkeitsverhältnis zu seinem Knecht, denn ohne die Arbeitsleistung seiner Knechte ist der Herr nicht mehr Herr seiner Knechte. Streikt beispielsweise ein Knecht oder kündigt er, so kann der Herr seine Macht als Arbeitgeber des lohnabhängigen Knechtes nicht mehr ausüben. So gesehen ist auch der Knecht ein Herr, nämlich der Herr seines Herrn. Diese Umkehrung der Verhältnisse hat marxistische Denker immer wieder neu inspiriert, weil hier erstmals die dialektische Funktion des Arbeitsbegriffs erkennbar wird, die für die Entstehung, aber auch für die Überwindung ökonomischer Konflikte entscheidend ist.

Eine Strophe aus dem Bundeslied des Allgemeinen Deutschen Arbeitervereins zeigt, wie eindringlich, kurz und unmissverständlich die Umkehrung des Herr-Knecht-Verhältnisses in der Geschichte der Arbeiterbewegung interpretiert wurde:

„Mann der Arbeit, wach auf!
Und erkenne deine Macht!
Alle Räder stehen still.
Wenn dein starker Arm es will."

Dreh- und Angelpunkt des Verhältnisses von Herr und Knecht ist die Arbeit, die der Knecht für den Herrn verrichtet oder verweigert. Auch wenn der Herr von der Arbeit seiner Knechte lebt, scheint daraus noch nicht zu folgen, dass der

Knecht von der Arbeit seines Herrn leben kann. Die Chancen scheinen nach wie vor ungleich verteilt zu sein, da der Herr kein Lohnarbeiter ist und nicht in dem Maße auf die Arbeit seiner Knechte angewiesen zu sein scheint, wie diese auf den Lohn ihres Herrn.

Der Arbeitgeber kann jederzeit einen Knecht durch einen anderen ersetzen. Der lohnabhängige Knecht hat jedoch nicht die Macht, seinen Herrn einfach auszutauschen. Würde der Knecht die Arbeit verweigern, so geschähe das, was zu erwarten war: Der Herr würde seinen Knecht entlassen. Diese Situation ändert sich jedoch, wenn die Knechte ein Bündnis eingehen. Wenn die Knechte gemeinsam durch ihre kollektive Arbeitsverweigerung den Herrn in den Ruin treiben können, etwa weil die Ernte auf den Feldern liegen bleibt oder der Herr seinen Lieferverpflichtungen nicht mehr nachkommen oder geschlossene Verträge nicht mehr erfüllen kann. In diesem Fall wandelt sich das Abhängigkeitsverhältnis der Knechte von ihren Herren in ein Abhängigkeitsverhältnis der Herren von ihren Knechten. Die Herr-Knecht-Dialektik scheint dadurch umgangen werden zu können, dass der Herr seinen Knecht einfach aus dem Dienst entlässt. Will der Knecht aber nicht entlassen werden (weil ihn dies z.B. in finanzielle Not stürzen würde), könnte er - wie im Falle einer nur angekündigten Entlassung - z.B. die Lieferung von Waren blockieren. Auch in diesem Fall kehrt sich das Herr-Knecht-Verhältnis um, da der Knecht nun seine bisher unsichtbaren Machtoptionen gegenüber dem ehemaligen Herrn ausspielen kann.

Die Frage, wie der Begriff der Arbeit das jeweilige Abhängigkeitsverhältnis bestimmen kann, wurde erst nach Hegel zu einem viel diskutierten und umstrittenen Thema. Die revolutionäre Wirkung dieser Überlegung scheint Hegel allerdings nicht vor Augen gehabt zu haben, denn er thematisiert sie nicht. Ebenso scheint ihm die Bedeutung des

Begriffs „Arbeit" in der Vermittlung von Kapital und Warenproduktion völlig entgangen zu sein. Diese Lücken des Hegelschen Systems wurden dann von Karl Marx nicht nur als solche erkannt, sondern in folgenreicher Weise zu einem eigenständigen Thema dialektisch-materialistischer Philosophie gemacht.

Linkshegelianer[55], Rechtshegelianer[56] und Pragmatiker

Die hier nur skizzierte „Dialektik von Herr und Knecht" enthält etwas, das man als Ausgangspunkt einer dialektischen Revolutionstheorie bezeichnen könnte; denn der Versuch, dieser Dialektik zu widersprechen oder derselben mit kritischen Argumenten zu begegnen, kann nur ein Denken in Widersprüchen bestätigen. Die Kritik möglicher Opponenten ist in einer Logik, die sich über Widersprüche entwickelt, von vornherein eingeschlossen. Ist der Widerspruch eine Bestätigung für eine Konflikttheorie, die diese Widersprüche prognostiziert und auf diesen Widersprüchen aufbaut, dann ist jede Form der Kritik ein Beitrag zur Bestätigung dieser Theorie, denn sie beschreibt den Widerspruch als etwas Notwendiges. Dieser Form der Dialektik ist nicht mit skeptischen Hypothesen oder Einwänden zu begegnen und das macht sie als Basis-Theorie für revolutionäre Ansprüche bestens geeignet.

Während die sogenannten Linkshegelianer erkannten, dass Hegels Logik auch eine systematisch verfasste

---

55 Als Linkshegelianer galten u.a. David Friedrich Strauß (1808-1874), Ludwig Feuerbach (1804-1872), Johann Kaspar Schmidt (1806-1856) alias Max Stirner.

56 Als Rechtshegelianer galten u.a Carl Friedrich Göschel (1781-1861), Georg Andreas Gabler (1786-1853), Karl Rosenkranz (1805-1879).

Revolutionstheorie enthält, weil in ihr der Versuch unternommen wurde, die geschichtliche Notwendigkeit von Konflikten aller Art und deren Überwindung dialektisch zu rekonstruieren, unternahmen die Rechtshegelianer den Versuch, Hegels Dialektik einer säkularen Rechtfertigung christlicher Glaubensinhalte und preußischer Staatsideale zu verteidigen. Hegels Philosophie wurde insbesondere in den protestantischen Staaten positiv rezipiert. Ähnlich fiel die Rezeption in den überwiegend reformatorisch geprägten US-amerikanischen Universitäten eher wohlwollend aus. Ein Beleg dafür ist die Hegel-Rezeption in den USA der späten 1860er-Jahre, in deren Zentrum die praktische Anwendbarkeit eines staatlich gelenkten Ausbildungssystems stand, das vom Kindergarten, über alle Schulstufen hinweg, die Curricula auch der Universitäten bestimmen sollte.

In den USA beeinflusste Hegel vor allem den Pragmatismus[57]. Im Zentrum der pragmatischen Deutung Hegels standen u.a. Erziehungsideale, die sich zwar nicht direkt in Hegels Schriften finden, die sich aber aus der These ableiten lassen, es sei der höchste Begriff, zu dem sich der Begriff einer Gesellschaft entwickeln könne, der Staat, seine Verfassung und sein Bildungssystem. Alle Handlungsweisen, die geeignet sind, die Bildung in einem Staat zu fördern, sind folglich auch Maßnahmen, die der natürlichen Entwicklung einer vernunftgeleiteten Wissenschaft folgen. In diesem Sinne ist auch ein staatliches Bildungssystem, beginnend mit dem

---

57   Die führenden Pragmatiker in den USA waren zumindest mit Teilen der Werke Hegels vertraut, denn über vertiefte Deutschkenntnisse verfügten z.B. nahezu alle bekannten Philosophen des 19. Jhdt. in den USA. Das Verhältnis zur deutschen Philosophie änderte sich in den USA deutlich ab 1914.

Kindergartensystem, ein Beitrag zur Bildung im Staat. Ziel dieser Erziehung ist die systematische Ausbildung des Menschen als Vernunftwesen. Tatsächlich wurde das deutsche Kindergartenwesen in den USA als staatsbildend angesehen. Gleichzeitig entlastete das Kindergartensystem die Frauen. Die ersten Formen feministischer Philosophie in den USA waren durch die Philosophie Hegels motiviert. So war es durchaus möglich und wurde von Links- und Rechtshegelianern auch so verstanden, aus den Leitbegriffen des Hegelschen Systemdenkens Handlungsanweisungen zu entwickeln, deren Umsetzung im Dienste eines Staatsideals zu einer normativen Ethik führte.

Obwohl die Philosophie als Vernunftsystem insgesamt für ein zielgerichtetes, also teleologisches und damit auch individuell engagiertes moralisches Denken und Handeln steht, finden wir in Hegels System jedoch keine Ethik, in deren Zentrum das eigene und individuell unterschiedliche Handeln steht. Hegels System ist allein auf die Einheit von Recht und Freiheit ausgerichtet, die nur in einem Staat realisierbar ist. Die Paradoxie, eine Philosophie des absoluten Begriffs gleichsam in den höheren Dienst des Staates stellen zu wollen und diesen absoluten Vernunftbegriff in seine ebenso endliche wie daher auch vergängliche Form zu zwingen, ist zwar nicht von Hegel selbst, wohl aber von seinen Nachfolgern und Kritikern zur Sprache gebracht worden.

Stärken der dialektisch-spekulativen Ethik

- **Ethik als Systemtheorie:** Ein Alleinstellungsmerkmal der Ethik Hegels liegt in ihrem Anspruch, objektiv und zugleich systemtheoretisch begründet zu sein. Hegel formulierte die erste Ethik, die - zumindest ihrem Anspruch nach - ohne Rückgriff auf subjektive Handlungsgrundsätze auszukommen scheint. Hegel beschrieb erstmals eine Methode der skeptischen Selbstüberprüfung ethischer Begriffe, im Rahmen eines philosophischen Systems.

- **Einheit von deskriptiver und normativer Ethik:** Hegel greift die Kunstfertigkeit sokratisch-platonischer Dialoge auf und verwandelt diese in eine Form der Selbstunterredung der Vernunft, gleichsam in deren ebenso skeptisches wie methodisches Selbstgespräch über Theorie und Praxis der Anwendung ethischer Begriffe. Dieser Aspekt der Einheit von Theorie und Praxis war für Links- wie Rechtshegelianer gleichermaßen faszinierend, weil Handlungsziele und Handlungsmittel nicht länger auf nur zufällige Weise miteinander verbunden waren. Hegels „Alles aus einer Hand"-Modell dieser Ethik erleichterte seine dogmatische Verteidigung erheblich; sei es durch Links- oder Rechtshegelianer.

- **Ethischer Skeptizismus:** Die philosophische Ethik stand schon immer vor dem Problem, ihre Entwicklungsgeschichte und Theoriendynamik systematisch nicht rechtfertigen zu können. Man wählte seine Philosophie gleichsam wie einen Konsumartikel und beschädigte damit deren Objektivitätsanspruch. Die Wahl einer philosophischen Ethik kann aber letztlich keine Frage des Geschmacks sein.

- **Systemtheorie:** Hegels Systemdenken erhebt zumindest den Anspruch, geschichtliche Fakten und ethische Theorien nicht weniger als den begründeten Zweifel an ihnen auf systematische Weise miteinander verbinden zu können. Die

Entwicklungsgeschichte der Ethik ist für jede Philosophie, die auch die objektiven Grundlagen ethischer Theoriebildung nicht ausblenden will, eine unverzichtbare Voraussetzung.

Schwächen der dialektischen Ethik

- **Selbstimmunisierung gegen kritische Einwände:** Wird die Verneinung eines Geltungsanspruches zu dessen Bestätigung, dann haben wir es mit der geschlossenen Form einer sich selbst immunisierenden Theorie zu tun. Hegels Systemdenken lässt nicht erkennen, wie es rational widerlegt werden könnte, denn die Kritik am System dient demselben stets nur als Bestätigung seines dialektischen Wahrheitsanspruchs. Dass unter solchen Voraussetzungen dogmatisches und totalitäres Denken in jeder Weise begünstigt werden kann, ist naheliegend, zumal, wenn ein solches System im Rahmen politischer Revolutionen zur Durchsetzung eigener Machtinteressen instrumentalisiert wird.

- **Das Ende des Individualismus:** Der Existenzialismus vertritt Positionen, die der Systemphilosophie Hegels entschieden widersprechen, denn jedes gelebte (und nicht nur beschriebene) Leben ist in seinem Verlauf immer auch durch zahllose und oft schicksalhafte Zufälle geprägt, die sich ihrer Systematisierung verweigern. Wer, wie Hegel, die Ethik im Rahmen eines Systems des (vermeintlich) „absoluten Wissens" entwickelt, übersieht leicht die ebenso zufälligen wie persönlichkeitsbezogenen Konstellationen in der Entwicklung seiner eigenen Theorien. Auch Hegels

271

Denken spiegelt den Geist seiner Zeit. Für Kierkegaard, einem seiner prominenten Kritiker, galt Hegels Absage an jede Form einer Individualethik gleichsam als Verrat am eigenen Leben.

- **Die Endlichkeit der Philosophie Hegels:** Hegels eigenwillige Interpretation von Zufallsprozessen in der Natur und Gesellschaft ist durch eine Bemerkung in seinen Vorlesungen über die „Grundlinien der Philosophie des Rechts" belegt: „Was vernünftig ist, das ist wirklich; und was wirklich ist, das ist vernünftig." Letzteres widerspricht vermutlich jeder Lebenserfahrung. Doch dieser Einwand spielt für Hegel ohnehin keine systemtheoretisch relevante Rolle; und hier liegt ein zentrales Problem der Philosophie Hegels: Hegel übersieht die Endlichkeit seines Denkens und damit auch die Verletzlichkeit seiner eignen Theorien, die ihrerseits in einer philosophischen Entwicklungsgeschichte stehen, die über sie hinweggeschritten ist. Menschen leben und denken in komplexen Lebensverhältnissen, die so sind, wie sie sind, ohne dass sich daraus ein rationales System der Weltgeschichte ableiten ließe. Der Versuch, das Leben einzelner Menschen gleichsam nur als Durchlaufposten einer Systemtheorie zu betrachten, ist – vorsichtig formuliert – nicht gerade eine der Stärken dieser systemtheoretischen Ethik. Einer Ethik, die letztlich deskriptiv bleiben muss, weil sie für personenbezogene Entscheidungen keine vernünftige Entscheidungsgrundlage in Handlungssituationen bieten kann.

Lernziele

- Erstes Verständnis der Dialektik selbstbezüglicher Begriffe
- Erstes Verständnis der einer systemtheoretischen Ethik Hegels

Übungsaufgaben / Diskussionen

Selbstbezüglichkeit

- Welche Form der Ethik ist notwendigerweise selbstbezüglich?
- Was unterscheidet technische Formen der Selbstbezüglichkeit (Maschinen, die sich selbst steuern) und reflexive Formen der Selbstbezüglichkeit?
- Wie ist die Differenz zwischen Beschreibung und Beschriebenem in einem selbstbezüglichen Satz zu verstehen?

Systemtheorie:

- In welchen Systemen spielen individuelle ethische Handlungsmotive keine Rolle?

Problem der Praxistauglichkeit der hegelschen Dialektik:

- Ist Hegels Herr-Knecht-Beispiel eine Beschreibung, die auf das Verhältnis von Arbeitgebern und Arbeitnehmern anwendbar ist?

Problem widersprüchlicher ethischer Normen:

- Sind ethische Dilemmata in Hegels Dialektik möglich?

Problem des Geschichtsdeterminismus:
- Ist etwas notwendigerweise ein Teil der Geschichte, weil die Vergangenheit nicht mehr verändert werden kann?
- Verändern wir die Interpretation der Geschichte durch retrospektive Hypothesen?

Literatur:

- Dina Emundts, Rolf-Peter Horstmann: G.W.F. Hegel. Eine Einführung (= Reclams Universal-Bibliothek 18167). Reclam, Stuttgart 2002, ISBN 3-15-018167-4.
- Dietmar Dath: Hegel. 100 Seiten. Reclam, Leipzig 2020, ISBN 978-3-15-020559-4.
- Hans Friedrich Fulda: Georg Wilhelm Friedrich Hegel. Beck, München 2003, ISBN 3-406-49445-5.
- Dieter Henrich: Hegel im Kontext. Suhrkamp, Berlin 2010, ISBN 978-3-518-29538-0.
- Walter Jaeschke: Hegel-Handbuch. Leben – Werk – Schule. 3. Auflage, Metzler, Stuttgart 2016, ISBN 978-3-476-02610-1.
- Herbert Schnädelbach: G.W.F. Hegel zur Einführung. 4, ergänzte Auflage, Junius, Hamburg 2011, ISBN 978-3-88506-352-0.
- Herbert Schnädelbach (Hrsg.): Hegels Philosophie. Kommentare zu den Hauptwerken. 3 Bände,[109] Suhrkamp, Frankfurt am Main 2000, ISBN 3-518-06587-4.

Der Utilitarismus

Wer sich mit Fragen der Rationalität menschlichen Handelns beschäftigt, wird erkennen, dass nicht jedes Mittel gleichermaßen geeignet ist, ein Handlungsziel zu erreichen. Dennoch hat diese Einsicht über Jahrhunderte nicht zu Versuchen wissenschaftlicher Bewertungsverfahren der Handlungseffizienz geführt. Die bekannte Redewendung "Der Zweck heiligt die Mittel", die verschiedenen Autoren zugeschrieben wird, appelliert zwar an unser intuitives Wissen über die Effizienz der jeweils eingesetzten Mittel; eine Nützlichkeitsanalyse menschlicher Handlungen oder eingesetzter technischer Mittel werden wir aber vor dem 19. Jahrhundert vergeblich suchen, obwohl bereits in der Antike von "Tüchtigkeit", "Tauglichkeit" und auch von "Nützlichkeit" die Rede war. Das Argument, die Nützlichkeit einer Handlung sei schon immer ein Thema der Ethik gewesen, ist also zum Teil richtig, beruht aber zum Teil auf einem Missverständnis. Nützlich im Sinne der antiken Philosophen ist eine Handlung dann, wenn sie zu Formen der Vollkommenheit führt, auch wenn diese Vollkommenheit unter Umständen eine erhebliche Einschränkung der Lebensqualität bedeutet. Von einer „Tugend" (ἀρετή / areté / Eignung / Tüchtigkeit) im Sinne der griechisch-römischen Tugendlehren sprechen wir, wenn jemand eine bestimmte Technik beherrscht, um etwas Gutes hervorzubringen oder dieses Gute immer wieder anzustreben.

Es mag uns heute rätselhaft erscheinen, wie das Streben nach dem Guten jemals als Selbstzweck verstanden werden konnte, leben wir doch in einer Tradition der Ökonomisierung des Denkens und Handelns und versuchen, die uns gesetzten

Ziele möglichst schnell und ohne unnötigen Aufwand zu erreichen. Auch die Ethik ist heute weitgehend zu einer Dienstleistung, zu einer gesellschaftlichen Serviceeinrichtung geworden und muss ihre „Nützlichkeit" im Dienste der Öffentlichkeit unter Beweis stellen.

Es wäre allerdings schon aus methodischen Gründen nicht ratsam, dieses moderne Verständnis von „Nützlichkeit" auf die Gesellschaften der Antike zu projizieren, denn damit würden wir die Entwicklungsgeschichte des Begriffs „Nützlichkeit" ausklammern. Zum einen folgte aus der frühen Verwendung des Begriffs „Nützlichkeit" keine wissenschaftliche Gebrauchsanalyse dessen, was jeweils unter „Nützlichkeit" zu verstehen war, zum anderen orientiert sich unser heutiges Verständnis von „Nützlichkeit" an den ökonomischen Effekten einer Handlung und nicht an Konzepten der Vollkommenheit oder eines Handelns, das sich selbst genügt oder in einer Suchbewegung nach einem höchsten Guten verbleibt.

Der Wandel des Nützlichkeitsbegriffs

Auch wenn es diese Instrumentalisierung der Ethik in der Antike vereinzelt gegeben haben mag, so ist diese Denkweise in den überlieferten Texten dieser Zeit doch die Ausnahme. Richtig ist aber, dass auch diese Ausnahmen, also ein Denken in machtpolitischen und ökonomischen Kategorien der „Nützlichkeit", eine Entwicklungsgeschichte haben. Wir sprechen heute gerne von naturwissenschaftlicher Grundlagenforschung und sind durchaus bereit zuzugeben, dass diese Forschung keinem anderen Zweck dient, als um ihrer selbst willen betrieben zu werden. Eine Ethik dagegen, die als Wissenschaft um ihrer selbst willen betrieben wird, erscheint uns angesichts zahlloser ungelöster gesellschaftlicher Probleme eher verfehlt. Ethik ist erst sehr spät in der Geschichte der Philosophie zu einer „Arbeit am Begriff" und zu einer Theorie der Beschreibungstechniken nützlichen Handelns geworden. In den Jahrhunderten davor war die Beschäftigung mit Ethik zwar nicht immer eine Tätigkeit um ihrer selbst willen, aber sie entwickelte sich auch nicht zu einer Disziplin der zu bewertenden Nützlichkeitseffekte.[58].

Als Voraussetzung sittlichen Handelns kann dessen Nützlichkeit nicht in seiner vermeintlichen Effizienz bewertet werden, denn wesentlich für das Handeln ist, dass es ein zielgerichtetes und für den Menschen unverzichtbares Handeln ist. Die Beherrschung einer Handlungstechnik zeigt sich für die Menschen der griechischen oder römischen Antike nicht in der Nützlichkeitsbewertung der Handlungsfolgen, sondern in der Fähigkeit, das Handeln als solches grundsätzlich zu reflektieren. So hätte beispielsweise ein Stoiker nicht nachvollziehen können, inwiefern die Einübung in die stoischen Tugenden für ihn „nützlich" sein sollte, denn die von ihm angestrebte Seelenruhe ist nicht Mittel zu einem Zweck, der seinerseits Mittel zu einem anderen Zweck wäre. Da Reichtum, Schönheit und Gesundheit für die stoische Ethik bedeutungslos sind (⊠ Ethik der Stoa), können quantitative oder qualitative

---

58   Von hier aus betrachtet wird auch verständlicher, warum viele der sokratisch-platonischen Dialoge ein sich selbst problematisierendes Denken vermitteln, nicht aber Problemlösungen (→ Sokrates, →Platon).

„Nützlichkeitseffekte" keinen Beitrag zum Verständnis der stoischen Handlungspraxis leisten.

Insbesondere am konsequentialistischen Utilitarismus des 19. Jahrhunderts lässt sich zeigen, dass mit ihm ein neues Konzept, nämlich ein ökonomisches Effizienzideal aufkam. Ein solches Handlungsideal konnte aber nicht zentrales Thema einer Ethik in einer Gesellschaft sein, für die Wohlstand und Reichtum keine ethisch leitenden Handlungsziele waren. Ideengeschichtlich steht der Utilitarismus für etwas, das nur durch eine historisch-perspektivische Täuschung als etwas „immer schon" Bekanntes erscheinen mag.

„Nützlichkeit" im Utilitarismus

In der zeitgenössischen Ethik kann Nützlichkeit auf folgende Weise beschrieben werden: Entweder (a) ist eine bereits vollzogene Handlung nützlich oder (b) ist eine Handlung nützlich, weil das Handlungsziel in der Zukunft liegt. In beiden Fällen wird mit einem Nützlichkeitsbegriff gearbeitet, dessen nicht offensichtliche Probleme im Folgenden (aber auch im Kapitel zur Verantwortungsethik) näher beschrieben werden. Versuchen wir, unser heutiges Verständnis von Nützlichkeit in einer vorläufigen Arbeitsdefinition etwas genauer zu fassen:

Der Begriff der Nützlichkeit beschreibt das Verhältnis der Effizienz der eingesetzten Handlungsmittel oder Handlungsregeln zu den erzielten Handlungswirkungen oder Handlungsfolgen.

In dieser Arbeitsdefinition ist der Nutzen einer Handlung etwas, das beschrieben, aber nicht bewertet wird. Etwas zu beschreiben, aber nicht zu bewerten, ist Aufgabe der sogenannten deskriptiven Ethik (→ Einleitung). Nützlichkeitseffekte zu beschreiben ist nicht Aufgabe einer normativen Ethik. Mit anderen Worten: Fragen des Nutzens können unabhängig von Fragen der Ethik untersucht werden. Diese deskriptive Funktion des Utilitarismus erkennen wir auch daran, dass Nützlichkeitstheorien in den Wirtschaftswissenschaften beschrieben und weiterentwickelt werden. Um beispielsweise die Effizienz von Produktionsprozessen zu beschreiben, bedarf es keiner ethischen Bewertung des Produzierten. Etwas ist im Rahmen eines Produktionsprozesses auch dann „nützlich", wenn sich die Frage nach seiner ethischen Bewertung möglicherweise gar nicht stellt. Wären Fragen der Nützlichkeit zugleich Fragen der Ethik, dann wäre alles, was geschieht, allein dadurch, dass es geschieht, in irgendeiner Weise nützlich und „deshalb" auch ethisch zu bewerten. Das aber wäre ein grobes Missverständnis des Utilitarismus, der seine Bedeutung in sozioökonomischen Fragen als empirisch-deskriptive Disziplin gewonnen hat.

Streng genommen ist der Utilitarismus keine Ethik. Wenn er gleichwohl eine von vielen Abteilungen der philosophischen Ethiken darstellt, dann aus einem Grund, der hier näher zu beschreiben sein wird, denn die erwähnte Verwechslung von Handlungsbeschreibungen und Handlungsnormen ist nicht immer zu vermeiden. Das hängt damit zusammen, dass Beschreibungskonventionen unsere Beschreibungen normieren. Der Fall, in dem aus einer Handlungsbeschreibung eine Handlungsbewertung wird, liegt z.B. dann vor, wenn jemand das tut, was in einer bestimmten Situation gemäß einer Handlungskonvention üblicherweise getan wird. Beispielsweise könnte jemand in einem laufenden Spiel die Konventionen des Schachspiels beschreiben und würde damit auch die Regeln beschreiben, nach denen Schach gespielt und Spielzüge bewertet werden. Die Beschreibung einer konventionellen Handlung kann also sehr wohl Normen vermitteln. Wäre es anders, so wäre es unmöglich, aus der Beschreibung eines Schachspiels dessen Regeln zu ermitteln. Dieses Thema wurde bereits in der Einleitung angesprochen, als darauf hingewiesen wurde, dass ein Handlungsmaßstab sowohl normativ als auch deskriptiv verwendet werden kann. Aber nicht immer, wenn eine Handlung einer Konvention nicht widerspricht, folgt sie deshalb dieser Konvention. Beispielsweise könnte jemand zufällig etwas tun oder sagen, was auch durch eine Kommunikations- oder Handlungskonvention geregelt ist. In diesem Fall würde er auch nur zufällig und nicht regelmäßig einer Handlungskonvention folgen. All dies ist geeignet, Verwirrung zu stiften, weshalb es wichtig ist, sich noch einmal die doppelte Funktion der Beschreibung einer Handlung vor Augen zu führen.

Die Doppelfunktion von Handlungsbeschreibungen

Denn einerseits folgt aus der Tatsache, dass etwas so oder so gemacht wird, nicht, dass es so gemacht werden soll, andererseits folgt aus der Art und Weise, wie etwas wiederholt beschrieben wird, eine Beschreibungskonvention. Denken wir z.B. an Beschreibungen sozialer Missstände. Ungeschminkte Beschreibungen sozialer Missstände werden aus ethischen Gründen eingesetzt, um mit Hilfe einer objektiven Sachverhaltsdarstellung, aber eben auch in Übereinstimmung mit Beschreibungskonventionen, ethische Appelle zu vermitteln. Oft sind es gerade die scheinbar makellos objektiven Beschreibungen einer Handlungspraxis, mit denen die größte moralische Wirkung erzielt wird. Dennoch gilt auch in diesen Fällen, dass „etwas beschreiben" und „etwas normativ bewerten" zwei verschiedene Dinge sind. Das Problem ist, dass nicht immer klar ist, womit wir es jeweils zu tun haben. Geht es um die Beschreibung einer Handlungssituation oder um das, was in einer bestimmten Situation getan werden soll?

Diese Frage hat sich schon der britische Philosoph David Hume im 18. Jahrhundert gestellt, und sie wird bis heute in der Philosophie diskutiert. Für Hume war klar, dass aus einer Beschreibung keine Normen folgen. Mit anderen Worten: Aus dem, was ist, folgt nicht, was sein soll.

Aus der Beschreibung bisheriger (scheinbarer) Sonnenaufgänge folgt nicht, dass die Sonne aufgehen wird, geschweige denn, dass sie aufgehen soll. Diese Argumentation ist aber äußerst problematisch, denn de facto sind wir natürlich davon überzeugt, dass die Sonne morgen aufgehen wird. Wir ahnen nicht nur, dass sie aufgehen wird, wir wissen es. Mehr noch, wir wissen es nicht nur, wir sind auch davon überzeugt, dass wir über gesetzesartige Aussagen verfügen, die uns sagen, dass es so sein muss, wie wir es erwarten. Ein Zweifel wäre vollkommen irrational. Er wäre irrational, weil wiederum bestimmte Beschreibungskonventionen und damit Regeln und Normen in unsere Beschreibungen eingreifen. Die Regel, die es uns erlaubt, den morgigen Sonnenaufgang vorherzusagen, ist auch die Regel, die es uns erlaubt, Naturgesetze nicht nur als Beschreibungen vergangener Ereignisse zu betrachten. Beschreibungen sind immer dann normativ, wenn sie durch alltägliche oder wissenschaftliche Konventionen reguliert werden. Deshalb arbeitet jede utilitaristische Ethik sowohl mit deskriptiven als auch mit präskriptiven Aussagen. Diese Doppelfunktion unserer Beschreibungen, nämlich sowohl deskriptiv als auch präskriptiv zu sein, macht den Utilitarismus u.a. sowohl für die Wirtschaftswissenschaften als auch für die normative Ethik interessant (→Einleitung). Während es also zutrifft, dass der Utilitarismus z.B. in den Wirtschaftswissenschaften Beschreibungen des ökonomischen Geschehens liefert, ist er andererseits auch geeignet, Handlungsnormen zu vermitteln, was ihn zu einer Disziplin der Ethik macht.

Formen des Utilitarismus

In Bezug auf was sagen wir nun, dass etwas „nützlich" ist? Die Frage ist zu komplex, um in dieser Form philosophisch bearbeitet zu werden. Ein wesentlicher Fortschritt in der Diskussion um den Utilitarismus wurde bereits dadurch erreicht, dass grob vier Formen der Nützlichkeit identifiziert wurden: Präferenzutilitarismus, Regelutilitarismus, Konsequentialismus und negativer Utilitarismus. Der Präferenzutilitarismus beschäftigt sich mit der Frage, wie unser Wünschen und Vermeiden beschrieben und erforscht werden kann. Der Regelutilitarismus untersucht Handlungsregeln unabhängig von den Präferenzen und Konsequenzen unseres Handelns. Der Konsequentialismus untersucht die Wirkungen, die durch das Erreichen des

Handlungsziels, durch Neben- oder Fernwirkungen unseres Handelns ausgelöst werden. Schließlich wäre noch der negative Utilitarismus zu skizzieren, dessen Forschungsgebiet die Schadensminimierung bzw. -vermeidung ist. Im Zusammenhang mit der Diskussion um globale und teilweise irreversible ökologische Prozesse hat diese Form des Utilitarismus in den letzten Jahrzehnten zunehmend an Bedeutung gewonnen.

Der Präferenzutilitarismus

Unsere Absichten werden oft im Diskurs mit anderen Menschen diskutiert, erwogen, erweitert oder vielleicht auch verworfen. Dabei kann man davon ausgehen, dass die Erforschung unserer Präferenzen uns selbst und andere darüber informiert, was uns nützlich erscheint. Ob Präferenzen (bzw. unsere Neigungen, Vorlieben, Wertschätzungen) uns darüber informieren, was für uns nützlich ist, kann jedoch nicht allein durch ihre Artikulation geklärt werden. Präferenzen ändern sich häufig, durchlaufen verschiedene Bildungs- und Reflexionsstufen, sind das Produkt der Übernahme von Konventionen und erinnern uns gelegentlich auch an unsere Sozialisationsgeschichte. Oft entwickeln wir Präferenzen für etwas, ohne es wirklich anzustreben, sonst wären wir unseren Wünschen völlig ausgeliefert.
So gibt es wohl nachvollziehbare Gründe dafür, dass wir Präferenzen dafür entwickeln, wie wir leben wollen, unabhängig davon, ob dies für uns tatsächlich mit Vorteilen verbunden ist. Genau diese Präferenzen sind auch und aus ganz anderen Gründen z.B. für die Industrie und die Politik

von Interesse. Der Nutzen unserer Präferenzen liegt also nicht nur darin, dass wir diese Präferenzen - gewollt oder ungewollt - einfach kommunizieren. Es ist auch offensichtlich, dass etwas nicht unbedingt „nützlich" für uns ist, nur weil wir es wünschen. Subjektive Präferenzen und objektiver Nutzen fallen nicht automatisch zusammen.

Präferenzen sind für uns nur dann Ausdruck unserer Lebensinteressen, wenn sie zuvor von uns eingeordnet und bewertet wurden. Zumindest dies unterscheidet einen reflektierten Erwachsenen von einem Kind, das in einem bestimmten Alter seinen Präferenzen hilflos ausgeliefert ist. Präferenzen dürfen also nicht mit vernünftigen Handlungsabsichten verwechselt werden.

Natürlich werden Menschen ihre Präferenzen in der Regel damit rechtfertigen, dass sie für sie nützlich sind, weil sie zu Handlungen führen, die diese Präferenzen befriedigen oder ihnen zumindest entgegenkommen. Aber auch in diesem Fall liegt zwischen den Handlungspräferenzen und einer vollzogenen Handlung die rationale Bewertung dieser Präferenzen. Es ist Teil unserer Handlungslogik, über bestimmte Präferenzen nachzudenken und sie sozusagen nach ihrer Dringlichkeit und Wichtigkeit für uns und andere immer wieder neu zu ordnen, und sei es nur bei der Planung unseres Tagesablaufs. Mit anderen Worten: Wir unterziehen unsere Präferenzen in der Regel einer rationalen Bewertung, bevor wir sie zu Elementen unserer Handlungsabsichten machen.

Im Folgenden sollen einige Vor- und Nachteile der Präferenzethik gegenübergestellt werden:

Stärken des Präferenzutilitarismus

- Präferenzen rücken unsere unmittelbaren Empfindungen und Neigungen in den Mittelpunkt der Ethik und lassen aus dieser Perspektive die Stärken und Schwächen jener Theorien besser erkennen, die Präferenzen als Leitprinzipien einer Nutzenethik zumeist ausblenden.
- Da insbesondere höhere Säugetiere durch ihr Verhaltensrepertoire mitteilen, was für sie nützlich oder schädlich ist, lag es nahe, das natürliche Ausdrucksverhalten von Lebewesen zum Gegenstand einer empirischen Ethik zu machen. Der Präferenzutilitarismus bewertet auch die Nützlichkeit oder Schädlichkeit der Auswirkungen menschlicher Handlungen auf Tiere. Ohne den Präferenzutilitarismus wäre es kaum möglich gewesen, die klassischen Disziplinen der Ethik um die Tierethik zu erweitern. In eine ähnliche Richtung entwickelte sich in den 1950er Jahren die vergleichende Verhaltensforschung.
- Der Präferenzutilitarismus steht in direktem Zusammenhang mit dem so genannten Behaviorismus, der ebenfalls in den 1950er Jahren begann, Stimulus-Response-Muster bzw. Reiz-Reaktions-Muster im Verhältnis von Organismen zu ihrer Umwelt zu erforschen und die Theorien der Ethik durch behavioristische Methoden zu ergänzen.

Schwächen des Präferenzutilitarismus

- Präferenzen sind nicht nur Manifestationen von Empfindungen oder Gefühlen, sondern immer auch reaktive Kommunikationen auf auslösende Lust- und Unlustempfindungen. In sogenannten konditionierten Handlungen können Reiz-Reaktionsmuster unter

kontrollierten Bedingungen erzeugt werden.
Bedingungen, die in der Regel keiner ethischen
Bewertung unterliegen.

- Wenn nur das durch Lust- und Unlustempfindungen
  ausgelöste Ausdrucksverhalten bewertet wird, nicht
  aber das Bewertungsverhalten derjenigen, die das
  Präferenzverhalten beschreiben, dann besteht die
  Gefahr, dass Verhaltensinterpretationen dogmatisch
  verkündet, aber nicht kritisch überprüft werden.
- Präferenzen sind keineswegs immer nützlich. Sie
  wären nur dann erkennbar nützlich, wenn wir unsere
  innersten Bedürfnisse und Interessen gleichsam wie
  ein offenes Buch lesen könnten. Die Frage nach der
  Authentizität unserer Präferenzen lässt sich nicht
  allein anhand unseres Ausdrucksverhaltens
  beantworten, denn dieses ist auch durch
  Sozialisation, Konventionen und kulturelle
  Traditionen geprägt.
- Die Bedingungen authentischen Präferenzverhaltens
  sind immer auch Themen anderer Ethiken. Die
  Diskussion über Präferenzen kann daher nie
  ausschließlich in einer Präferenzethik geführt werden.
  Der Präferenzutilitarismus kann daher sinnvollerweise
  nur in Verbindung mit anderen Theorien der Ethik zu
  rationalen Handlungsimperativen führen. Ein Beispiel:
  Wenn Fische durch ihr Ausdrucksverhalten (ihr
  Präferenzverhalten) mitteilen, dass sie Verletzungen
  vermeiden wollen, dann folgt daraus nicht, dass
  Inselbewohner, die sich überwiegend von Fisch
  ernähren müssen, durch den Verzehr von Fisch
  Schuld auf sich laden.

Der Regelutilitarismus

Auch der Regelutilitarismus ist ein Handlungsutilitarismus, d.h. er befasst sich mit den Nutzeneffekten einer Handlung, nicht aber mit den Präferenzen oder den Folgen einer Handlung. Bekannt wurde der Regelutilitarismus durch den Versuch, Regeln zu finden, die das größte allgemeine Glück fördern. Dazu gehören auch Handlungsregeln, die als Klugheitsregeln bekannt sind:

- „Behandle andere so, wie du von ihnen behandelt werden möchtest!" („Goldene Regel")
- „Halte dich von den Extremen des Handelns fern!" (→ Aristoteles)
- „Grabe nicht für andere, sonst fällst du selbst hinein!" (Tit-for-Tat-Regel)

Der sogenannte Regelutilitarismus untersucht die Nutzeneffekte der Anwendung von Regeln und deren Anwendungsbedingungen. Im Mittelpunkt steht die Frage "Welche Handlungsregeln erhöhen das allgemeine Glück? Fragen nach Handlungsmotiven oder Handlungskonsequenzen sind hier nachrangig.
Als Modell zur Veranschaulichung der Funktionsweise des Regelutilitarismus bieten sich wiederum Gesellschaftsspiele an. Stellen wir uns vor, wir wären Jurymitglieder eines Wettbewerbs, der Gesellschaftsspiele für die Auszeichnung „Spiel des Jahres" sucht.
In welcher Form könnte die Funktionalität der Spielregeln bewertet werden? Die folgenden funktionalen Merkmale

eines Spiels könnten z.B. zur Bewertung herangezogen
werden:

- der Aufwand zum Erlernen der Spielregeln in jeder
  Altersgruppe
- der Aufwand für das Erlernen von Spieltaktiken und
  Gewinnstrategien
- die durchschnittliche Spieldauer
- die relative oder absolute Neuheit des Spiels
- der pädagogische Wert
- der Unterhaltungswert

Der Zusammenhang zwischen Spielregeln für Spiele und
solchen für allgemeine Verhaltensweisen wurde früh erkannt.
Beispielsweise hat sich die sogenannte „Spieltheorie" auch in
der Rekonstruktion unserer ökonomischen Verhaltensweisen
bewährt und eröffnet sowohl in der Konfliktforschung als
auch in den Wirtschaftswissenschaften[59] neue Methoden der
Simulation und Modellierung von Verhaltensweisen.

Anders gesagt: Der Regelutilitarismus beschreibt die
Funktionalität der Elemente in einem System in ähnlicher
Weise wie eine Montage- oder Bauanleitung die
Funktionalität einer aufzubauenden Maschine beschreiben.
Ein Beispiel: Regelsysteme z.B. in automatisierten
Navigationssystemen können, je nach Vorauswahl des
Anwenders, die Start-Ziel-Verbindungen im Straßennetz
unterschiedlich berechnen. Ist es nützlicher, möglichst schnell
und nicht möglichst sparsam ein Ziel zu erreichen, wird die

---

59   1994 wurde ein Nobelpreis für Spieltheorie an die
      Ökonomen Reinhard Selten, John Harsanyi und John Nash
      vergeben.

Software Schnellstraßen und Autobahnen in der Wegfindung eher berücksichtigen als Landstraßen. Dennoch werden hier weder die Motive zur Auswahl des Reiseziels untersucht noch werden die Folgen einer Reise oder ihre weiteren Wirkungen untersucht. Im Zentrum des Interesses steht allein die Nützlichkeit eines algorithmisch gesteuerten Navigationsgerätes.

John Stewart Mill (1806-1873) gilt als jener Ethiker, der den Regelutilitarismus begründete, weil er die Nützlichkeit einer Handlung nicht allein in quantitativen, sondern wesentlich in qualitativen Merkmalen einer Handlung suchte. Qualitative Nützlichkeitseffekte orientieren sich z.B. daran, dass die Mitglieder einer zivilisierten Gesellschaft gemeinsam in der Lage sind, die für sie höchsten Ziele in Verfassungen oder vergleichbaren Dokumenten festzulegen. Populär wurde Mills Ausspruch: "It is better to be a human being dissatisfied than a pig satisfied; better to be Socrates dissatisfied than a fool satisfied.[60]"

Stärken des Regelutilitarismus

- Der Regelutilitarismus erlaubt die Beschreibung der Funktionsweise von Regeln und ihrer praktischen Anwendung und ermöglicht die Optimierung von Handlungsprozessen, *ohne* die Handlungsabsichten oder die Fernwirkungen einer Handlung beschreiben zu müssen. Im Rahmen von spieltheoretischen Untersuchungen und digitalen Verhaltenssimulationen lassen sich Handlungsregeln ermitteln, die qualitativ und quantitativ effizienter

---

60   Vgl. John Stuart Mill, in: Utilitarism, 1863, Chapter 2.

sind als Handlungen, deren Funktionsweise nicht analysiert und deshalb auch nicht optimiert werden konnte.

- Der Regelutilitarismus erlaubt die Beschreibung der Veränderung von Handlungseffekten in wiederholten Spielen. Wiederholte Spiele erzeugen z.B. Handlungskonventionen und dadurch vertrauensbildende Effekte.
- Formen des Regelutilitarismus finden wir in Tit-for-Tat Klugheitsregeln[61] überall im Wortschatz der Alltagssprache: „Wie du mir, so ich dir!", „Wenn jeder anderen helfen wollte, wäre allen geholfen".

Schwächen des Regelutilitarismus

- Der Regelutilitarismus übergeht die Frage nach der Anerkennung von Handlungsmotiven ebenso wie das Problem der Verantwortung für die Fernwirkungen einer Handlung, d.h. für die Wirkungen einer Handlung, die erst eintreten, nachdem das Handlungsziel bereits erreicht ist.
- Der Regelutilitarismus vernachlässigt Handlungswirkungen, die durch Zufall entstehen oder weitere Zufallsereignisse nach sich ziehen.
- Der Regelutilitarismus setzt voraus, dass Regeln zu Handlungskonventionen führen oder aus diesen abgeleitet werden können. Tatsächlich ist aber bis heute kein Versuch unternommen worden, ein umfassendes, geschweige denn vollständiges

---

61   „Tit for Tat": Gleiches wird mit Gleichem vergolten.

Regelwerk für regelgeleitete Alltagskonventionen zu erstellen.

Der Konsequentialismus

Wie der Regelutilitarismus ist auch der Konsequentialismus ein Handlungsutilitarismus. Er versucht, die Nützlichkeit einer Handlung an ihren bereits eingetretenen oder wahrscheinlichen Folgen zu messen. Nicht Präferenzen, nicht Handlungsregeln, sondern allein die zu erwartenden Wirkungen einer Handlung sollen im Konsequentialismus über ihre Nützlichkeit entscheiden. Da die Folgen eines Handlungsziels in der Zukunft liegen, versucht diese Variante des Utilitarismus, das Erreichen eines Handlungsziels durch dessen fiktive Vorwegnahme zu skizzieren. Was aber sind die Folgen einer Handlung? Welchen Nutzen hatten die eingesetzten Mittel, um ein Handlungsziel zu erreichen, und welche Konsequenzen hat das Erreichen des Handlungsziels für weitere Planungen und Entscheidungen? Beide Fragen beziehen sich auf die Neben- und Folgewirkungen einer Handlung. Auf den ersten Blick mag die Frage nach den möglichen Folgen einer Handlung intuitiv verständlich erscheinen. Bei näherer Betrachtung zeigt sich jedoch, dass bereits die Kommunikation einer Handlungsabsicht und die Wahl der Handlungsmittel (und nicht erst das Erreichen eines Handlungsziels) Nebenfolgen erzeugen. Möglicherweise sind allein die Folgen der Ankündigung einer Handlung deutlich dramatischer als das Erreichen eines kommunizierten Handlungsziels. Beispielsweise kann eine Drohung wesentlich stärkere Reaktionen hervorrufen als die in der Drohung angekündigte Handlung.

Die ethische Bewertung einer Handlung muss alle diese möglichen und/oder tatsächlichen Handlungsaspekte berücksichtigen, kann aber auch unter Berücksichtigung dieser Effekte keine einheitliche Bewertung der Handlung garantieren, da die Zukunft nicht nur ungewiss ist, sondern auch fiktiv unterschiedlich beschrieben und fiktiv unterschiedlich bewertet wird. Was für die einen wünschenswert ist, kann für andere ein Albtraum sein. Deshalb setzt die Frage, wie Handlungsfolgen zu bewerten sind, einen gemeinsamen ethischen Maßstab und damit verbindliche allgemeine ethische Normen voraus. Die Bewertungsmaßstäbe für die Folgen einer Handlung dürfen für verschiedene Anwender nicht unterschiedlich ausfallen, weil sie diese andererseits nicht gemeinsam auf ein Handlungsziel verpflichten können. Hier liegt eines der zentralen Probleme des Konsequentialismus: Was kann überhaupt allgemein und verbindlich als Konsequenz einer Handlung gelten? Erst wenn diese Frage beantwortet ist, kann die Frage nach dem Nutzen einer Handlungskonsequenz sinnvoll gestellt werden. Sind Handlungsfolgen alle Ereignisse, die auf dem Weg zu einem Handlungsziel ausgelöst werden? Sind Handlungskonsequenzen eher in zeitlicher Nähe zur Erreichung des Handlungsziels zu suchen? Wie sind Handlungsfolgen zu beschreiben, wenn bereits die bloße Mitteilung einer Handlungsabsicht zu positiven oder negativen Reaktionen bei anderen Personen führt? Im Kapitel zur „Verantwortungsethik" (→ H. Jonas) wird gezeigt, dass sich diese und verwandte Fragen nicht nur auf gegenwärtige und in besonderer Weise auf zukünftige Folgen einer Handlung beziehen, sondern auch auf Handlungen, die bereits in der Vergangenheit stattgefunden haben. Letzteres ist dann der Fall, wenn Personen für ihr Handeln in der Vergangenheit nachträglich zur Rechenschaft gezogen werden oder diese Verantwortung freiwillig übernehmen, auch wenn sie an der früheren Realisierung und Umsetzung einer Handlungsabsicht nicht beteiligt waren.

Was also unter Konsequenzen einer Handlung zu verstehen ist, mag intuitiv einleuchten, ist aber - bei näherer Analyse - alles andere als selbstverständlich, denn bereits die Planung einer Handlung zeitigt Konsequenzen auf unterschiedlichen Handlungsebenen und in unterschiedlichen Prozessabschnitten eines Handlungsvollzugs. Konsequenzen hat z.B. bereits

- die Kommunikation oder Nichtkommunikation einer Handlungsabsicht
- die Wahl oder Nichtwahl eines Handlungsmittels
- der Wechsel des Handlungsmittels vor Erreichen des Handlungsziels
- die Neben- und Fernwirkungen der Handlungsmittel
- das Unterlassen einer Handlung
- alle direkten und indirekten Neben- und Fernwirkungen, die den Prozess der Erreichung des Handlungsziels begleiten.

Der Konsequentialismus stimmt mit anderen Formen des Utilitarismus darin überein, dass quantitative oder qualitative, individuelle oder allgemeine Nutzeneffekte bewertet werden. Als „nützlich" wird dabei die Konsequenz einer Handlung angesehen, die von einer oder mehreren Personen als Handlungsziel angestrebt wird.

Hier liegt bereits ein erstes Problem, denn was angestrebt wird, ist nützlich, und was nützlich ist, gilt als erstrebenswert. Diese zirkuläre Begründung ist aber nicht das größte Problem des Utilitarismus, denn zirkuläre Begründungen finden wir häufig bei Letztbegründungen. Das Nützlichkeitsargument ist auch aus anderen Gründen problematisch, denn es widerspricht jenen Theorien der Ethik, die die Qualität einer Handlungsnorm nicht nach ihrer Nützlichkeit beurteilen; es erzeugt also einen Theorienkonflikt. So ist z.B. die Forderung nach Einhaltung der Menschenrechte nicht primär eine Frage der Nützlichkeit, sondern eine Frage der Definition elementarer Menschenrechte. Es kann also nicht behauptet werden, dass die Einhaltung von Grundrechten per se nützlich ist, denn die Einhaltung von Menschenrechten setzt eine Vielzahl von politischen und ökonomischen Zwängen in Kraft, die nicht den Interessen aller Akteure dienen. Die Forderung, elementare Menschenrechte zu achten und zu schützen, ist ein Produkt historischer Erfahrungen der Weltgemeinschaft, unabhängig von regionalen, nationalen, politischen oder wirtschaftlichen Interessen. Nützlich - im weitesten Sinne - ist letztlich jede Ethik, die diesen Namen verdient, weil sie uns hilft, das Gute zu tun, statt es zu unterlassen. Aber diese Feststellung beschreibt nur bestimmte gesellschaftliche Effekte, beantwortet aber keine Frage und löst kein Problem. Das Missverständnis, mit der „Nützlichkeit einer Handlung" sei die Frage, was im Einzelfall zu tun sei, bereits beantwortet, rührt daher, dass die Beschreibung einer Handlung mit ihrer normativen Deutung verwechselt wird. Dieses Missverständnis ist leichter zu erkennen, wenn wir die Problemlösungstechniken in anderen Wissenschaften betrachten. Beispielsweise ist die Mathematik als

Wissenschaft für unzählige Anwendungen nützlich, aber auch diese Information hilft uns nicht, ein konkretes mathematisches Problem zu lösen. Die Situation wird auch nicht besser, wenn wir den Begriff „Nützlichkeit der Mathematik" durch den Begriff „wohlverstandener allgemeiner Nutzen der Mathematik" ersetzen. Unabhängig davon, ob wir den Eigennutzen oder den Gemeinnutzen betrachten, gibt uns der allgemeine Nutzen in keinem Fall Auskunft über normative Problemlösungsmethoden, weder in der Mathematik noch in der Ethik. „Nützlichkeit" ist - wie bereits erwähnt - ein Begriff der deskriptiven Ethik (→ Einleitung), weil er zwar subjektive oder objektive Handlungseffekte beschreibt, uns aber nicht sagt, ob es so sein soll, wie es scheint. Wenn ein Ethnologe, Anthropologe oder Soziologe Handlungseffekte in einer Gesellschaft beschreibt, könnte er bestimmte Handlungsformen als quantifizierbare oder qualitativ bestimmbare Handlungen beschreiben. Wir wüssten damit aber nicht, ob Menschen so handeln sollten, wie sie es de facto tun. Wir erfahren nur, wie konventionell gehandelt wird und wie Handlungen bewertet werden. Mit anderen Worten: Die Beschreibung von Handlungen unter dem Aspekt ihrer Nützlichkeit enthält keinen Hinweis auf verbindliche Handlungsnormen. Es mag sein, dass wir Handlungen als nützlich bezeichnen, weil sich bestimmte Praktiken bewährt haben. Aber auch die Praktiken einer kriminellen Vereinigung können sich für diese Gemeinschaft und im Kontext der Handlungskonventionen dieser Gemeinschaft bewähren, und wiederum wäre daraus nicht abzuleiten, was zu tun ist. Man könnte hier einwenden, dass die Beschreibung einer Handlungspraxis bzw. einer Handlungskonvention sehr wohl zu Regeln führt, weil sich aus

Handlungskonventionen Handlungsregeln ableiten lassen. Aber auch aus den Reproduktionsregeln einer bestehenden Praxis lässt sich nicht ableiten, dass diese Praxis uns ethisch zu bestimmten Handlungen verpflichtet. Die Regeln zu kennen, nach denen gehandelt wird, bedeutet nicht, sie auch befolgen zu müssen.

Die Vor- und Nachteile des Konsequentialismus können hier nur angedeutet werden. Ein kurzer Überblick über die Vor- und Nachteile des Konsequentialismus:

Stärken des Konsequentialismus

- Fernwirkungen entfalten sowohl die eingesetzten Handlungsmittel als auch die realisierten Handlungsziele. Der Konsequentialismus macht besser als andere Ethikkonzeptionen deutlich, dass die antizipierten Fernwirkungen einer Handlung die Wahl des Handlungsziels beeinflussen.
- Die Ausklammerung der Handlungsmotive erleichtert eine objektive Darstellung der Handlungsziele.
- Der Konsequentialismus entspricht unseren groben Intentionen, da jede Handlungsplanung zumindest den zeitlichen und räumlichen Nahbereich der Nebenfolgen eines gewählten Handlungsziels berücksichtigen muss.

Schwächen des Konsequentialismus

- Neben- und Fernwirkungen einer Handlung sind in der Regel erst im Nachhinein erkennbar. In diesem Fall kommt der Konsequentialismus als Instrument der Handlungsorientierung zu spät, um noch in die Handlungsplanung eingreifen zu können. Nützlichkeitseffekte stellen sich erst ein, nachdem bereits entschieden und gehandelt wurde.

- Die Ausklammerung subjektiver Handlungsmotive wird den handelnden Personen nicht gerecht. Menschen werden auch für ihre Handlungsmotive verantwortlich gemacht, nicht nur für Handlungsziele und/oder deren Fernwirkungen.
- Dem Konsequentialismus fehlen jene diskursiven Elemente einer Ethik, die sich nicht aus Nützlichkeitseffekten ableiten lassen. Der Konsequentialismus überspringt das Problem der intersubjektiven Rechtfertigung einer Handlung.

Negativer Utilitarismus

Von „negativem Utilitarismus" spricht man, wenn durch Handlungen verursachte Schäden minimiert, Leiden verringert werden. Der negative Utilitarismus verfolgt das Ziel, den vorhersehbaren oder vermuteten Schaden von Handlungsmotiven, Handlungsregeln oder Handlungsfolgen zu verringern. Die Schadensminimierung tritt hier an die Stelle der Nutzenmaximierung.

Schadensminimierung im Präferenzutilitarismus bedeutet eine Abwägung von Präferenzen unter besonderer Berücksichtigung ihrer zeitlichen und thematischen Bedeutung für unsere Lebensplanung. Ein Schadensfall im Präferenzutilitarismus tritt ein, wenn beispielsweise Präferenzen zum Schutz der Privatsphäre durch Verletzung von Datenschutzbestimmungen verletzt werden und ein bereits eingetretener Schadensfall durch geeignete Maßnahmen begrenzt werden soll. Maßnahmen, die dazu beitragen, den Schaden zumindest zu begrenzen, bestenfalls zu minimieren, sind solche des negativen Utilitarismus.

Schadensminimierung im Regelutilitarismus bedeutet, mit den Fällen umzugehen, in denen eine Handlungspraxis zu Missständen führt. Beispielsweise können wirtschaftspolitische Maßnahmen einer Regierung zu einer negativen Bewertung der Kreditwürdigkeit eines Landes auf den internationalen Finanzmärkten führen und damit eine bereits bestehende Wirtschaftskrise verstärken. Eine regelutilitaristische Schadensbegrenzung wäre in jedem Fall mit einer Änderung bestehender ökonomischer Regeln verbunden. Schadensbegrenzung ist in diesen Fällen auch möglich, wenn man von den politischen Handlungsmotiven oder den Folgen der fehlgeleiteten Handlungspraxis abstrahiert und nur die Logik der Handlungsregeln untersucht, um Handlungsregeln zu finden, die zur Schadensminimierung oder zumindest zur Schadensbegrenzung beitragen. Schadensbegrenzung erfordert in der Regel kurzfristig wirksame Maßnahmen, weil sonst jede weitere Hilfe zu spät kommen könnte, und ist deshalb nicht auf die Analyse von Handlungsmotiven oder Handlungsfolgen angewiesen, weil unmittelbar in das Verhältnis von Handlungsregeln und ihren Anwendungen eingegriffen werden muss. Würden wir - um einen Vergleich zu finden - im Verlauf eines Brettspiels, z.B. in der Testphase der Spielentwicklung, widersprüchliche Regeln entdecken, so wäre die anschließende Korrektur von Regelfehlern im Sinne des negativen Utilitarismus auch dann möglich, wenn wir weder die Spielmotive noch die Konsequenzen eines Brettspiels, z.B. für seinen Unterhaltungswert, kennen.

Schadensminimierung im Konsequentialismus bedeutet, Maßnahmen zu ergreifen, die geeignet sind, bereits eingetretene Schäden zu begrenzen. Schadensminimierung von Handlungsfolgen bedeutet nicht, von vornherein von einem Worst-Case-Szenario dieser Folgen auszugehen, da in diesem Fall überhaupt nicht gehandelt werden dürfte.. Im Gegensatz zu einem Vorschlag von H. Jonas (→ Verantwortungsethik), der in der Bewertung mittel- und langfristiger Konsequenzen einer Handlung empfiehlt, stets von einem zukünftigen Wort-Case-Szenario auszugehen[62], wird hier die Auffassung vertreten, dass eine Schadensminimierung erst beginnen kann, wenn ein Schadensfall eingetreten ist, nicht aber, wenn er eintreten könnte. Ein Beispiel: Versicherungsgesellschaften leben davon, dass Schadensfälle eintreten, nicht aber davon, dass sie eintreten könnten. Wollte eine Versicherungsgesellschaft das Prinzip einer „Heuristik der Furcht" etablieren, wäre jedes zukünftige versicherte Ereignis im Zweifelsfall ein Schadensfall und Versicherungen zu verkaufen wäre ökonomisch unsinnig.

Schadensminimierungen finden wir nicht in egoistischen bzw. rein hedonistischen Ethiken, denn andernfalls würde dies bedeuten, dass Egoisten die Abwehr jener Handlungen anstreben, die durch ihre eigenen egoistischen Verhaltensweisen entstehen. Das würde bedeuten, dass ein

---

62   Vgl. das Kapitel über „Verantwortungsethik" (H. Jonas)

Egoist die Minimierung der sozialen Schäden seiner egoistischen Handlungen rational anstreben könnte. Das aber kann ihm nicht gelingen, denn andernfalls wäre er nicht länger als Egoist zu bezeichnen und die Voraussetzungsbedingung seiner Handlungsabsicht, nämlich als Egoist Schadensminimierung im eigenen Fall zu betreiben, würde entfallen. Aus diesem begriffslogischen Grund wurde der Hedonismus, als Lehre des radikalen Eigennutzes, auf Kosten anderer Personen, nicht in diese Einführung in die Ethik aufgenommen.

Stärken des negativen Utilitarismus

- In vielen Fällen ist eine Nutzenmaximierung ausgeschlossen, weil ein Schaden bereits eingetreten ist und sich nur noch die Frage stellt, wie weitere Schäden begrenzt oder minimiert werden können. Unter allen Formen des Utilitarismus bietet diese Option nur der negative Utilitarismus.
- Es ist ein Vorzug des negativen Utilitarismus, dass durch ihn auch asketische Handlungsgrundsätze im Rahmen des Utilitarismus begründet werden können. Bereits in der Ethik der Stoiker zeigte sich, dass auch der bewusste Verzicht auf Handlungen ein möglicher Anwendungsfall der Schadensminimierung sein kann.

Schwächen des negativen Utilitarismus

- Zu wissen, was uns schadet, bedeutet noch nicht zu wissen, was zu tun ist. Der negative Utilitarismus blendet normative Probleme der Ethik aus.
- Wer auf der Suche nach dem Guten stets nur Schadensminimierung und / oder

Schadensbegrenzung betreiben könnte, also negativer Utilitarist wäre, der würde den Schadensfall zu einer wesentlichen (weil niemals fehlenden) Eigenschaft des Guten machen. Anders gesagt: Wer stets das Gute sucht, der darf nicht behaupten, dass das Übel in der Welt ein Mangel an Gutem sei, denn dadurch würde das Gute zu einer wesentlichen (weil niemals fehlenden) Eigenschaft des Übels.

Lernziel:
- Kenntnis der unterschiedlichen Konzepte von „Nützlichkeit", getrennt nach motivationalem Nutzen, funktionalistischem Nutzen und Nutzeneffekten der Handlungsziele.

Übungsaufgaben:
- Beschreiben sie den Präferenz-Utilitarismus
- Beschreiben sie den Konsequentialismus
- Beschreiben sie den Regel-Utilitarismus
- Beschreiben sie den negativen Utilitarismus

Literatur:

- Mill, John Stuart (2006) Utilitarianism / Der Utilitarismus. Englisch/Deutsch: Reclams Universal-Bibliothek, German, English, 208 pages , ISBN-10 : 3150184614 , ISBN-13 : 978-3150184615

- Schroth, Jörg (2016) Texte zum Utilitarismus, 332 Seiten, Verlag: Reclam, ISBN-10 : 3150193508, ISBN-13 978-3150193501

- Höffe, Otfried (2013) Einführung in die utilitaristische Ethik: Klassische und zeitgenössische Texte, UTB, Stuttgart; ISBN-10 : 3825239853, ISBN-13 : 978-3825239855
- Kuenzle, Dominique; Schefczyk, Michael (2020) John Stuart Mill zur Einführung, Junius Verlag; 2. Revised edition , Paperback : 224 pages, ISBN-10 : 3885066602, ISBN-13 : 978-3885066606

Ludwig Wittgenstein (1889-1951)
Die deskriptive Ethik

Ludwig Wittgenstein (1889-1951) gilt als Mitbegründer der analytischen Philosophie, insbesondere der sprachanalytischen Philosophie. Im Zentrum seiner Analysen des Sprachgebrauchs stehen so genannte „Sprachspiele", deren Analyse uns den Gebrauch von Sätzen und deren Bedeutungen verständlich machen soll. Der Ausdruck „Sprachspiel" ist ein „terminus technicus". Ein Sprachspiel kann ein Gesellschaftsspiel oder - allgemeiner - eine sprachliche Konvention sein, aber in einem „Sprachspiel" wird nicht eine Freizeitbeschäftigung oder eine singuläre Ausdrucksweise untersucht, sondern die Funktionsweise von Sätzen, deren funktionaler Zusammenhang mit dem Begriff „Sprachspiel" zunächst nur benannt wird.

Die Analyse dieser Sprachspiele und Funktionseinheiten der Sprache erlaubt es, bestimmte Regeln zu rekonstruieren, d.h. Regeln zu finden, deren Befolgung eine Handlungspraxis hervorbringt, die als Handlungskonvention beschrieben werden kann. Mit anderen Worten: Ob eine Handlungsregel die Regel ist, die wir in Konventionen zu beobachten glauben, zeigt sich, wenn wir versuchen, aus der Befolgung von Handlungsregeln Verhaltensmuster zu rekonstruieren, die ebenfalls diejenigen sind, die wir in Handlungskonventionen beobachten. In dieser gleichsam zirkulären Bewegung beschreiben Sprachspiele die Sprachpraxis, und die Beschreibung der Sprachpraxis erlaubt die Rekonstruktion der Regeln, denen sie folgt. In beiden Fällen sind Sprachpraktiken sprachliche Handlungen an einem bestimmten Ort, zu einer bestimmten Zeit und in einer bestimmten Überlieferungstradition.

Diesem Begriff sind wir bereits in der Einleitung zu diesen Vorlesungen begegnet, wo „Ethik" als „Sitte, Brauch und Gewohnheit" definiert wurde. Auch die sprachanalytische deskriptive Ethik beschreibt diese Sitten und Gebräuche, nun aber auf der Grundlage einer Analyse der Funktionsweise der Alltagssprache. In den Traditionen der Antike bedeutete „gut" die Beherrschung einer bestimmten Handlungstechnik. Diese Definition des Guten begegnet uns auch in der deskriptiven Ethik der Sprachphilosophie Wittgensteins: „Gut" ist eine Handlung dann, wenn die sprachlichen Techniken, mit denen wir das, was wir „gut" nennen, beschreiben - den sprachlichen Konventionen folgend - beherrscht werden. So gesehen scheint Wittgensteins Vorhaben, die Technik des alltäglichen Sprachgebrauchs zu beschreiben, in der Tradition antiker Tugendlehren zu stehen. Der entscheidende Unterschied besteht jedoch darin, dass Wittgenstein diesen Sprachgebrauch nicht normiert und aus dem beobachtbaren Sprachverhalten keine Normen für ethisches Handeln ableitet, sondern lediglich die bestehenden Konventionen zu beschreiben versucht. Die deskriptive Ethik der Sprachanalyse Wittgensteins stützt sich also ihrem Anspruch nach auf Beschreibungen sprachlichen Handelns. Mit Normen und Regeln hat dieses Unterfangen nur dann etwas zu tun, wenn es darum geht, die Gebrauchsregeln des beobachtbaren Sprachverhaltens zu rekonstruieren.

Sprachspiele und grammatische Propositionen

Es ist wichtig, gleich zu Beginn darauf hinzuweisen, dass die erwähnte Gebrauchsfunktion von Sätzen nicht ihre syntaktische Funktion meint. Wittgenstein interessiert sich nicht für den syntaktisch korrekten Sprachgebrauch, weil er uns nichts über die Bedeutungen unserer verbalen Mitteilungen sagt.

In einem Sprachkurs lernen wir zwar die Syntax der Sprache, aber nicht die Bedeutungen der in ihr verwendeten Sätze, und nur diese interessieren Wittgenstein, denn nur hier ist Sprachphilosophie gefordert. Das Zustandekommen von Bedeutungen hat viel mit der Frage zu tun, wie wir die Welt denken wollen und können, ist also ein philosophisches Thema. Letzteres ist Aufgabe der sogenannten „Tiefengrammatik", und nur um diese geht es hier. Die Tiefengrammatik der Sprache enthält neben Sätzen, die uns über die variablen Gebrauchsbedeutungen sprachlicher Ausdrücke informieren, auch solche, die gesichertes Wissen ausdrücken („Es ist gewiss, dass ..."). Auch reflexive Beschreibungen der Form „Ich weiß, was ich sehe" werden von Wittgenstein als „grammatische Sätze" bezeichnet. Ein Satz ist ein grammatischer Satz, wenn er als Anwendungsparadigma für den korrekten Sprachgebrauch verwendet wird. Grammatische Sätze können als Beschreibungen, aber auch als Maßstäbe für Beschreibungen des Sprachgebrauchs verwendet werden. Auch dieses Modell ist uns aus der Einleitung zu diesen Vorlesungen bekannt. Dort wurde die Analogie zwischen der Funktion eines natürlichen Längenmaßes (z.B. einer Schrittlänge) und der

Funktion eines Verhaltensmaßes („Vermeide Handlungsextreme!") aufgezeigt.

Jeder Maßstab hat eine normative Funktion als Maßstab, kann aber auch deskriptiv als Maßstab in einem Messvorgang verwendet werden. Auch grammatische Sätze sind solche Maßstäbe, konkret: sprachliche Maßstäbe, mit deren Hilfe wir den Sprachgebrauch einerseits normieren, andererseits beschreiben können. Wittgenstein verwendet diese grammatischen Sätze aber nicht, um ethische Handlungsnormen zu entwickeln, sondern ausschließlich, um den Sprachgebrauch mit Hilfe eines Gebrauchsmaßstabs gleichsam zu vermessen. Konventionen und Gebrauchsregeln der Sprache definieren solche Gebrauchsmaßstäbe.

Im einfachsten Fall sind grammatische Sätze solche aus dem Regelwerk eines Sprachspiels. Sätze aus dem Regelwerk können weder „richtig" noch „falsch" verwendet werden, weil sie selbst die Maßstäbe definieren, mit deren Hilfe der Sprachgebrauch sowohl normiert als auch beschrieben werden kann. Ein nicht unerhebliches Problem bei der Analyse unseres Satzgebrauchs besteht allerdings darin, dass prinzipiell jede Verwendung von Sätzen auch Teil des Regelwerks eines Sprachspiels werden kann (z.B. wenn das Regelwerk bestimmte Sprachverwendungen paradigmatisch beschreibt). Wenn dies der Fall ist, verwenden wir solche Sätze als Beschreibungsmaßstäbe. Beschreibungsmaßstäbe, deren Verwendung außer Zweifel steht, werden paradigmatisch verwendet und sind nicht überprüfbar, also auch nicht korrigierbar. Die Rolle dieser Sätze in paradigmatischer Funktion ist jedenfalls für Sprachspiele unverzichtbar, denn es gäbe für die Spieler eines Spiels keine Möglichkeit, ein Spiel zu erlernen, wenn schon seine Regeln zweifelhaft wären. Grammatische Sätze mögen wie gewöhnliche Sätze aussehen, aber ihre Verwendung als Sätze aus einem Regelwerk wird erkennbar, wenn es unsinnig wird, sie zu überprüfen. So wäre z.B. der Satz „Ich weiß, dass ... verboten ist!" ein grammatischer Satz, weil er erkennbar ausschließt, dass diese Aussage überprüfbar richtig oder falsch ist. Wäre die Wahrheit solcher Aussagen überprüfbar, so ergäbe sich die paradoxe Situation, dass jemand, der etwas zu wissen behauptet, im Falle eines Irrtums zugeben müsste, dass er etwas nur zu wissen glaubte. Das wäre aber so, als würde jemand sagen: „Es regnet, aber ich glaube es nicht". Der Übergang von „Ich weiß, dass ..." zu „Ich glaube nicht, dass ..." setzt bereits ein anderes Sprachspiel voraus, nicht aber die Korrektur eines bestehenden Sprachspiels.

Insofern an einer Aussage vernünftigerweise nicht gezweifelt werden kann, der Inhalt der Aussage also als Gewissheit gilt (z.B. „In diesem Raum sind Menschen"), haben wir es nicht mit einer verifizierbaren Aussage zu tun, sondern mit einem grammatischen Satz, der nicht verifiziert werden kann, weil niemand vernünftigerweise daran zweifeln kann, dass er sich mit anderen Menschen in einem Raum befindet, und jedes weitere Argumentieren überflüssig wäre, wenn wir an solchen Aussagen zweifeln würden.

Die Frage, warum wir auf überprüfbare Aussagen verzichten und stattdessen grammatische Sätze verwenden, findet eine Antwort in Wittgensteins Bemerkungen „Über Gewissheit[63]":

---

63   Wittgenstein hat nie ein Werk gleichen Titels verfasst. Die
      Schrift „Über Gewissheit" entstand aus einer Kompilation
      weit verstreuter Bemerkungen, die von den

Wir finden in jeder Sprachgemeinschaft zweifelsfreie Aussagen, die wir nur dann in Frage stellen würden, wenn sich der in einer Gemeinschaft kommunizierte Erfahrungszusammenhang unserer Beschreibungen ändern würde. Ein Satz wie „NN war noch nicht auf dem Jupiter" wäre nur dann auf seinen Wahrheitsgehalt überprüfbar, wenn wir einer solchen Aussage die Möglichkeit einräumen würden, dass sich NN auf der diffusen Oberfläche dieses Gasplaneten aufgehalten hat. Davon geht aber niemand aus, und deshalb wäre es unsinnig, diese Aussage überprüfen zu wollen. Aussagen, an denen kein Zweifel besteht, können sinnvollerweise nicht überprüft werden, weil schon die Absicht einer Überprüfung ihren Status als zweifelsfreie Aussage verletzen würde. In Wittgensteins „Philosophischer Grammatik" finden wir umfangreiche sprachphilosophische Untersuchungen zur Frage der Eigenschaften und Funktionen grammatischer Sätze.

Grammatische Sätze sind hervorragend geeignet, ein Handlungsgeschehen sowohl zu beschreiben als auch in Regeln des Sprachgebrauchs zu rekonstruieren, ohne ihrerseits normativ in das Handlungsgeschehen einzugreifen. Mit ihrer Hilfe erfahren wir, wie wir eigentlich über ethisch relevantes Handeln sprechen und auf welche Formen sprachlich artikulierter Gewissheiten sich unsere Beschreibungen menschlichen Handelns stützen können.

Als der Philosoph René Descartes (1596-1650) sein berühmtes „Ich denke, also bin ich" formulierte, leitete er damit eine Wende in der Philosophie ein, denn erstmals schien es

---

Nachlassverwaltern Wittgensteins autorisiert und unter diesem Titel veröffentlicht wurde.

möglich, einen Maßstab für die Beschreibung unserer Erfahrungen zu verwenden, der völlig unbestreitbar schien. Es dauerte weitere Jahrhunderte, bis wir erkannten, dass objektives Wissen auch dann einem Wandel unterliegt, wenn es außer Frage steht, dass man an seinem eigenen Denken nicht zweifeln kann. Dieser Wandel unseres objektiven Wissens zeigt sich in der Art und Weise, wie Menschen dieses Wissen sprachlich artikulieren. Gewissheiten lassen sich aber in einer Sprachgemeinschaft immer finden, auch in den Wissenschaften, vorausgesetzt, wir finden Maßstäbe, mit deren Hilfe wir unser Wissen über unsere eigene Lebenswelt zweifelsfrei beschreiben können[64]. Diese Maßstabsfunktion bieten uns – wie erwähnt - grammatische Sätze. Sie helfen uns unsere Handlungspraxis zu beschreiben, ohne diese in Frage stellen zu müssen und ohne einen sprachphilosophischen Relativismus an die Stelle gemeinschaftlich geteilter Überzeugungen zu setzen. Grammatische Sätze bieten uns die Möglichkeit, eine Mitteilung wie „Wir sollten dies …tun!" als gemeinschaftlich

---

64   Im sogenannten „Wiener Kreis" diskutierten dessen Mitglieder über viele Jahre die Frage, auf welchen Grund-, Protokoll- oder Elementarsätzen die Physik aufgebaut werden kann. Wittgenstein selbst trug zumindest in den ersten Jahren dieses Kreises zu dieser Diskussion bei. In seinem Frühwerk übernehmen „Elementarsätze" die Funktion von Verwendungsmaßstäben für wissenschaftliche Aussagen, in seinem Spätwerk sind es die hier erwähnten „grammatischen Sätze", die in der Funktion von Basissätzen verwendet werden, nun aber nicht nur im Bereich der naturwissenschaftlichen Forschung, sondern in allen Verwendungsformen der Alltagssprache zu finden sind.

geteilte Überzeugung von Sprecherinnen und Sprechern zu beschreiben. Grammatische Sätze vermitteln uns den tatsächlichen Sprachgebrauch, ohne diesen zu verändern. Grammatische Sätze erlauben es, unsere eigene ethisch relevante Sprach- und Handlungspraxis in einer Weise zu beschreiben, die z.b. auch ein Soziolinguist wählen könnte, um die Sitten und Gebräuche einer ihm bisher unbekannten indigenen Sprachgemeinschaft zu beschreiben.

Woran erkennt man Sprachspiele?

Als ehemaliger Maschinenbaustudent erklärt Wittgenstein den Sprachgebrauch häufig anhand von technisch-funktionalen Beschreibungen, einfachen technischen Zeichnungen, Piktogrammen oder schlicht Gesellschaftsspielen. Vergleichbare Analysen des Sprachgebrauchs finden sich auch in spieltheoretischen Konzepten, die in den 1940er Jahren zu einem neuen Forschungsgebiet wurden. Ähnlich wie in der Spieltheorie stellt sich auch in einer Sprachspieltheorie die Frage, wie sich Spielverläufe auf das Verhalten der Spieler auswirken. Ein Wiederholungsspiel liegt z.b. bereits dann vor, wenn jemand darüber nachdenkt, was zu tun ist, wenn ein Spiel zur Routine wird. In der wiederholten Praxis des Sprachgebrauchs kann dies z.b. bedeuten, dass die Regel „Begrüße Leute, die du kennst!" so befolgt wird, dass jemand immer seltener grüßt, je öfter er einer Person innerhalb eines begrenzten Zeitraums begegnet. Es kann sein, dass jemand, der sich an die Begrüßungsregel hält, nach der dritten Begegnung am selben Vormittag eine Person nur noch freundlich anschaut oder nach der zehnten Begegnung innerhalb kurzer Zeit den

Blickkontakt vermeidet und auf jede Form der Begrüßung verzichtet. Vergleichbare Situationen finden wir in vielen sich wiederholenden Handlungskonstellationen, in denen sich die Verhaltensweisen der Spieler auch dann ändern, wenn sie die Spielregeln nicht geändert haben. Wer z.b. immer und ausnahmslos die Regel befolgt, nicht zu lügen, wird sich im Falle einer Notlüge möglicherweise herzlos verhalten, obwohl herzloses und verletzendes Verhalten in der ursprünglichen Regel „Du sollst nie lügen" nicht enthalten war und diese Regel selbst auch nicht verletzt wird, wenn man bedingungslos immer die Wahrheit sagt. Mit anderen Worten: Die Neben- und Folgewirkungen der Befolgung einer Regel treten erst dann auf, wenn eine Regel immer wieder befolgt wird. Kollateralschäden der Regelbefolgung verändern aber unsere Handlungskonventionen und damit auch die ursprüngliche Regel. Wittgenstein klammert in seinen Analysen der Sprachgebrauchsformen solche Iterationseffekte der Regelfolge weitgehend aus, obwohl er andererseits betont, dass jede Sprachpraxis den wiederholten Gebrauch der Sprache voraussetzt. Aber mit dieser kritischen Bemerkung zum „Regelfolgen" verlassen wir die Darstellungsperspektive und räumen der Kritik bereits zu viel Raum ein. Kehren wir noch einmal zu der bei Wittgenstein üblichen Form der Darstellung eines Sprachspiels zurück. Offensichtlich können wir eine Form des Sprachgebrauchs nur dann einem Sprachspiel zuordnen, wenn wir sagen können, was ein Sprachspiel von einem anderen unterscheidet. Es sieht so aus, als ob die Zwecke verschiedener Spiele unterschiedlich sind, aber innerhalb eines Spiels dieselben. Es ist jedoch keineswegs klar, dass die Zwecke eines Spiels in allen Spielen von Bedeutung sind. Nicht jedes Spiel ist darauf angelegt, gewonnen zu werden. Mehrere Personen können dasselbe Spiel aus sehr unterschiedlichen Motiven und mit unterschiedlichen oder gar keinen Zielen spielen.

Die folgende Liste zeigt, dass es zwar möglich ist, sprachliche Mitteilungen nach ihren Wirkungen, Zwecken oder Zielen zu klassifizieren, dass dies aber letztlich für die Analyse eines Spiels nicht hilfreich ist. Wir können zum Beispiel ein Brettspiel spielen, um

- die Spielregeln zu erklären, ohne das Spiel tatsächlich zu spielen
- in Spiel auszugsweise vorführen, es dann aber abbrechen
- Spielzüge definieren (z.B. in der Erfindungsphase eines Spiels)
- andere Personen als Mitspieler zu gewinnen
- Mitspieler zu unterhalten
- die Spielregeln auf Widerspruchsfreiheit zu testen

Mit anderen Worten: Der vermeintliche oder tatsächliche Zweck eines Spiels ist eine Äußerlichkeit, auf die das Spiel verzichten kann. Warum? Weil wir die Funktionsweise eines Spiels auch dann untersuchen können, wenn Handlungsmotive oder Handlungsziele unbekannt sind. Auch die Funktionsweise eines Motors lässt sich in vielen Fällen beschreiben, ohne dass man weiß, zu welchem Zweck er eingesetzt wird. Ebenso ist es nicht immer der Zweck der Sprache, etwas mitzuteilen. Es ist auch nicht der Zweck eines jeden Spiels, mit anderen zusammen gespielt zu werden. Auf die Frage, ob jedes Sprachspiel der Verständigung mit anderen Menschen diene, ob also der Zweck der Sprache „Kommunikation" sei, antwortete Wittgenstein lapidar:

„Patience spielt man allein", denn nicht jeder Sprachgebrauch diene der Verständigung. Handlungsziele können sich sogar innerhalb eines Spiels und in wechselnden Verwendungskontexten verändern, erweitern oder ganz verloren gehen. Auch wenn jemand z.B. ein Kartenspiel nur mit sich selbst spielt, kann er dennoch die Regeln erklären. Unverzichtbar für jedes Sprachspiel ist jedoch die bereits erwähnte Grammatik eines Spiels. Sie ist sozusagen sein Fingerabdruck. Es ist die Grammatik, die das Spiel von seinen äußeren Zwecken oder Anwendungen befreit und seine Funktionsweisen festlegt. Es ist auch die Grammatik, die ein Sprachspiel autonom und kontextunabhängig macht; und es ist die Grammatik, mit deren Hilfe wir die Stabilität einer Handlungskonvention, die Stabilität des Sprachgebrauchs beschreiben.

Ungeachtet der genannten Schwierigkeiten, Regelwerke für Sprachspiele aufzustellen, lassen sich allgemeine Merkmale aller Sprachspiele nicht nur abstrakt als „Spiele" beschreiben, denn in jedem Fall weisen Sprachspiele auch wesentliche, d.h. unverzichtbare Merkmale auf, die sie als Sprachspiele ausweisen:

- Die Funktionsweise eines Sprachspiels erschließt sich (a) aus seiner Beschreibung und/oder (b) aus der Anwendung seiner Regeln.
- Ein Sprachspiel beherrscht, wer eine Sprachtechnik beherrscht.
- Die Regeln des Sprachgebrauchs verweisen auf Lebensformen, in die Sprachspiele gleichsam eingebettet sind.

- Die Grammatik eines Sprachspiels garantiert seine Autonomie und ist der Wirklichkeit nicht rechenschaftspflichtig.
- Jedes Sprachspiel hat einen Kontext, der für das Verständnis der Funktionsweise der Sätze eines Sprachspiels unverzichtbar ist.

Die Idee, Sprache als die Gesamtheit aller in ihr möglichen Sprachspiele zu beschreiben, hat sich als außerordentlich fruchtbar erwiesen. Erstmals scheint es im Rahmen einer Sprachanalyse möglich, die Komplexität des alltäglichen Sprachgebrauchs mit Hilfe einer Gebrauchstheorie in überschaubaren Anwendungskontexten zu beschreiben. Unzählige Sprachspiele werden in der Alltagssprache nach jeweils eigenen Regeln gespielt; Regeln, die untereinander Ähnlichkeiten aufweisen, die Spiele aber auch ganz spezifisch voneinander unterscheiden. Wittgenstein spricht bei ähnlichen Sprachspielen gelegentlich von „familienähnlichen" Sprachverwendungen.

Obwohl die Alltagssprache in vielen Spielen verwendet wird, ist sie für Wittgenstein keine Metasprache, denn die Beschreibung metasprachlicher Funktionen ist selbst ein Sprachspiel, kann also keine gleichsam privilegierte Form des Sprachgebrauchs darstellen. Die einzige allgemein geteilte Form des Sprachgebrauchs ist die syntaktische Form, deren Analyse wir in den üblichen Grammatikbüchern einer Sprache finden. Diese Form des syntaktisch korrekten Sprechens interessiert Wittgenstein aber so gut wie gar nicht, sondern er interessiert sich für die „Bedeutungen" bzw. für das, was er die „Tiefengrammatik der Sprache" nennt. Die Tiefengrammatik hat es mit den Bedeutungen unserer Wörter und Sätze zu tun und ist das Produkt der Beschreibung des Sprachgebrauchs; deshalb spricht man in diesem Zusammenhang auch von einer „Gebrauchstheorie der Bedeutung".

Solange eine Sprache ihre Mitteilungsfunktion nicht verliert, ist ihre rhetorisch-stilistische Form für die Sprachphilosophie irrelevant. Ob sich Bauarbeiter mit wenigen Worten verständigen oder Professoren in ihren Vorlesungen rhetorische Glanzleistungen vollbringen, ist für Wittgensteins tiefengrammatische Gebrauchsanalyse belanglos. Nicht belanglos ist dagegen die Bedeutung von Sätzen in einem Sprachspiel, soweit sie sich aus ihrem Gebrauch ergibt. Wittgenstein hat die Analyse der Gebrauchsformen der Alltagssprache über viele Jahre verfolgt. Sein Nachlass bietet auf weit über 15.000 Seiten nur wenige Anhaltspunkte, die er selbst nur ansatzweise und in wenigen Typoskripten systematisiert hat. Die Vielfalt all dieser Bemerkungen, Notizen, Tagebucheinträge, immer neuen Textzusammenstellungen und thematischen Variationen deckt zwar ein breites Spektrum von Gebrauchsformen von Sätzen ab und behandelt auch sprachphilosophische Probleme der Mathematik, der Psychologie und der Ästhetik; aber Fragen der normativen Ethik werden in diesen Untersuchungen kaum berührt, abgesehen von der bereits bekannten skeptischen Bewertung aller Versuche, eine normative Ethik zu begründen.

Deskriptive Ethik

Obwohl Wittgenstein sich gegen alle Versuche ausspricht, eine sprachspielübergreifende oder Gebrauchsanalyse von

Sätzen durchzuführen, ist es dennoch sinnvoll, den tatsächlichen Sprachgebrauch zu untersuchen, denn nur wer weiß, wie die Sätze in einem Sprachspiel verwendet werden, kann auch eine Handlungssituation angemessen beschreiben. Dass aber die Sprachanalyse den tatsächlichen Sprachgebrauch in keiner Weise berühren dürfe, war eine These Wittgensteins, die Widerspruch provozieren musste. Diese Widersprüche und kritischen Einwände waren Wittgenstein teilweise bekannt, zumal er mit einem Kollegen in Cambridge (UK), Georg Edward Moore (1873-1958), befreundet war, dessen Werk „Principia Ethica" Wittgenstein kannte. Dennoch hielt Wittgenstein an seiner Überzeugung fest, dass eine normative Ethik aus sprachlogischen Gründen nicht möglich sei. Diese Auffassung vertrat Wittgenstein bereits in seinem Frühwerk, dem Tractatus logico-philosophicus bzw. der „Logisch-philosophischen Abhandlung", aber auch in seinen späteren Werken, z.B. in den „Philosophischen Untersuchungen" oder in seinem „Vortrag über Ethik". Das Argument, auf das Wittgenstein seine Ablehnung stützt, beginnt mit einer Analyse der Funktionsweise eines Sprachspiels.

Ein Sprachspiel regelt - wie bereits erwähnt - die Bedeutung sprachlicher Ausdrücke im Rahmen des kontextbezogenen funktionalen Gebrauchs von Sätzen unserer Umgangssprache. Die Verwendung von Sätzen bestimmt ihre Bedeutung, aber diese Verwendung ist an bestimmte Arten der Verwendung von Sätzen gebunden, nämlich an die erwähnten Sprachspiele, von denen es unzählige gibt. „Grüßen" ist ein solches Sprachspiel, aber auch „Witze erzählen", „beten" oder „fluchen" usw. Weil wir bei der Untersuchung des konventionellen Sprachgebrauchs ausschließlich auf

Sprachspiele stoßen, nennt Wittgenstein auch das „Ganze der Sprache" ein „Sprachspiel", was aber nicht heißt, dass sich für das Ganze der Sprache Gebrauchsregeln finden ließen, es sei denn wiederum in den unterschiedlichen Formen des Sprachgebrauchs, also in den regionalen und lokalen Sprachspielen. Da der Sprachgebrauch und seine Gebrauchsregeln an Sprachspiele gebunden sind, ist ein sprachspielübergreifender Sprachgebrauch unmöglich. Sprachspiele lassen schon deshalb keine ethisch-normativen und verallgemeinerbaren Aussagen zu, weil diese den Sprachspielkontext überschreiten müssten.

Da wir in Sprachspielen keine Sprachverwendung finden, die den Kontext dieser Sprachverwendung verlässt, sozusagen die Grenzen eines Spiels überschreitet, ist im Rahmen dieses Konzepts auch keine Ethik möglich („Sätze können nichts Höheres ausdrücken"). Eine normative Ethik ist in Sprachspielen aber auch deshalb unmöglich, weil die in ihnen verwendeten normativen Botschaften nur beschrieben werden. Die Aufgabe, diese Gebrauchsregeln zu beschreiben, ist aber ihrerseits ein so komplexes Unterfangen, dass sich die These von der Abgrenzbarkeit deskriptiver und normativer Aussagen im Verlauf zahlloser Gebrauchsanalysen der Alltagssprache als immer schwieriger erweist [65].

---

65   Ein Beispiel: Folgt jemand Regeln, wenn er einer Handlungskonvention folgt? Wenn „ja", wie könnte er dann sein eigenes Handeln beschreiben, ohne normative Aussagen zu verwenden? Deskriptive und normative Aussagen (präskriptive Aussagen) scheinen hier auf logisch problematische Weise austauschbar zu werden.

In diesem Punkt wurde Wittgenstein aus unterschiedlichen Richtungen der Philosophie widersprochen. Vor allem wurde darauf verwiesen, dass sich in Wittgensteins Werk häufiger sprachspielübergreifende Regeln finden, z.B. wenn zentrale Eigenschaften eines Sprachspiels normativ für alle Sprachspiele behauptet werden. Es finden sich tatsächlich universell-normative Regeln der Verwendung der Sprache in Wittgensteins Werk, denn gemeinsame grammatische und funktionale Merkmale der geregelten Verwendung von Sätzen finden wir in allen Sprachspielen, die diesen Namen nicht verdienten, wenn ihnen nichts gemeinsam wäre. Wittgenstein war aber nicht willens, in dieser Frage Konzessionen zu machen. Er war vielmehr der Auffassung, dass die Gebrauchsanalyse der normalen Sprache zwar höchst unterschiedliche Verwendungsweisen von Sprache beschreiben, nicht aber Verwendungsweisen beschreiben, die in allen möglichen Verwendungsformen von Sprache zu finden seien. Letztere würde beispielsweise im Falle der Verallgemeinerung der ethischen Gebrauchsform eines Satzes erforderlich sein[66].

Ähnlich stellen sich die Probleme dar, wenn wir uns der deskriptiven Ethik zuwenden. Die deskriptive Ethik unterrichtet uns - wie bereits erwähnt - über Konventionen, Gepflogenheiten, Rituale oder zahllose andere ethisch relevante Gebrauchsformen der Sprache. Weil ethische Normen immer auch regionale Gepflogenheiten

---

66   Ohne sich je mit Kants Ethik befasst zu haben, formuliert Wittgenstein hier eine Kritik an „Verallgemeinerungen in der Ethik", von der bereits in den Ausführungen über Kants „Kategorischem Imperativ" die Rede war (→ Kants Pflichtethik).

berücksichtigen, ist es unverzichtbar, diese zu kennen. Die deskriptive Ethik übernimmt Aufgaben, die – jenseits der philosophischen Aspekte der Sprachanalyse – auch von Soziologen, Ethnologen oder Anthropologen geleistet wird: sie beschreibt Verhaltensweisen von Menschen, an einem Ort, zu einer Zeit und im Kontext ihrer Geschichte. Die deskriptive Ethik untersucht auch den kontrafaktischen Gebrauch der Sprache, um die Funktion von Sätzen in Satzkontexten besser zu verstehen, sie ist also nicht an den faktischen Gebrauch der Alltagssprache gebunden oder auf diesen argumentationslogisch fixiert.

Erinnern wir uns an die einleitenden Kapitel über die sokratische Gesprächsführung. Wir fanden dort erste Beispiele der Funktionsweise einer Ethik, die sich im Wesentlichen auf die Beschreibung und Begriffsanalyse in Gesprächen beschränkt. Gespräche, in deren Rahmen auch nach zutreffenden Gebrauchsmerkmalen ethischer Begriffe gesucht wurde. Bereits in der sokratischen Ethik begegnen uns Begriffserläuterungen, die erkennbar mit den Interessen der jeweiligen Gesprächspartner und deren Lebensumständen verbunden sind. Sokrates bietet eine Fülle unterschiedlichster Analysen der Verwendungsweisen unserer Begriffe und führt diese Gespräche unter Hinweis auf die Lebenspraxis und Lebenswelt seiner Gesprächspartner. Wittgensteins Sprachspiel-Analysen lassen sich in diese Tradition philosophisch-therapeutischer Gespräche einordnen. Was unter Sitten und Gepflogenheiten zu verstehen ist, beispielsweise wenn jemand Befehle erteilt oder sich etwas wünscht, oder eine Erwartung äußert, das finden wir in Wittgensteins Werk oft in Dialogform beschrieben, um Probleme zu klären. Beispielsweise in Form der Einführung anonymer Gesprächspartner, deren Gesprächsbeiträge durch Formulierungen wie „Du würdest also sagen, dass ...“ gekennzeichnet sind.

„Ein Versprechen geben"

Es ist die Aufgabe der deskriptiven Ethik zu zeigen, dass sich unsere Beschreibungen einer Handlungspraxis nicht an zufälligen Einzelfällen, sondern an Beschreibungsmaßstäben orientieren, wir könnten auch von Handlungsparadigmen sprechen. Wittgenstein macht uns mit Handlungsbeschreibungen bekannt, die uns zeigen, wie der Übergang von Handlungskonventionen zu Handlungsregeln zu verstehen ist. Was z.B. bedeutet es, jemandem etwas zu versprechen?

Obwohl Wittgenstein ethisch relevante Mitteilungen wie „ein Versprechen geben" in seinem Werk kaum analysiert hat, lässt sich sein Konzept der Gebrauchsanalyse eines Sprachspiels auch auf Sprachhandlungen, sogenannte „Sprechakte", anwenden.

Sprechakttheoretiker sind der Auffassung, dass das Aussprechen eines Versprechens in der Form „Hiermit verspreche ich Dir, dass..." im sprachlichen Vollzug desselben liege. Es ist jedoch aus mehreren Gründen fraglich, ob ein Versprechen durch einen Sprechakt der Form „Hiermit verspreche ich Dir, dass..." vollzogen werden kann. Es ist aus mehreren Gründen fraglich,

- weil Zeugen die Abgabe eines Versprechens bestreiten könnten
- weil nicht-verbale Handlungsrituale während der Abgabe eines Versprechens nicht befolgt wurden

- weil ein Versprechen rückwirkend für „null und nichtig" erklärt werden kann (z.b. im Falle bewusster Täuschung)
- weil Verspechen in einem Spielfilm oder auf einer Bühne keinen Schauspieler zu Handlungen im wirklichen Leben verpflichten
- weil in vielen Fällen ein Versprechen durch den Empfänger eines Versprechens angenommen werden muss, zumindest wenn dieser durch seine Mitwirkung in irgendeiner Form an der Umsetzung des Versprechens beteiligt ist oder die Annahme eines Versprechens ablehnt, das ihn selbst zum Empfänger eines Versprechens macht
- weil ein Versprechen einvernehmlich rückgängig gemacht werden kann
- weil Versprechen Aussagen über eine unbekannte Zukunft enthalten
- weil der Vollzug eines Sprechaktes („Hiermit verspreche ich dir, dass…") für sich genommen nur unvollständig ist und von einem nichtverbalen Handeln ebenso begleitet sein muss wie von institutionellen Rahmenbedingungen, die nicht Gegenstand eines Sprechaktes sein können.

Diese Liste der Voraussetzungen und Rahmenbedingungen für die Abgabe eines Versprechens ließe sich noch erheblich verlängern. Die Behauptung, mit dem Aussprechen eines Versprechens sei dieses auch bereits getätigt worden, ist durch die oben angeführten Gründe in Zweifel zu ziehen. Wenn „Ein Versprechen geben" derart komplexe und unübersichtliche Handlungsvoraussetzungen und

Handlungsfolgen impliziert, erscheint es erklärungsbedürftig, warum unser Alltagsverständnis der Funktionsweise eines Versprechens ein eher unproblematisches zu sein scheint. Dieses unproblematische Alltagsverständnis kommt der Sprechakttheorie entgegen, wenn diese ein „Versprechen" im Aussprechen desselben als vollendet betrachtet. Doch diese Sicht der Dinge unterbietet das Komplexitätsniveau dessen, was wir „ein Versprechen geben" nennen. Warum beispielsweise glauben wir an die Funktionsweise eines Versprechens, obwohl wir nichts über die Zukunft unserer Handlungsfolgen wissen? Glauben wir wirklich, dass das Aussprechen einer verbalen Formel eine gleichsam magische Wirkung entfalten kann und die Ungewissheiten der Zukunft gleichsam zu überspringen vermag?

Entweder wissen wir aufgrund der Mitteilung „Versprechen sind zu halten" wie dieses Spiel gespielt wird oder wir wissen es nicht und müssen es erst erlernen. Aber in jedem Fall ist die Abgabe eines Versprechens von allen Vorbehalten und möglichen zukünftigen Einwänden befreit. Ein Versprechen funktioniert, wenn unabhängig von den möglichen zukünftigen Ereignissen, die die Funktion eines Versprechens beeinträchtigen können, alle beteiligten Personen wissen, was zu tun ist, wenn ein Versprechen gegeben wird. Wir verbinden mit der Abgabe eines Versprechens keinen absolut bedingungslosen Geltungsanspruch. Vielmehr gehen wir davon aus, dass es ausreichend ist, ein Versprechen abgeben zu können, wenn uns bekannt ist, in welchen Situationen Versprechen gegeben werden, wohl wissend, dass alles, was künftig noch geschehen mag, die Abgabe eines Versprechens rückwirkend in Frage stellen könnte. All das ist aber nur zu erkennen, wenn diese Anwendungsbedingungen und

Verwendungsformen eines Handlungsrituals analysiert werden.

Was bedeutet es im Einzelfall, etwas zu versprechen? Wir könnten uns in diesem Zusammenhang die folgenden Fragen stellen:

- Kann einer etwas sich selbst versprechen?
- Kann einer vernünftigerweise versprechen, etwas zu vergessen?
- Wie kann man unter Bedingungen der Risiko-Kommunikation etwas versprechen?
- Wie weit reicht ein Versprechen in die Zukunft?

Die deskriptive Ethik bewahrt uns in diesen Fällen vor Fehlinterpretationen ethisch relevanter Handlungsrituale, beispielsweise vor der Auffassung, ein Versprechen könnte durch das Äußern von Worten Geltung erlangen, unabhängig von zukünftigen Ereignissen und unabhängig von der Frage, welche erfüllten oder nicht erfüllten Geltungsansprüche dieses Versprechen begleiten.

Grenzen der deskriptiven Ethik

(Abb. 1)

Der Handlungsgrundsatz eines Grafikers könnte lauten „Ich zeichne nur Hasen!", und nun zeichnet er dies: (Abb. 1) Wäre sein Handlungsgrundsatz gewesen „Ich zeichne nur Enten!" hätte er ebenfalls (Abb. 1) zeichnen können.

Hätte er in beiden Fällen auf dieselbe oder auf unterschiedliche Weise gehandelt? Die Antworten auf diese Frage sind weder durch die unterschiedlichen Handlungsabsichten noch durch das jeweilige Handlungsziel, nämlich die Herstellung von (Abb. 1) zu entscheiden.
Übertragen wir dieses Beispiel auf die Beschreibung anderer Handlungen mit anderen Handlungsgrundsätzen und anderen Handlungszielen. Es könnte auch hier der Fall eintreten, dass in bestimmten Fällen nicht klar ist, ob der, der eine Handlungsregel befolgt, dasselbe oder etwas anderes tut als jener, der der Handlungsregel nicht folgt. Wir haben hier ein Identitätsproblem in der Frage, welches Handlungsgeschehen beobachtet und beschrieben wird. Ein Problem, das durch Kenntnis der Handlungsabsichten oder Handlungsziele nicht zu beheben ist. Die These, dass jene, die unterschiedlichen Regeln folgen, auch Unterschiedliches tun, ist in diesem Fall und wäre in analogen Fällen problematisch.
Was hier auf visuelle Weise vermittelt wird, ist uns in seiner Struktur als ethisches Dilemma bereits begegnet. Unterschiedliche Handlungsgrundsätze können zu Regelkonflikten führen. Das bekannte Hasen-Enten-Beispiel Wittgensteins (aus den „Philosophischen Untersuchungen") konfrontiert uns mit Regel- und Identitätskonflikten, die im Rahmen der Gebrauchstheorie der Sprache nicht zu lösen sind. Es ist naheliegend anzunehmen, dass wir mit vergleichbaren Problemen auch in der Ethik rechnen müssen. Tritt dieser Fall ein, sprechen wir von einer Dilemma-Situation.
Im Kapitel über die Stoiker wurden unterschiedliche ethische Dilemmata bereits skizziert. Ein Beispiel: Wären die Menschen, die sich aus der untergehenden Titanic in die

Boote retten konnten, den im Wasser Treibenden zu Hilfe geeilt und hätten diese in ihre Boote geholt, dann wären die überfüllten Rettungsboote mit hoher Wahrscheinlichkeit instabil geworden und untergegangen. Das Angebot zur Hilfe wäre also eine reale Bedrohung des Lebens jener gewesen, die sich bereits in den Rettungsbooten befanden. Doch der Entschluss, nicht zu helfen, hätte den Tod der im Wasser Treibenden bedeutet. Wie immer nun auch die ethisch gebotene Handlungsregel ausfallen mag: Jeder Rettungsversuch würde das Leben in oder außerhalb der Rettungsboote gefährden. Handlungsabsichten und Handlungsregeln führen in derselben Anwendungssituation zu Widersprüchen. Die Szenarien der Rettung und der ertrinkenden Menschen wären auf verwirrende Weise ununterscheidbar.

Wittgenstein diskutiert dieses Beispiel nicht, zeigt aber ein erhebliches Interesse an der Frage, was es bedeutet „Etwas als etwas Anderes zu sehen". Auch der oben abgebildete H-E-Kopf macht deutlich, dass einer, der einer Handlungsregel folgt, nicht erkennen kann, ob er dasselbe oder etwas Anderes tut als der, der einer anderen Handlungsregel folgt. Dieses Handlungsdilemma (in Abb. 1 ein visuelles Dilemma) der in ihren Folgen sowohl unterscheidbaren als auch ununterscheidbaren Handlungsregeln zeigt uns die Grenzen des funktional geregelten Sprachgebrauches auf und damit auch die Grenzen der Handlungsbeschreibungen in der deskriptiven Ethik. Genau diese Erkenntnis wäre aber ohne eine intensive Gebrauchsanalyse der Wortsprache (und in Abb. 1 auch der Bildsprache) nicht erkannt worden. Die deskriptive Ethik kann uns also helfen, den Bereich der normativ-widerspruchsfreien Verwendung von Sätzen gleichsam abzustecken. Sie hilft uns zu verstehen, unter welchen Bedingungen Handlungsnormen widerspruchsfrei möglich sind.

Stärken der deskriptiven Ethik Wittgensteins

- Gebrauchsanalyse: Ethik wird als Gebrauchstheorie der Sprache der Vielfalt realer aber auch fiktionaler Gebrauchsformen gerecht und hilft uns Klarheit in der Verwendung unserer sprachlichen Mitteilungsformen zu gewinnen. Die Vielfalt ethisch relevanter Mitteilungsformen wird durch die Vielfalt der alltäglichen Sprachgebrauchsformen sichtbar.
- Ethik autonomer Sprachspiele: Sätze aus der Grammatik eines Sprachspiels können paradigmatisch verwendet werden, ohne richtig oder falsch verwendet zu werden. Die Regeln funktional autonomer Sprachspiele sind weder anderen Sprachspielen Rechenschaft schuldig, noch sind sie der Wirklichkeit verpflichtet. Wie auch alle anderen Gebrauchsformen von Sätzen werden auch die Sätze der Ethik in ihrer Verwendung beschrieben, ohne diese Gebrauchsformen aus anderen Theorien abzuleiten oder durch Gebrauchstheorien der Sprache gleichsam stützen zu müssen. Wir können also Sätze der Ethik in ihrer Verwendung analysieren, ohne Hintergrund- oder Rahmentheorien zu konsultieren, also jenseits der Hypothese, jede Verwendungsform der Sprache sei „theoriegetränkt".
- Ethik als Grammatik: Wittgenstein entwickelte eine neue Klasse von Sätzen, die sowohl deskriptiv als

auch normativ verwendet werden können. Mit Hilfe grammatischer Sätze lassen sich Verwendungsmaßstäbe für den Gebrauch von Sätzen festlegen. Grammatische Sätze können auch ethische Normen formulieren, aber diese gelten nur im Binnenkontext eines Sprachspiels; vor allem aber greifen diese Sätze nicht regulierend in die Verwendungsweise der Sprache ein, sondern machen diese Verwendungsweise verständlich, beschreiben und rekonstruieren sie.

- Ethik als Sprachtherapie: Die klärende Analyse sprachlogischer Verwirrungen im Gebrauch der Alltagssprache hat auch therapeutische Effekte. Sind die Entstehungsbedingungen gewisser Mitteilungsformen bekannt, ist es deutlich leichter diese einzuordnen oder auf sie rational zu reagieren.
- Komplexitätsanalysen: Die deskriptive Ethik bewahrt uns vor Fehlinterpretationen ethisch relevanter Handlungsrituale (Beispiel: „Was bedeutet es, ein Versprechen zu geben?")

Schwächen der deskriptiven Ethik Wittgensteins

- Fehlende normative Universalisierbarkeit: Sätze der deskriptiven Ethik sind weder normativ noch können sie verallgemeinert werden.
- Fehlende Übersetzbarkeit: In der realen Sprachpraxis finden sich viele sehr unterschiedliche Verwendungsformen von Sprache, die dennoch miteinander gleichsam verwoben sind und

Sprachspielübersetzungen erfordern. Wie es sprachlogisch gelingen kann, von einem Sprachspiel der Ethik zu einem anderen Sprachspiel überzugehen, kann zwar unter Hinweis auf die gelebte Sprachpraxis beantwortet werden, nicht aber neuerlich im Rahmen einer Sprachspieltheorie begründet werden, ohne das Übersetzungsproblem zu wiederholen. Sprachspiele können nicht ineinander übersetzt werden, weil jede denkbare Übersetzungsschnittstelle nur ein weiteres Sprachspiel sein könnte, das seinerseits übersetzt werden müsste.

- Fehlende Kontingenzbewältigung: Der anwendungsbezogene Gebrauch der Sprache ist durch zahlreiche Zufälle mitbestimmt. Verwendungsregeln können diese Zufälle weder abbilden noch reproduzieren, weil die zufälligen Anteile einer Handlungspraxis nicht durch Sprachspielregeln rekonstruiert werden können. Ein reproduzierbares Ereignis wäre nicht länger ein zufälliges Ereignis.

- Fehlende empirische Daten: Der tatsächliche Gebrauch der Alltagssprache (z.B. sprachanthropologische , sprachsoziologische Feldforschung) wird von Wittgenstein nicht empirisch erhoben. Es finden sich keine Begründungen dafür, dass der analysierte Sprachgebrauch auch jener ist, den z.B. ein Ethnolinguist beschreiben würde.

Literatur:

- Wittgenstein: Eine Einführung von Joachim Schulte, 264 Seiten, Verlag: Reclam
- Ludwig Wittgenstein zur Einführung, von Richard Raatzsch, 251 Seiten, Verlag: Junius Hamburg
- Wittgenstein und die Folgen, von Stefan Majetschak, 172 Seiten, Verlag: J.B. Metzler
- Ludwig Wittgenstein, von Wilhelm Vossenkuhl, 368 Seiten, Verlag: C.H. Beck

Lernziel:

- Verständnis der Funktionsweise eines Sprachspiels

Übungsfragen:

- Nennen sie typische Merkmale eines Sprachspiels
- Wie erkennt man, nach welchen Regeln ein Sprachspiel gespielt wird?
- Wie sind Sprachspiele durch Regeln und / oder Konventionen bestimmt?
- Was versteht Wittgenstein unter „grammatischen Sätzen"?
- Was leistet eine deskriptive Ethik?

Hans Jonas (1903-1993)
Das Prinzip Verantwortung

Das wohl bekannteste Buch von Hans Jonas trägt den Titel „Das Prinzip Verantwortung" (1979). Der Buchtitel soll offensichtlich eine thematische Abgrenzung zu einem anderen prominenten Titel herstellen. Gemeint ist Ernst Blochs bekanntestes Werk „Das Prinzip Hoffnung", das in den Jahren 1938 bis 1947 entstand. In diesem mehrbändigen Werk entwirft Bloch eine marxistische Gesellschaftsutopie. Ganz im Gegensatz zu dem Programm, das Jonas vertritt. Hoffnung" ist für Jonas ein schlechter Ratgeber. „Hoffnung" könne in einer technologisierten Gesellschaft keinesfalls als Richtschnur für unsere Handlungsentscheidungen dienen. Weil die technologischen Fernwirkungen unseres Handelns weit über unsere eigene Lebensspanne hinausreichen, sind auch die Folgen unseres Handelns in den Fernwirkungen zu suchen. Das war zwar zu allen Zeiten so, aber Jonas ist der Auffassung, dass erst in einer hochentwickelten technologischen Gesellschaft die Fernwirkungen unseres Handelns ein in früheren Zeiten unvorstellbares Ausmaß erreichen, das die Existenz der Menschheit insgesamt in Frage stellt.

Es mag verwundern, dass Jonas die Beispiele für gefährliche technologische Fernwirkungen im Wesentlichen auf die Darstellung gentechnischer Manipulationen beschränkt und z.B. die Problematik der Endlagerung radioaktiver Abfälle oder die ökologischen Verwüstungen und ihre Folgen für nachfolgende Generationen nicht thematisiert. Auch in seinem Werk „Organismus und Freiheit" geht Jonas nicht auf die zu befürchtenden Zukunftsprobleme ein. Als hätte es den

Club of Rome und den 1972 veröffentlichten Bericht über die „Grenzen des Wachstums" nie gegeben, benennt Jonas weder ökologische noch ökonomische Verantwortungsbereiche seiner Zukunftsethik.

Gleichwohl sollte man Jonas nicht unterstellen, dass ihn z.B. Fragen der atomaren Aufrüstung der Großmächte, Fragen der Endlagerung radioaktiver Abfälle oder die wirtschaftlichen Zukunftsprobleme der Weltbevölkerung nicht interessiert hätten, auch wenn er dazu schweigt. Wie auch immer dieser Verlust an anschaulichen Beispielen einer Verantwortungsethik für die ferne Zukunft zu interpretieren ist, er berührt kaum die Systematik der Argumente, die Jonas in seinem Buch „Das Prinzip Verantwortung" vorbringt.

Im Zentrum der Argumentation stehen zwei Prämissen. Zum einen die Hypothese, dass alle bisherige Ethik Gegenwartsethik gewesen sei, weil sich die Ethik bisher nicht mit dem Problem der Verantwortung für die Fernwirkungen unseres Handelns auseinandergesetzt habe. Zum anderen die Hypothese, eine „Heuristik der Furcht" sei die einzig rationale Methode, Verantwortung für die Fernwirkungen unseres Handelns zu übernehmen. Der Unheilsprophetie sei stets der Vorrang vor der Heilsprophetie zu geben. Schauen wir uns die beiden Hypothesen etwas genauer an.

War Ethik bisher „Gegenwartsethik"?

Ist das Problem der Verantwortung für die zukünftigen Fernwirkungen unseres Handelns den Philosophen und Philosophinnen bisher entgangen? Waren bisher alle Ethiker „Gegenwartsethiker"? War Jonas der erste, der sich mit

Fragen der Verantwortung für die Fernwirkungen menschlichen Handelns beschäftigt hat?

In den Lehren vieler Religionsgemeinschaften finden sich seit Jahrhunderten zentrale Glaubensüberzeugungen, die auf die Zukunft gerichtet sind. Auch Theologen und Religionsphilosophen rechnen mit Fernwirkungen menschlichen Handelns, denn in den Lehren aller Weltreligionen hat das Leben der Gläubigen erhebliche Auswirkungen auf ihr Leben nach dem Tod. So vertreten christliche Theologen die Auffassung, dass der Mensch nach seinem Tod für seine Taten zur Rechenschaft gezogen wird. Auch die Glaubenslehre, dass ein einziger Sündenfall am Anfang der Menschheitsgeschichte heilsgeschichtliche Fernwirkungen auf die gesamte Menschheitsgeschichte hat, belegt nicht die von Jonas immer wieder betonte These, dass alle bisherige Ethik Gegenwartsethik gewesen sei. In der religionsphilosophischen Ethik ist das Prinzip der Verantwortung für die Fernwirkungen unseres Handelns also bekannt.

Im Rahmen der Entwicklung von Vertragstheorien sind immer wieder Planungsszenarien entwickelt worden, die die Fernwirkungen menschlichen Handelns berücksichtigen. Jenseits religionsphilosophischer oder theologischer Lehren finden wir das Prinzip einer Zukunftsethik auch im Utilitarismus, genauer gesagt in dessen konsequentialistischer Variante. Der Konsequentialismus interessiert sich für den Nutzen eines Handlungsziels, um von dort, d.h. aus der antizipierten Zukunft eines erreichten Handlungsziels, auf die Verhältnismäßigkeit der Mittel-Zweck-Relation bzw. auf die Angemessenheit von antizipierten Handlungsfernwirkungen und subjektiven Handlungsprinzipien zu schließen. Die

Schlüsselfrage des Konsequentialisten lautet: "Wollen wir mit diesen Handlungsfolgen leben? Aber nicht nur der qualitative, sondern auch der quantitative ökonomische Utilitarismus kennt das Prinzip der Abschätzung von Fernwirkungen menschlichen Handelns. Kein Kaufmann würde jemals einen Kredit von einer Bank erhalten, wenn diese nicht den voraussichtlichen zukünftigen Geschäftsverlauf oder zumindest die zukünftige Zahlungsfähigkeit ihrer Kunden abgeschätzt und kalkuliert hätte. Das tägliche Börsengeschäft ist ein Handel mit Optionen auf zukünftige Ereignisse. Auch jedes Versicherungsunternehmen lebt von der prognostischen Einschätzung zukünftiger Ereignisfolgen. In jedem Fall ist wirtschaftsethisches Handeln auf Schritt und Tritt von Zukunftsprognosen begleitet. Mehr noch: Jedes Handeln ist zielgerichtetes Handeln und Handlungsplanung ist nur möglich, wenn Handlungsziele noch nicht realisiert sind, auch wenn die Antizipation des Handlungsziels als Gegenstand der Handlungsplanung nur in der Gegenwart möglich ist. Nicht umsonst spricht man im Bankgeschäft von Spekulationsgeschäften, weil diese auf die ungewisse Zukunft gerichtet sind. Kurz: Jede Wirtschaftsethik muss zukünftige Zeithorizonte in die Planung wirtschaftlichen Handelns einbeziehen. Vergleichbares ließe sich auch für die medizinische Therapeutik und Medizinethik sagen, denn auch hier sind prognostische Aussagen unverzichtbar. Man kann also nicht sagen, dass Ethik bisher nur „Gegenwartsethik" gewesen wäre. Aber das sind eher Randprobleme, denn auch wenn Fragen der ethischen Bewertung der Fernwirkungen unseres Handelns keine Erfindung des 20. Jahrhunderts sind, so ist es doch so, dass die Technologien dieses Jahrhunderts Probleme erzeugen, deren Folgen weit über die

Lebenshorizonte dieser Zeit hinausreichen. Die zentrale Frage ist, wie diese - heute noch unbekannten - Fernwirkungen abgeschätzt werden können und welche Schlussfolgerungen aus diesen Abschätzungen fiktiver Szenarien zu ziehen sind.

Das Prinzip einer "Heuristik der Furcht

Als „Heuristik der Furcht" bezeichnet Jonas die Methode der Überprüfung einer Handlungsabsicht unter dem Aspekt eines Worst-Case-Szenarios ihrer Realisierung. Bei genauerer Betrachtung müsste unter einer „Heuristik der Furcht" eine „Kunst, das Fürchten zu lernen" verstanden werden, denn die am meisten zu fürchtende Zukunft soll gleichsam als Richtschnur unserer Entscheidungsfindung unser langfristiges Planen und Handeln bestimmen. Über die Fernwirkungen unseres Handelns wurde zwar schon früher, z.B. in der Kriegsplanung, Logistik und Verwaltung, auch in der Antike nachgedacht, aber nicht unter dem Aspekt einer „Heuristik der Furcht". Für einen Stoiker wäre ein solches Konzept ohnehin das genaue Gegenteil dessen, wofür die Stoa steht. Aber auch besonnene Zeitgenossen des 21. Jahrhunderts würden dafür plädieren, Entscheidungen nicht aufgrund von Ängsten zu treffen. Damals wie heute waren und sind die meisten Menschen, die zukünftige Ereignisse abschätzen, mit dem Gedanken vertraut, dass ihre Entscheidungen nur den aktuell verfügbaren Planungsinformationen folgen können. In diesen Fällen spricht man von Risikomanagement oder Risikofolgenabschätzung. Dabei geht es um eine rationale Entscheidungsfindung auf der Grundlage gesicherter Informationen und nicht auf der Grundlage der schlimmsten denkbaren Zukunftsszenarien.

Im Unterschied zu rationalen Prognosen, wie sie etwa bei der Beurteilung der Kreditwürdigkeit eines Kunden oder beim Abschluss einer Lebensversicherung üblich sind, schlägt Jonas vor, dass diejenigen, die verantwortlich handeln wollen, aus dem Pool der rationalen Prognosen die denkbar schlechtesten Prognosen, also die erwähnten „Worst-Case-Szenarien" auswählen; zumindest in den Fällen, in denen die Fernwirkungen unseres Handelns für die Menschheit insgesamt bedrohlich sind. Konkret nennt Jonas in diesem Zusammenhang die Möglichkeit, Menschen durch Eingriffe in ihr Erbgut genetisch zu manipulieren, etwa menschliche Klone herzustellen. Das Argument, mit dem Jonas zu zeigen versucht, dass die Herstellung menschlicher Klone ethisch verwerflich ist, mag in diesem Zusammenhang wiederum überraschen. Nicht der Eingriff in das Erbgut als solcher wird verurteilt, sondern die fehlende Zukunftsperspektive eines Klons, der in der Lebensweise seines älteren Zellspenders seine eigene Zukunft erkennt und damit seiner eigenen Handlungsfreiheit beraubt wird. Dieses Argument wäre stichhaltig, wenn bereits feststünde, dass Klone zwangsläufig die gleichen Lebensentscheidungen treffen müssen wie diejenigen, von denen sie geklont sind. Ein solches Argument untergräbt aber jeden Begriff menschlicher Freiheit, weil es bei jedem Menschen eine genetische Determiniertheit voraussetzt, die bestenfalls unbemerkt bleibt, weil es keinen Klon gibt, der diese Determiniertheit gleichsam „vorlebt". Um die Fernwirkungen des eigenen Handelns abschätzen zu können, ist die Hypothese, dass ein Kausalmechanismus unser Handeln bestimmt, viel zu anspruchsvoll für eine Beweisführung. Eine Beweisführung, die Jonas gar nicht erst versucht, denn ein genetischer Determinismus würde jenseits einer „Heuristik der Furcht" berechenbar machen, was uns erwartet.

Angesichts der Katastrophen, die der Menschheit noch bevorstehen, mag der Pessimismus verständlich erscheinen, wäre die Angst vor der Zukunft in diesem Fall nicht auch die Angst vor der Menschheit selbst. Folgt man dieser Logik, stellt sich die Frage, warum es die Menschheit in Zukunft überhaupt noch geben soll, wenn sie es ist, vor der wir uns fürchten.

Es scheint, dass das von Jonas beschriebene Prinzip einer Heuristik der Angst bereits im Kalten Krieg erfolgreich angewandt wurde, denn das sogenannte Gleichgewicht des Schreckens bewahrte die USA und die damalige Sowjetunion vor einem Atomkrieg. Da beide Konfliktparteien den Erstschlag nicht überlebt hätten, so hieß es, hätte auch keine Konfliktpartei einen solchen nuklearen Erstschlag in Erwägung gezogen. Das Prinzip der gesicherten gegenseitigen Vernichtung bzw. das sogenannte nukleare „Gleichgewicht des Schreckens" scheint dem Prinzip einer Heuristik der Angst sehr nahe zu kommen.

Der französische Philosoph André Glucksmann hat in seinem Werk „La Force du vertige" (1983) das Argument vertreten, es sei moralisch legitim, die Existenz aller Bewohner dieses Planeten gleichsam in Geiselhaft zu nehmen, wenn dadurch totalitäre Regime verhindert werden könnten. Folgt man dieser Argumentation, so wird deutlich, wie das Argument einer „Heuristik der Furcht" im Kalten Krieg konstruiert wurde. Der militärische Konflikt war von beiden Supermächten so definiert worden, dass der Sieg über den jeweiligen Gegner gleichbedeutend mit der eigenen Vernichtung war. Das Gleichgewicht des Schreckens bestand also in der logischen und waffentechnischen Unauflösbarkeit einer gegenseitig garantierten Vernichtung. Die sich aufdrängende Frage, ob dieses Denken noch etwas mit dem Prinzip einer Verantwortung für künftige Generationen zu tun hat, könnte nur beantworten, wer die Chance hätte, Verantwortung zu übernehmen. Gerade dieser Fall wird aber durch die glaubhaft angedrohte gegenseitige Vernichtung ausgeschlossen. Auch wenn dieses „Gleichgewicht des Schreckens" („guaranteed mutual destruction") bis heute einen Atomkrieg der Supermächte verhindert haben mag, wäre es abwegig zu behaupten, dieses Konzept sei der Idee eines vorausgesetzten guten Willens der Konfliktparteien verpflichtet. Das Prinzip einer nuklearen Heuristik der Furcht „funktioniert" - wenn überhaupt - nur deshalb, weil es paradox konstruiert ist und unter der Prämisse seiner Anwendung keine rationale Auflösung zulässt. Im Falle eines interkontinentalen Nuklearkrieges unter Einsatz aller verfügbaren Nuklearwaffen wäre niemand mehr in der Lage, in den zurückbleibenden Trümmerhaufen einen rationalen Kern dieser Handlungslogik zu entdecken.

Damit ist nicht gesagt, dass das Prinzip der gegenseitigen Abschreckung niemals den Frieden sichern könnte, aber es ist offensichtlich, dass diese Form der Handlungsplanung gerade nicht den katastrophalsten Fall der gegenseitig garantierten Vernichtung voraussetzt, sondern den bestmöglichen Fall, nämlich die Verhinderung der gegenseitigen Vernichtung. Wäre eine Konfliktpartei davon überzeugt, den größten anzunehmenden Konfliktfall als sicheres zukünftiges Ereignis vorauszusetzen, so wäre jede weitere Drohung sinnlos, weil die eigene Vernichtung schon heute als unvermeidlich angesehen werden müsste. Das Leben der Menschen auf beiden Seiten käme einer Vorbereitung auf den sicheren Tod gleich, und der Kriegsbeginn wäre nur noch eine Frage der Zeit, nicht aber der Handlungslogik.

Demgegenüber konnten jene Politiker Verantwortung übernehmen, die sich um Abrüstungsinitiativen bemühten, nicht aber jene, die ein Handeln forderten, das dieses nukleare Handlungsdilemma noch verlängerte. Mit anderen Worten: Die „Heuristik der Furcht", wie sie Jonas konzipiert hat, ist auf die nukleare Abschreckungslogik nicht anwendbar. Möglicherweise ist dies der Grund dafür, dass dieses Thema in seinen Schriften fehlt.

Obwohl Jonas davon überzeugt ist, dass die kausalen Fernwirkungen unserer technologisch entwickelten Gesellschaften ein gesamtgesellschaftliches Phänomen sind und dass die Menschheit - wie nie zuvor in ihrer Geschichte - ihre eigene Existenz in vergleichbarer Weise aufs Spiel setzt, sieht er keine Möglichkeit, diese Zukunft auf der Basis rationaler und nüchtern abwägender Prognosen einzuschätzen. Jonas setzt an die Stelle unserer Unkenntnis der Zukunft das Prinzip ihrer pessimistischen Einschätzung.

Was bedeutet „Verantwortung"?

Etymologisch leitet sich der Begriff „Verantwortung" von „antworten" ab. Verantwortung übernehmen heißt: „Rede und Antwort stehen" oder auf Fragen antworten können. Wie aber soll ein Mensch für die Fernwirkungen seines Handelns gegenüber künftigen Generationen verantwortlich sein bzw. verantwortlich gemacht werden können? Wenn es offensichtlich nicht möglich ist, in ferner Zukunft lebenden Menschen Rede und Antwort zu stehen, muss der Begriff

„Verantwortung" in diesen Fällen anders verstanden werden. Wir sprechen auch dann von „Verantwortung", wenn wir eine Entscheidung vor unserem Gewissen verantworten können. In diesem Fall sind wir es selbst, die sich verantworten müssen. Der Gerichtshof dieser Verantwortung tagt nicht notwendigerweise in der Gegenwart oder in der Zukunft. Auch einfache Fragen der Logik oder der Arithmetik werden nicht nach dem Kalender beurteilt. Auch Aussagen in ganzheitlichen Theorien sind nicht mit einem Verfallsdatum versehen. Es wäre Aufgabe eines wissenschaftstheoretischen Diskurses und keine Frage der Ethik, die Endlichkeit theoriegeleiteter Prognosemodelle zu diskutieren. Grundsätzlich erlaubt keine verallgemeinerbare Theorie eine Unterscheidung zwischen zeitlichen Nah- und Fernbereichen ihrer Geltungsansprüche, sonst wäre sie keine holistische Theorie.

Ein gutes Beispiel für den völligen Verzicht auf die Unterscheidung zwischen Gegenwarts- und Zukunftsethik bietet ausgerechnet Kants Ethik. „Ausgerechnet" deshalb, weil oft angenommen wird, Kants Ethik sei der Inbegriff einer Verantwortungsethik. Der Begriff „Verantwortung" ist aber für Kant aus den bereits genannten Gründen kein erkennbares Thema seiner Ethik, denn die Verallgemeinerung eines Handlungsprinzips („Maxime") ist für Kant eine logische Operation. Kant wäre auch nicht auf die Idee gekommen, Personen zu fragen, ob sie einem vorgetragenen Geltungsanspruch eines Handlungsprinzips zustimmen wollen. Für Kant ist eine Handlungsmaxime dann ethisch gut, wenn ihre Verallgemeinerung zu keinem logischen Widerspruch führt und wenn der Maßstab guten Handelns ein „guter Wille überhaupt" ist[67]. Würden beispielsweise alle Menschen lügen, dann wäre es nicht nur unmöglich, wahre und falsche Aussagen zu unterscheiden, es fehlte auch ein guter Wille.

In der sogenannten Naturgesetzformel des Kategorischen Imperativs („Die Pflichtethik") vergleicht Kant eine Handlungsmaxime in ihrer verallgemeinerten Form mit einem Naturgesetz, weil er davon überzeugt war, dass auch Naturgesetze widerspruchsfrei verallgemeinerte Aussagen enthalten. Mit anderen Worten: Kants kategorischer Imperativ hat keinen Zeitbezug, ganz im Gegensatz zu einer Verantwortungsethik, wie sie Jonas beschreibt.

„Verantwortung" hat bei Kant eine deutlich andere Bedeutung als bei Jonas. Auch dies ist nicht verwunderlich, denn Bedeutungsverschiebungen und unterschiedliche Interpretationen des Begriffs „Verantwortung" sind in der Geschichte der Ethik keine Seltenheit. Denken wir an die bereits erwähnten Prinzipien der Stoiker. In deren Begriff der

---

67   Die Mitteilung einer Handlungsabsicht ist nicht notwendigerweise auch die eines Handlungsgrundsatzes. Handlungsabsichten können für einen subjektiven Einzelfall gelten. Erst die verallgemeinerten subjektiven Handlungsabsichten sind subjektive Handlungsgrundsätze. Letztere gelten aber erst dann als objektive Handlungsgrundsätze, wenn sie auch die Grundsätze aller anderen möglichen Subjekte werden können. Der „kategorische Imperativ" Kants hat den Anspruch, die Transformation einer subjektiven singulären Handlungsabsicht in einen subjektiven und in der Folge in einen objektiven Handlungsgrundsatz für alle möglichen Subjekte zu ermöglichen. Wir haben es hier mit einer verdoppelten Verallgemeinerung zu tun.

„Selbstaneignung" kommt indirekt auch der Begriff der Selbstverantwortung („Selbstaneignung") ins Spiel, ohne dass hier von einer Vergleichbarkeit der Ethik Kants und der Stoiker gesprochen werden könnte. Die Unvergleichbarkeit der Rede von „Verantwortung" lässt sich gut am Beispiel der Lehre des Stoikers Epiktet (50-125 n. Chr.) zeigen. Dieser war davon überzeugt, nur für das verantwortlich zu sein, was sich - buchstäblich - in seiner Reichweite befand. Alles, was sich außerhalb seines Körpers befand, lag - so Epiktet - nicht in seiner Macht und konnte daher auch nicht von ihm verantwortet werden.

Ist es bei Epiktet die Beschränkung der Verantwortung auf den Wirkungsbereich seiner Hände, so finden wir bei Kant einen dazu konträren Verantwortungsbegriff, nämlich die Beschränkung von Handlungspflichten auf Handlungsintentionen, die nur vor einem guten Willen überhaupt zu rechtfertigen sind; einem Willen, der für Kant als zeitloser guter Wille zu denken ist, also nicht von menschlichen Körpern oder deren zeitlich-kausalen Wirkungen auf andere Körper abhängt. Der von Jonas skizzierte Verantwortungsbegriff ist demgegenüber anders konzipiert. Für Jonas geht die Verantwortung für eine Handlung nicht vom Handelnden aus, sondern von jenen Formen des Lebendigen, für die wir Verantwortung übernehmen können, wenn wir erkennen, dass dieses Lebendige uns von sich aus in die Pflicht nimmt. Wie aber ist dieses „sich in die Pflicht nehmen lassen" zu denken, wenn das Lebendige uns diese Verantwortung für seine eigene Zukunft „mitteilt"?

Sein und Sollen

Jonas hat seine Dissertation bei Martin Heidegger geschrieben. Der stilistische und methodisch-inhaltliche Einfluss Martin Heideggers ist im Werk von Hans Jonas unübersehbar. Besonders deutlich wird dies an den Stellen, an denen Jonas versucht, aus der Existenz der Dinge Handlungspflichten abzuleiten. Dieser Gedanke war zwar nicht neu, denn Phänomenologen wie Nicolai Hartmann oder Max Scheler hatten bereits ähnliche Versuche unternommen, aber Jonas erweitert sie um eine Form der Selbstmitteilung der Dinge. Es sind die Dinge selbst, die uns sagen, dass wir für sie verantwortlich sind. Man könnte dies für eine etwas übertriebene Metapher eines mythologisierenden Diskurses halten, aber Jonas meint, was er sagt. Sein Beispiel für diese ethische Appellfunktion ist das Schreien eines hilflosen Säuglings. Ein Schrei, den Jonas als ethischen Appell deutet, dem wir uns nicht - oder nur mit äußerster Bosheit - entziehen können. Nicht nur Kinder, auch andere Lebewesen haben Rechte, die sie uns durch ihr Verhalten mitteilen. Der „Ruf des Seins", von dem Jonas in diesem Zusammenhang spricht, ist eine Formulierung, die sich auch schon bei Heidegger findet, obwohl dieser zumindest in den von ihm veröffentlichten Schriften (wenn auch nicht in seinen „Schwarzen Heften") stets bemüht war, gerade nicht in den Verdacht zu geraten, aus dem Sein der Dinge eine Verpflichtung im Umgang mit ihnen abzuleiten. Genau dies aber versucht sein ehemaliger Schüler mit einem durchaus nachvollziehbaren Argument, das Jonas in dieser Form sinngemäß wie folgt formuliert: Woraus sollte jemals ein Sollen abgeleitet werden, wenn nicht aus dem, was ist?

Ein Sollen muß aus einem Sein folgen können, sonst müßte es aus dem Nicht-Seienden folgen. Aus dem, was nicht ist, kann aber kein Sollen abgeleitet werden; es bleibt also nur die Möglichkeit, dass das Sollen letztlich immer aus einem Sein folgt. Etwas Lebendiges hat nicht nur durch seine bloße Existenz einen bestimmten Wert für uns, etwa weil wir es für unsere Zwecke instrumentalisieren können; das Lebendige zeigt uns auch, dass es unserer Aufmerksamkeit und Fürsorge bedarf. Auch dieser Gedanke war nicht neu, denn wir finden ihn auch bei der mit Jonas befreundeten Philosophin Hannah Arendt, die ebenfalls bei Heidegger studierte und mit Jonas befreundet war. So entbehrlich dieser biographische Kontext sein mag, so unverzichtbar ist der von Jonas behauptete Nachweis eines Zusammenhangs zwischen dem Lebendigen und dem Begriff der Verantwortung, für eben dieses Lebendige. Der Nachweis einer Verpflichtung ist um so notwendiger, als Jonas sich unmissverständlich von Formen idealistischer Ethikkonzeptionen distanziert. Die Hürde, die Jonas zu nehmen scheint, war von dem britischen Philosophen David Hume aufgestellt worden. Hume hatte die These aufgestellt, dass aus der Beschreibung der Dinge nicht folgt, wie mit ihnen umzugehen ist. Dieses Argument ist unter dem Namen „naturalistischer Fehlschluss" bekannt geworden. Ein Fehlschluss, der begangen wird, wenn aus der Beschreibung der Dinge normative ethische Aussagen abgeleitet werden.

Es ist jedoch schwierig, wenn nicht unmöglich, ein Beispiel zu finden, in dem eine Beschreibung der Dinge tatsächlich keine normativen Elemente enthält. Schon die Aussage, dass eine Beschreibung intersubjektiv überprüfbar ist, enthält einen normativen Geltungsanspruch in Form der Einführung eines

Objektivitätsmaßstabs. Aus einem Sein folgt ein Sollen, weil die Dinge, die uns begegnen, nicht einfach da sind oder da liegen, sondern im Alltag als Dinge erfahren werden, die in vielfältiger und unterschiedlicher Weise für unser Leben von Bedeutung sind, weil unser Tun und Lassen durch Konstellationen von Dingen mitbestimmt wird. Normative Verhältnisse begegnen uns in Beschreibungen auf Schritt und Tritt. Denken wir nur an die Konventionen, denen unser Handeln folgt. Die Beschreibung konventioneller Handlungen führt uns zu konventionellen Regeln. Wenn aber Regeln im Spiel sind, kann eine Beschreibung nicht frei von Normen sein. Die These, dass die Natur des Lebendigen uns zur Fürsorge und Verantwortung gegenüber den Dingen auffordert, lässt sich auch sprachphilosophisch begründen und nicht nur in Anlehnung an Heideggers Fundamentalontologie („Die deskriptive Ethik") Diese Überlegungen sprechen für die These von Jonas, dass aus dem Sein ein Sollen folgt. Die Schwierigkeiten seiner Verantwortungsethik für die ferne Zukunft liegen nicht hier. Die Probleme liegen vielmehr in der Frage, wie eine Zukunftsethik von einer Gegenwartsethik unterschieden werden kann, wenn jede Kommunikation der Verantwortungsübernahme in die Gegenwart fallen muss.

Können wir die Zukunft erforschen?

Jonas fordert eine „vergleichende Futurologie" mit dem Ziel, die Zukunft auf der Grundlage rationaler prognostischer Modelle zu erforschen, um anschließend, unter Anwendung des Prinzips einer Heuristik der Furcht, die für die Menschheit gefährlichste Prognose als Grundlage der Handlungsplanung auszuwählen. Die folgenden Beispiele[68] belegen für Jonas, dass es möglich ist, Zukünftiges zu prognostizieren:

- Wir erkennen das Zukünftige aus der Analyse von Kausalreihen. Auf solchen Kausalanalysen beruhen beispielsweise alle gegenwärtigen Klimamodelle, auch wenn diese Modelle, die zum Zeitpunkt der Veröffentlichung von „Das Prinzip Verantwortung" bereits entwickelt worden waren, von Jonas nicht erwähnt worden sind.

- Wir erkennen das Zukünftige aus Theorien, die sich bereits in der Gegenwart bewährt haben und von denen zu erwarten ist, dass sie sich auch in der Zukunft bewähren werden. Der wissenschaftstheoretische Aspekt („Wie bewähren sich Theorien?") wird leider von Jonas ebenfalls nicht diskutiert.

- Wir kennen zukünftige Ereignisse durch selbsterfüllende Prophezeiungen. Der Soziologe Robert K. Merton beschrieb Ende der 1940er Jahre dieses Phänomen an einem anschaulichen Beispiel: Wird das Gerücht über die finanzielle Notlage einer Bank gezielt verbreitet, werden die Kunden der Bank ihre Einlagen in Sicherheit zu bringen versuchen und ihre Konten auflösen. Letzteres wird mit hoher Wahrscheinlichkeit den prognostizierten Finanzkollaps der Bank erzeugen, auch wenn die Bank

---

[68]   Seitenzahlen beziehen sich auf: Hans Jonas (2019) Das Prinzip Verantwortung, Suhrkamp Taschenbuch, p. 206-209f.

sich zuvor in keinerlei finanziellen Schwierigkeiten
befunden haben sollte.

Der erste Punkt, die Analyse von Kausalreihen, zeigt
anschaulich die Problematik dieser Hypothese im Bereich
technologischer Entwicklungen. Ist es überhaupt möglich, die
zukünftigen technologischen Entwicklungen zu
prognostizieren? Wie könnte eine solche Prognose konkret
aussehen? In den Jahren 1909 / 1910 entstand ein reich
illustriertes Buch[69] über eine damals ferne Zukunft: die Welt
im Jahre 2010. Anders als literarische Visionen jener Zeit
wurde dieses Buch von Experten verfasst und versammelt das
damals verfügbare prognostische technologische Wissen. Das
Buch ist ein Spiegel der Technologie des frühen 20.
Jahrhunderts, doch weder prognostiziert es damals noch
unbekannte Erfindungen des 21. Jahrhunderts noch
überschreitet es in anderer Weise den technologischen
Horizont seiner Zeit. Was wir aber in diesem Buch finden sind
Illustrationen der Verwendung verfügbarer Technologien in
anderen Kontexten; etwa der Einsatz von Luftschiffen als
innerstädtische Transportmittel usf. Illustrationen der
vermeintlichen Technologien des 21. Jahrhunderts, zu Beginn
des 20. Jahrhunderts, zeigen deutlich, wie problematisch
jeder Versuch ist, auf der Grundlage einer Extrapolation
verfügbarer Technologien zukünftige Technologien skizzieren
zu wollen.

Insbesondere das von Jonas gebrauchte Beispiel der
Prognostizierbarkeit von Ereignissen, mit Hilfe von

---

69   Bremer, A. (Hrsg.) (2017) Die Welt in 100 Jahren: Mit einem
      einführenden Essay "Zukunft von gestern", 319 Seiten,
      Verlag: Olms.

selbsterfüllenden Prophezeiungen, weckt nicht nur in Skeptikern den Gedanken, dass die von Jonas beschriebene „Heuristik der Furcht" ihrerseits Merkmale einer selbsterfüllenden Prophezeiung zeigt. Die Furcht vor unerwünschten technologischen Entwicklungen kann z.B. durch Vermeidungsstrategien zu einer Fortschreibung längst problematisch gewordener technologischer Ansätze führen und Krisen provozieren, die durch eine „Heuristik der Furcht" eigentlich hätten vermieden werden sollen. Anders gesagt: Die Furcht vor der kontrollierten Anwendung von Gentechnologien fördert durch Verbote die Auslagerungen der Forschung in jene Forschungsgrauzonen, die tatsächlich zu fürchten sind. Die fragwürdige Kunst, das Fürchten zu lernen, ist insbesondere in der Auseinandersetzung mit ethischen Fragen- und Problemstellungen bestens geeignet, die Entwicklung innovativer Forschungsansätze negativ zu beeinflussen, oder gänzlich zu unterbinden.

Auch wenn es nicht gelingen mag, die technologische Entwicklung der Menschheit zu prognostizieren, sind Zukunftsprognosen nicht generell sinnlos. Manches wissen wir mit Gewissheit. Beispielsweise muss man kein Prophet sein, um voraussagen zu können, dass Kettenraucher, statistisch betrachtet, keine hohe Lebenserwartung haben. Auch die Prognose, dass die Sonne noch in 1000 Jahren ein Stern sein wird, bedarf keiner Risikobewertung.

Der Grad der objektiv verbürgten Gewissheit ist abhängig vom Anwendungsbereich unserer Prognosen, aber auch von den Formen sozialer Gewissheiten und kann nicht schlechthin bestimmt werden.

Langfristige technologische Prognosen sind – wie erwähnt – jene, die mit hoher Wahrscheinlichkeit nicht gelingen werden.

Und genau diese Prognosen hat Jonas im Blick, wenn er vor den Gefahren der Fernwirkungen moderner Technologie warnt. Der Semiotiker R. Posner hat das Problem prognostischer Probleme an der Frage erläutert, wie es gelingen könne, Warnungen vor vergrabenem Atommüll an künftige Generationen zu übermitteln[70]. Wie können wir Botschaften über lange Zeiträume hinweg nicht nur konservieren, sondern auch verlässlich tradieren? Wie weit trüge uns in diesem Falle eine „Heuristik der Furcht" durch die Zeiten? Wäre es sinnvoll, nicht nach atomaren Endlagern zu suchen, nur weil bis heute noch kein Endlager gefunden wurde oder weil zu fürchten wäre, das jeder Versuch, eine geeignete Lagerstätte zu finden, scheitern könnte? Für jene Wissenschaftler, die nach einer Lösung für bereits eingetretene Probleme suchen, ist die Furcht vor dem, was in der Zukunft geschehen könnte, keine rationale Option, denn jede Handlungsoption kann über ihre Fernwirkungen zu vergleichbaren desaströsen zukünftigen Situationen führen. Wir können uns vernünftigerweise nur auf bereits gewonnene Erfahrung und auf heute verfügbare Daten verlassen, nicht aber auf apokalyptische Utopien.

Das Abgrenzungsproblem

Die Frage der Abgrenzung von Gegenwarts- und Zukunftsethik stellt sich notwendigerweise, wenn ein Philosoph behauptet, alle bisherigen maßgeblichen Ethiken

---

70   Posner, R. (1990) Warnungen an die ferne Zukunft: Atommüll als Kommunikationsproblem, hrsg. V. F. Böckelmann, 320 Seiten, Raben Verlag (1990).

seien leider nur der Gegenwart, nicht aber der Zukunft verpflichtet gewesen. Das Programm einer Zukunftsethik kann nur dann verwirklicht werden und zur Anwendung kommen, wenn hinreichend klar ist, dass Entscheidungen für zukünftiges Handeln anders strukturiert sind als Entscheidungen in der Gegenwart. Dieses Abgrenzungsproblem wird von Jonas aber nicht zur Sprache gebracht, weder in „Das Prinzip Verantwortung" noch in anderen von ihm publizierten Schriften.

Worauf also bezieht sich eine Gegenwartsethik? Offenbar nur auf Handlungen, deren Handlungsziel noch nicht erreicht worden ist, denn wäre es bereits erreicht worden, hätten wir es mit einer abgeschlossenen Handlung der Vergangenheit zu tun. Jede in der Gegenwart formulierte Handlungsabsicht muss ihr Handlungsziel entweder in der nahen, in der mittelbaren oder in der fernen Zukunft finden. Die Vermutung, das Handlungsziel liege im Falle der Gegenwartsethik in der Gegenwart, im Falle der Zukunftsethik aber in der Zukunft, ist unzutreffend. Auch die Handlungsziele einer Gegenwartsethik liegen in der antizipierten Zukunft, denn das Ziel einer Handlung ist stets etwas, das erst erreicht werden muss. So gesehen ist jede Mittel-Zweck-Relation eine solche, die in die Zukunft weist. Doch Jonas betont immer wieder, die traditionelle Ethik sei bisher nur Gegenwartsethik gewesen.

Ist der Unterschied zwischen Gegenwarts- und Zukunftsethik nur in der Größe des zeitlichen Abstands zu suchen, der zwischen der Handlungsabsicht und dem Erreichen des Handlungszieles liegt? Wenn letzteres der Fall wäre, dann müssten wir eine Grenze zwischen Gegenwarts- und Zukunftsethik ziehen können, etwa derart, dass Gegenstand einer Zukunftsethik nur jene Handlungen sind, deren Wirkungen in der *fernen* Zukunft liegen. Diese vermeintlich ferne Zukunft wird aber bereits jetzt bewertet, sonst wäre sie kein erkennbares Ziel einer Handlungsplanung. Wenn aber ein Handlungsziel bekannt ist, braucht man keine Zukunftsethik in Bezug auf dieses Handlungsziel, sondern nur in Bezug auf die Fernwirkungen der bereits gesetzten Handlungen. Mit anderen Worten: Eine Zukunftsethik hat es mit den zukünftigen möglichen Kollateralschäden der Fernwirkungen von Handlungen zu tun, deren Beginn in der Gegenwart liegt und die in der Gegenwart bewertet werden. Würde der Anfang einer Zukunftsethik in der Zukunft liegen, hätten wir es mit einer zukünftigen Zukunftsethik zu tun, von der aber nicht die Rede war. Die Abgrenzung zwischen Gegenwarts- und Zukunftsethik ist in „Das Prinzip Verantwortung" mit erheblichen Unschärfen behaftet, denn jede Handlungsplanung verbindet Gegenwart und Zukunft und liefert daher kein Unterscheidungsmerkmal zwischen einer Gegenwarts- und einer Zukunftsethik.

Das Abgrenzungsproblem verschärft sich noch, wenn wir von möglichen unerwünschten Fernwirkungen unseres Handelns sprechen. Wenn die Fernwirkungen einer Handlung erst in ferner Zukunft eintreten und wir nicht wissen, welche Fernwirkungen das sein werden, dann können wir nicht von „Handlungsplanung" sprechen. Es ist unmöglich, eine Handlung zu planen, wenn ihre Fernwirkungen zufällig sind. Wenn ein junger Mensch sagt: „Ich plane, mit 65 in Rente zu gehen, aber ich weiß nicht, ob ich dann noch lebe oder ob ich überhaupt in Rente gehen kann oder eine Rente bekomme", dann würden wir wahrscheinlich fragen: „Was meinst du mit „planen"? Ein Handeln, dessen Handlungsziele vom Zufall bestimmt werden, ist ein ungerichtetes Handeln, aber nichts, was wir als geplantes Handeln bezeichnen würden, schon gar nicht als Handeln im Kontext einer „Verantwortungsethik". Schon Aristoteles hat auf einfache Weise gezeigt, dass es logisch unmöglich ist, rationale Vorhersagen über zufällige und zukünftige Ereignisse zu machen. In seiner Schrift „De interpretatione" (Περὶ ἑρμηνείας / perí hermēneías) berichtet Aristoteles von folgendem Gedankenexperiment: Gehen wir davon aus, dass morgen eine Seeschlacht stattfinden wird. In diesem Fall ist die Aussage, dass sie stattfinden wird, bereits heute wahr. Findet dagegen morgen keine Seeschlacht statt, so ist die heutige Aussage, dass sie nicht stattfinden wird, ebenfalls schon heute wahr. Entweder findet morgen eine Seeschlacht statt oder nicht. Wenn eine der beiden Möglichkeiten eintreten muss, dann ist eine der beiden Aussagen („...sie wird stattfinden" oder „...sie wird nicht stattfinden") bereits heute wahr. Genau hier liegt das Problem, denn wie könnte man heute schon wissen, was morgen geschehen wird? Menschliche Planung wäre ebenso unmöglich wie zufällige Ereignisse, die diese Planung durchkreuzen. Es ist also nicht möglich, Vorhersagen zu treffen, die sich sowohl auf zufällige als auch auf zukünftige Aussagen in Form von wahren Aussagen beziehen.

Hätte Aristoteles das Prinzip einer „Heuristik der Furcht" angewandt, hätte er vorhersagen müssen, dass die Seeschlacht stattfinden würde, aber das wäre auch in seinem Fall eine irrationale Einschätzung gewesen. Die „Heuristik der Furcht" hilft uns leider nicht, die logischen Probleme prognostischer Aussagen zu lösen. Wer weiß, dass er die Zukunft nicht vorhersagen kann, sich aber dennoch so verhält, als könne er sie vorhersagen, begibt sich - vorsichtig formuliert - auf dünnes Eis. Seit Aristoteles gibt es gute Gründe für die Annahme, dass Aussagen über zufällige zukünftige Ereignisse in der Gegenwart weder verifiziert noch falsifiziert werden können[71]. Nun könnte man einwenden, dass aus genau diesem Grund die Anwendung des Prinzips einer „Heuristik der Furcht" vernünftig sei, denn offenkundig hilft uns die Logik nicht in der Bewertung dessen, was in der Zukunft geschehen wird. Wer aber in dieser Weise argumentiert, also unter Ausschaltung der logischen Stringenz die Furcht vor dem Unbekannten zum Handlungsleitfaden erklärt, der leistet auch gefährlichen Vorurteilen Vorschub (ob gewollt oder ungewollt). Rational begründet kann die Furcht vor dem Zukünftigen nur sein, wenn sie Furcht vor etwas

---

71   Der Kabarettist Horst Evers hat in einem Sketch dieses Abgrenzungsproblem zwischen Aussagen über Gegenwärtiges und Aussagen über Zukünftiges humorvoll auf den Punkt gebracht. Szene: In der Bäckerei. Ein Schild mit der Aufschrift „Brot von gestern, zum halben Preis!". Ein Kunde: „Guten Tag, ich möchte für morgen ein Brot von gestern vorbestellen". Verkäuferin: „Das geht nicht, das morgige Brot von gestern ist heute schon da, das kann man nicht vorbestellen" Kunde: „Warum nicht, da liegt's doch?!" Verkäuferin: „Aber das ist das Brot von heute!" Kunde: „Ja, eben darum will ich's vorbestellen – zum halben Preis!" Verkäuferin: "Wenn das alle täten, hätte ich hier bald keinen Platz mehr!" Kunde: „Ach so, der Platz ist das Problem! Gut, dann nehme ich das Brot gleich mit". Wortlos packt die Verkäuferin das Brot ein und kassiert den halben Preis. „Der nächste bitte!" Ein neuer Kunde tritt ein: „Guten Tag, ich möchte 10 Brötchen von gestern für morgen vorbestellen...“

Bekanntem ist. Im Falle des Bekannten ist es nicht unsinnig, es auch in der Zukunft zu erwarten. Dass morgen die Sonne aufgehen wird, ist eine Gewissheit, die völlig außer Streit steht. Die Furcht davor, dass in 1000 Jahren die Sonne nicht aufgehen werde, ist hingegen vollkommen irrational, denn sie kann sich nicht auf erworbenes sicheres Wissen stützen. Wenn sich die Frage der Erwartungsbewertung schon im Falle von Naturereignissen eindeutig zu Gunsten uns bekannter Ereignisse entscheiden lässt, dann ist nicht einzusehen, warum wir in Hinblick auf menschliche Handlungen unbekannte Ereignisse in der Zukunft zum Leitfaden verantwortlicher Handlungsplanungen für die Zukunft machen sollten. Zukunftsprognosen sind nur sinnvoll, wenn wir erworbenes sicheres Wissen[72] konsultieren, nicht aber imaginierte Worst-Case-Szenarien.

Stärken des "Verantwortungsprinzips

Die Idee einer Verantwortung für die Fernwirkungen unseres Handelns war nicht neu, denn sie findet sich beispielsweise

---

72   Hier mag man vielleicht einwenden wollen, dass induktiv gewonnenes Wissen kein sicheres prognostisches Wissen liefere. Induktiv ist ein Schluss vom Besonderen aufs Allgemeine. Eine in der Wissenschaftstheorie heftig umstrittene Hypothese besagt, dass ein Schluss vom Besonderen auf Allgemeines jederzeit misslingen könne. Dieser Einwand ist zwar in trivialen Fällen korrekt, in anderen Fällen hingegen nicht. Beispielsweise ist die induktiv gewonnene Prognose „Ein Zufall wird immer möglich sein!" eine induktiv gewonnene Gewissheit, die nicht widerlegbar ist.

auch in theologischen Ethiken oder in konsequentialistischen Varianten des Utilitarismus. Neu war der Entwurf einer Ethik für die Fernwirkungen nicht-intendierter, weil ungewisser technologischer Handlungen. Vor Hans Jonas hatte noch kein Philosoph das Problem kausal-zufälliger Fernwirkungen von Handlungen ins Zentrum einer Verantwortungsethik gestellt.

Schwächen des "Verantwortungsprinzips

Jonas hat die begriffslogischen und ontologischen Probleme einer Ethik, in der die zugleich zukünftigen und ungewissen Wirkungen unserer Handlungen thematisiert werden, erheblich unterschätzt. Nicht nur ist unklar, wie etwas, das in der Zukunft geschehen wird, moralische Appelle an Menschen richten kann, die in der Vergangenheit leben. Unklar ist auch, für welche zeitlichen Dimensionen der Fernwirkungen unseres Handelns überhaupt sinnvolle Aussagen möglich sind. Dinge, für die wir heute Verantwortung übernehmen, verlieren mit der Zeit ihren früheren Lebenszusammenhang. Und Ereignisse, die wir befürchten, weil sie eintreten könnten, sind in der Regel nicht solche, die wir planen. Eine Verantwortungsethik kann sich aber nicht rational auf ungeplante, zufällige und zukünftige Ereignisse berufen, weil diese nie Gegenstand einer Planung gewesen sein können. „Planung" muss aber vorausgesetzt werden, wenn der Verantwortungsbegriff überhaupt eine Verankerung in Handlungsprinzipien finden soll. Die Furcht vor dem Zufälligen ist immer möglich, kann also nicht Gegenstand rationaler Planung sein.
Deshalb ist das Prinzip einer „Heuristik der Furcht" problematisch. Angst vor dem Unbekannten ist ein schlechter

Ratgeber. Politische Extremisten bedienen sich immer wieder der Heuristik der Furcht, um sich als Löser von Problemen zu inszenieren, die sie selbst geschaffen haben. Doch genau diese politischen Implikationen einer „Heuristik der Angst" werden von Jonas nicht analysiert.

Praktische Ziele einer Ethik der Verantwortung

Auch wenn eine Abschätzung der Fernwirkungen unseres Handelns sich auf das gegenwärtig gesicherte Wissen stützen muss und wir schlecht beraten wären, unsere Handlungsplanungen auf Fiktionen von jeweils größtmöglichen zukünftigen Schadensfällen zu gründen, so stellt sich die Bewertung einer Handlungsentscheidung doch ganz anders dar, wenn unsere - hoffentlich - rationalen Planungen immer auch mögliche unbeabsichtigte Fern- und Nebenwirkungen mit einbeziehen. Die Erforschung dessen, was kommen mag, sollte sich daher nicht nur an den Handlungszielen orientieren, sondern auch an den nicht intendierten Nebenwirkungen, die durch den Einsatz der Handlungsmittel entstehen.
So macht es beispielsweise einen erheblichen Unterschied, mit welchen Mitteln das Ziel einer gesicherten Energieerzeugung erreicht werden soll. Das Handlungsziel kann in der Regel durch den Einsatz verschiedener Mittel erreicht werden, aber der Einsatz dieser Mittel ist mit einer kausalen Eigendynamik verbunden, die selten bedacht wird. Die von Kant noch als „bloße Regeln der Geschicklichkeit" bezeichneten handlungsleitenden Regeln und eingesetzten Handlungsmittel werden in hochtechnologischen Kontexten zu wenig in ihren bereits heute absehbaren kausalen

355

Fernwirkungen reflektiert. In diesem Punkt ist Jonas zuzustimmen, wenn auch aus anderen als den von ihm genannten Gründen.

Wenn heute immer häufiger von der wünschenswerten Berücksichtigung nachhaltiger Wirtschaftsweisen die Rede ist, so spiegelt sich darin die Erkenntnis, dass in vielen Fällen nicht das Erreichen des Handlungsziels das eigentliche Problem ist, sondern der Einsatz der gewählten Handlungsmittel. Eine empirische Analyse der physikalischen, chemischen oder biologischen Nebenwirkungen der von uns eingesetzten Mittel kann uns zuverlässig zu prognostischem Wissen führen, das uns vor die Alternative stellt, ursprünglich gewählte Mittel im Hinblick auf die zu erwartenden Folgen durch andere Mittel zu ersetzen, weil deren Einsatz weniger negative Folgen erwarten lässt. Dazu bedarf es keiner „Heuristik der Furcht", sondern einer breit angelegten Analyse des jeweiligen Handlungsprozesses unter Einbeziehung der betroffenen wissenschaftlichen Fachdisziplinen und der notwendigen politischen Meinungsbildungsprozesse. Letztere werden vermutlich erst dann verstärkt in den Blickpunkt rücken, wenn bereits Schadensfälle eingetreten sind, aus denen gelernt werden kann. Die Analyse von Handlungsprozessen, von der Handlungsabsicht bis zum Handlungsziel, muss wesentlich umfassender sein, wenn wir auch Neben- und Folgewirkungen unseres Handelns einbeziehen wollen. Diese Nebenfolgen sind nicht nur durch naturwissenschaftliche Untersuchungen zu finden, sie müssen auch vor dem Hintergrund der von uns gewählten und zukünftig angestrebten Lebensformen betrachtet werden, berühren also auch gesellschaftspolitische Fragen und nicht nur Fragen der „Geschicklichkeit". Der Zweck heiligt nie die Mittel. Darauf hat Hans Jonas unmissverständlich hingewiesen, und hier ist ihm zweifellos zuzustimmen.

Lernziele

Kenntnis der wesentlichen Motive, die Hans Jonas veranlassten, eine Zukunftsethik als Verantwortungsethik zu entwerfen.

Übungsfragen

- Mit welchen Argumenten kritisiert Jonas den Kategorischen Imperativ Kants?
- Was versteht Jonas unter einer „Heuristik der Furcht"?
- Wie unterscheidet Jonas Gegenwarts- und Zukunftsethik?
- Mit welchen Problemen ist bei einer Zukunftsethik zu rechnen?
- Warum folgt für Jonas aus dem Sein ein Sollen bzw. eine Handlungsverpflichtung?
- Wie entsteht für Jonas Verantwortung für Lebendiges?
- Warum fordert Jonas ein „Recht auf Unwissen" für gentechnisch hergestellte Klone?

Jürgen Habermas (1929*)
Diskursethik

Jürgen Habermas ist einer der bekanntesten Philosophen und Soziologen der Frankfurter Schule. Mit ca. 800 eigenen Arbeiten und mehr als 6700 Arbeiten über sein Werk, verfasst von Autor/innen aus aller Welt, ist kaum ein anderer Philosoph des 20. Jahrhunderts so intensiv rezipiert worden. Habermas ist ein Vertreter der so genannten Diskursethik. Die Diskursethik verfolgt das Ziel, Argumente, in denen ethische Geltungsansprüche geltend gemacht werden, kommunikativ zu vermitteln und konsensual auszuhandeln.

Neu an dieser Form des Philosophierens ist der Versuch, soziologische, philosophische, religionswissenschaftliche, anthropologische und lebensweltliche Formen der Rationalität in einer Theorie zu verbinden und zumindest tendenziell eine ganzheitliche Theorie der Ethik zu entwickeln, in der erstmals klar zwischen kommunikativen und nicht-kommunikativen Argumenten unterschieden wird. Die Frage, was man tun oder lassen soll, stellt sich natürlich nicht nur in der philosophischen Ethik, sondern wird auch in vielen anderen Disziplinen gestellt. Das philosophische Problem dieser Frage ist, wie damit umzugehen ist. Ist es Aufgabe der Philosophie, der arbeitsteiligen Organisation der Wissenschaften gleichsam teilnahmslos zuzusehen? Oder ist es Aufgabe der Philosophie, angesichts des Verlustes ihrer Deutungshoheit erneut den Versuch zu unternehmen, eine umfassende, eine ganzheitliche Theorie der Ethik zu entwickeln, um die vielfältigen methodischen Ansätze unterschiedlicher Theorien der Ethik miteinander zu verbinden? Habermas hat Anfang der 80er Jahre mit seiner

Theorie des kommunikativen Handelns den Versuch unternommen, eine solche holistische Theorie der Ethik zu formulieren. Wir haben es hier mit einer Theorie zu tun, die explizit den Anspruch erhebt, alle Aspekte rationaler Kommunikation abzudecken. Dementsprechend thematisiert Habermas ethische Fragen nicht nur im Kontext klassischer philosophischer Theorien, sondern sieht auch die Notwendigkeit, ethische Fragen aus psychologischer, religionsgeschichtlicher und soziologischer Perspektive zu diskutieren. Die Theorie des kommunikativen Handelns lässt sich daher auch als umfassender Versuch einer interdisziplinären Diskussion ethisch relevanter Fragestellungen interpretieren. Diese Einführung in seine Diskursethik kann gleichsam nur deren Umrisse beschreiben und muss die Diskussion zahlreicher Probleme dieser Theorie ausklammern.

Vorab, ohne an dieser Stelle ins Detail zu gehen, kann festgehalten werden, dass in einer Diskursethik eine Argumentation nur dann als rational gilt, wenn sie in Form einer zwanglosen und symmetrischen Kommunikation unter jenen Bedingungen geführt wird, die für Habermas Voraussetzung dafür sind, dass ein Argument in und gegenüber einer Diskursgemeinschaft Geltung beanspruchen kann.

Der Grundgedanke dieser Diskursethik lässt sich prägnant formulieren: Wer öffentlich ein vernünftiges Argument vorbringt, darf auch eine vernünftige Antwort erwarten. Erstaunlicherweise ist diese These nicht konsensfähig, weil die vernünftige Frage, worüber zu reden ist, den Diskurs bereits voraussetzt. Wir können auch nicht darüber abstimmen, ob wir abstimmen wollen, ohne das, was in Frage steht, bereits vorausgesetzt zu haben. Darüber abstimmen zu wollen, setzt das Verfahren als konstitutives Prinzip des Diskurses bereits voraus. Ein Freund und Kollege von Habermas, Karl-Otto Apel, hat aus ähnlichen Überlegungen den Schluss gezogen, dass eine Diskursethik immer schon mit unhintergehbaren Voraussetzungen arbeitet, die sie ihrerseits aus logischen Gründen nicht zur Diskussion stellen kann. Die oben erwähnte Unhintergehbarkeit rationaler Kommunikation, in allen Fragen der Bewertung vorgebrachter Argumente, mag dafür ein Beispiel sein.

Ob es aber wirklich so ist, dass auf vernünftige Argumente auch eine vernünftige Antwort erwartet werden kann, ist nicht leicht zu beantworten, denn in der Geschichte der Ethik sind immer wieder vernünftige Fragen öffentlich formuliert worden, obwohl die Antworten auf diese Fragen zu ebenso endlosen wie letztlich offen gebliebenen Kontroversen geführt haben. Habermas ist sich dieses Problems natürlich bewusst. Seine Diskursethik erhebt daher auch nicht den Anspruch, reale Diskurse der Ethik zu beschreiben.[73].

Habermas untersucht vielmehr die kontrafaktische, weil ideale Form solcher Gespräche. Weder direkt noch indirekt soll ein Konsens gewissermaßen erzwungen oder mit sanfter Gewalt herbeigeführt werden. Es ist nicht das Ziel dieser Diskursethik, Kommunikation zu instrumentalisieren, um bestimmte Ziele durchzusetzen, propagandistisch zu bewerben oder auch nur zu versuchen, Mehrheiten für eine bestimmte Position zu finden oder Allianzen zu schmieden.

---

73   Es findet sich in seinem Gesamtwerk keine Studie, die Fragen und Probleme der Ethik mit Hilfe von empirischen Erhebungen bzw. Umfragen zu klären versucht hätte.

Um in einem ethischen Diskurs mehrheitsfähige Positionen zur Durchsetzung eines Geltungsanspruchs zu finden, sind die in der Politik üblichen Mittel der taktischen und strategischen Planung eines Diskurses unzulässig. Auch wenn in populärwissenschaftlichen Artikeln gelegentlich zu lesen ist, die Diskursethik befasse sich mit Fragen der taktischen oder strategischen Durchsetzbarkeit von Argumenten, ist diese Annahme zumindest mit Blick auf Habermas falsch. Habermas entwickelte seine Theorie des kommunikativen Handelns vor dem Hintergrund der gesellschaftlichen Konflikte der späten 1960er Jahre. Als Assistent Adornos, der wiederum Mitarbeiter Max Horkheimers war, entstand nach dem Ende des Zweiten Weltkriegs in Frankfurt die so genannte „Kritische Theorie", deren zentraler Leitgedanke in der Auseinandersetzung mit jenen Theorien zu suchen ist, mit deren Hilfe Konzepte der Aufklärung auch zur Durchsetzung politischer Ziele eingesetzt wurden. Die Kritik an der so genannten „instrumentalisierten Vernunft" prägte die Diskursbeiträge dieser Zeit, insbesondere die von M. Horkheimer und T. W. Adorno. Auch Habermas entwickelte seine Theorie des kommunikativen Handelns vor dem Hintergrund dieser Kritik. Als „instrumentell" wird in diesem Zusammenhang ein Denken bezeichnet, wenn es subjektive partikulare ethische Geltungsansprüche in den Dienst der Durchsetzung eigener oder fremder Interessen stellt.

Dialektik der Aufklärung

Max Horkheimer und Theodor Wiesengrund Adorno gelten als Begründer der „Frankfurter Schule" bzw. der sogenannten „Kritischen Theorie". Einen der Schlüsseltexte dieser Schule,

ein kleines Buch mit dem Titel „Dialektik der Aufklärung",
verfassten die beiden Autoren gemeinsam zwischen 1939 und
1944 im Exil in Los Angeles.

In diesem Werk, der „Dialektik der Aufklärung", findet sich
neben der von Horkheimer formulierten Kritik an der
instrumentellen Vernunft auch eine Kritik an der
europäischen Aufklärung, die den beiden Autoren - ähnlich
wie schon bei Rousseau - als Inbegriff eines Denkens gilt, das
auch geeignet ist, die Vernichtung von Menschen im
industriellen Maßstab als Produkt einer durchrationalisierten
Welt auf den Begriff zu bringen.

„Aufklärung", so die These von Horkheimer und Adorno, war
nie das, was sie zu leisten vorgab, nämlich der „Ausgang des
Menschen aus seiner selbstverschuldeten Unmündigkeit",
sondern erwies sich vielmehr als Methode zur rational
geplanten Herstellung dieser Unmündigkeit.

Beide Autoren versuchen, dieses Argument dialektisch zu
begründen. Die Dialektik der Aufklärung arbeitet mit dem
Begriff der mimetischen (nachahmenden) Anpassung an
erfahrenes Unrecht.

Diesen Prozess der Ohnmacht und der Vergeltung für
erfahrenes Leid rekonstruieren die Autoren an der
Entstehung ritueller Techniken der Naturbeherrschung, die
sich bereits in archaischen Urformen kultureller Techniken
finden. So ist für beide Autoren ein ritualisierter Tanz, mit
dessen Hilfe das Wettergeschehen nachgeahmt und
beschworen wird, ein früher Versuch, die Natur durch
mimetisches Verhalten zu beherrschen. Überhaupt seien alle
Bemühungen, es der Natur gleich zu tun, dem
Vergeltungsgedanken geschuldet, aus dem sich auch die
Entstehung der arbeitsteiligen Organisation menschlicher

Tätigkeiten rekonstruieren lasse. An der Natur zu arbeiten, um sie zu beherrschen, bedeute, es der Natur gleichzutun, weil diese das Leben der Menschen beherrsche.

Der Prozess der Herstellung jener Mittel, die geeignet sind, die Beherrschung der Natur zu ermöglichen, ist zugleich ein Prozess der Herstellung einer arbeitsteiligen Gesellschaft, in der dem Einzelnen die Verfügungsgewalt über das Ganze entzogen ist, weil ihm in einer arbeitsteiligen Gesellschaft auch die Produktionsmittel entzogen sind und - schlimmer noch - die Arbeit mit Maschinen die Menschen, die diese Maschinen bedienen, maschinenhaft macht, weil sich die Menschen in der Arbeit mit Maschinen diesen Maschinen angleichen, ihrem Rhythmus und ihren Produktionszyklen folgen. Mit anderen Worten: Die Aufklärung hat die Unmündigkeit des Menschen nicht überwunden, sondern sie erst begründet und verfestigt. Erst durch sie, die Aufklärung, wurde die Arbeit an der Natur zu einem Prozess der Entfremdung des Menschen von den Mitteln, die er zum Überleben braucht. Erst durch die Rationalisierungsprozesse wurde die menschliche Arbeit selbst zur Ware. Erst durch die Gleichschaltung mit den Produktionsmitteln wurde der Mensch zum Sklaven seiner eigenen Warenproduktion. Diese wurde im Zeitalter der Aufklärung entfesselt und zum gesellschaftlichen Selbstzweck gemacht, in dessen Folge der Warenfetischismus zum Religionsersatz wurde. Folgerichtig ist für Horkheimer und Adorno nicht nur der Verlust der Kultur eine Folge der industriellen Reproduktion („Kulturindustrie"), sondern die Durchrationalisierung aller Lebensprozesse entkontextualisiert auch das individuell erfahrene Unrecht. Das Leid, das durch die Arbeit im Dienste der Maschinen entsteht, wiederholt das Elend einer arbeitsteiligen Maschinenkultur, die ohne die viel beschworene angebliche Befreiung der Vernunft aus den Räumen traditionell geprägter Lebensformen nicht entstanden wäre.

Adorno und Horkheimer verwenden in diesem Zusammenhang immer wieder den Begriff des mimetischen Handelns. Mimetisch ist ein wiederholtes Handeln, das erfahrenes Unrecht durch dessen Rationalisierung zu überwinden sucht, obwohl es im Versuch seiner Überwindung nicht nur dieses Unrecht immer wieder wiederholt, sondern auch tradierte Kulturtechniken bestätigt. So deuten Horkheimer und Adorno sadistisches Handeln als Folge einer sich selbst instrumentalisierenden Vernunft, die ihre Selbstunterwerfung als Bestätigung ihres Souveränitätsanspruchs interpretiert. Letztlich sei auch die Zerstörung der Natur nur die Wiederholung eines Herrschaftsverhältnisses mit vertauschten Rollen: Was die Natur uns antut (Krankheit, Katastrophe, Tod), vergilt sie uns durch ihre erzwungene Unterwerfung und Beherrschung. Worauf es aber - so Adorno - in der Philosophie ankommt, ist der Versuch, ein Denken zu finden, das seine Begriffe nicht dazu benutzt, mit ihnen zu verwalten und gleichsam zu etikettieren, was als Teil einer so verwalteten Welt nur neues Unrecht hervorbringt.

Eine Diskursethik in der Tradition der Kritischen Theorie Adornos und Horkheimers stand also von Anfang an vor dem Problem, nicht jenes quasi mechanistische und reflexive Denken zu reproduzieren, dem ihre Kritik galt, um denjenigen, die sich in diesen Rationalisierungsprozessen von sich selbst entfremdet hatten, nun aber in ihre idealiter unversehrten Lebenswelten zurückfinden sollten, die

Kontrolle über das, was zu tun war, zurückzugeben. Kurz: Es ging vor allem darum, Universalisierungsansprüchen ethischer Normen kritisch zu begegnen, ohne Herrschaftsansprüche zu reproduzieren.

Kritik der instrumentellen Vernunft

Von „instrumenteller Vernunft" ist immer dann zu sprechen, wenn unser Denken ein Denken in Mittel-Zweck-Relationen ist, wenn also argumentativ etwas erreicht oder erreicht werden soll; gleichsam als sei die Vernunft ein Instrument unter anderen, dessen wir uns bedienen können, um ein Ziel zu erreichen, einen Zweck realisieren zu können.

Was aber ist so verwerflich an der Idee, Konzepte der Aufklärung für die Entwicklung demokratischer Gesellschaften zu nutzen oder die Vernunft einzusetzen, um die Natur für menschliche Zwecke zu nutzen? Was ist verwerflich daran, in Mittel-Zweck-Relationen zu denken? Auch wenn es vernünftig erscheint, politische Ziele zu kritisieren, die das rationale Denken für irrationale Zwecke missbrauchen, ist nicht leicht einzusehen, wie es jemals gelingen soll, unser Leben zu erhalten, ohne in Mittel-Zweck-Relationen zu denken.

Die Sophisten der Antike waren berühmt und berüchtigt für die Entwicklung von Argumenten zur Durchsetzung bestimmter Interessen. Sie waren vielleicht die ersten, die vernünftige Argumente für finanzielle Interessen nutzten und damit ihren Lebensunterhalt verdienten. Aber auch Wissenschaftler sind professionelle Denker und instrumentalisieren ihre eigene Vernunft für ihre Überlebensinteressen. Ist das ein Mangel oder gar ein Fehler?

Sollte eine Ethik Forderungen formulieren, die diese Instrumentalisierung der Vernunft verhindern helfen? So populär die Kritik am „instrumentellen Denken" in der Zeit der Studentenunruhen Ende der 1960er Jahre war, so unübersehbar ist andererseits die Unverzichtbarkeit eines Denkens in Mittel-Zweck-Relationen. Eine Vernunft, die nur sich selbst befragte und nicht in den Dienst menschlicher Zwecke gestellt würde, wäre gewiss keine menschliche Vernunft. Horkheimer, Adorno und andere Vertreter der Kritischen Theorie sahen aber offenbar die Gefahr, dass die Durchrationalisierung aller menschlichen Lebensbereiche, genauer: der Einfluss von Technik, Machtinteressen und Kapital, unsere Lebenswelten und das Erbe der Aufklärung massiv beschädigen könnte.

Hier liegt einer der Kerngedanken der Kritischen Theorie, in deren Zentrum das Ideal eines natürlichen und unversehrten Lebens steht. Angesichts der Bedrohung lebensweltlicher Ideale versucht die Theorie des kommunikativen Handelns das Gegenbild einer „natürlichen", von Macht- und Medieninteressen nicht bedrohten Lebenswelt zu entwerfen.

Lebenswelt und System

In einer intakten Lebenswelt ist Kommunikation kein Instrument zur Durchsetzung bestimmter Interessen, sondern ein zweckfreier Austausch von Argumenten, der kommunikativ, rational und konsensfähig genannt werden kann, weil er nicht im Verdacht steht, korrumpiert oder manipuliert zu sein. Mit anderen Worten: Kommunikation im Raum einer Lebenswelt ist der Versuch, unter idealen Bedingungen mit rationalen Argumenten zu überzeugen.

Habermas selbst spricht in diesem Zusammenhang vom „zwanglosen Zwang des besseren Arguments". Sprache und Verständigung verhalten sich für Habermas im „Urmodus des Sprechens", also im Rahmen einer lebensweltlichen Verständigung, jedoch „nicht wie Mittel und Zweck zueinander". Sprechen „dient" also keinem bestimmten Zweck, ist nicht „nützlich" oder zielgerichtet, sondern ist absichtslos gesellschaftsbildend. Sprache bildet und formt Gesellschaften durch die wechselseitige Anerkennung von Geltungsansprüchen vorgebrachter Argumente.

Der Begriff „Lebenswelt" wurde bereits von Philosophen wie Edmund Husserl oder Max Scheler verwendet. Ähnlich findet er sich bei Martin Heidegger und in der Variante des Begriffs „Lebensform" auch bei Ludwig Wittgenstein. Habermas gibt dem Begriff jedoch eine neue idealtypische Gestalt. Lebensweltliche Zusammenhänge zeichnen sich z.B. dadurch aus, dass sie uns nicht nur als selbstverständlich erscheinen, sondern dass sie den Inbegriff des Selbstverständlichen als etwas Unproblematisches, Hinnehmbares und Gegebenes voraussetzen. Eine lebensweltliche Gemeinschaft kommuniziert im Modus der Selbstverständlichkeit und reproduziert sich durch Verständigungsprozesse. Es ist nicht die Gesellschaft, die sich hier einer gleichsam vorgefundenen Sprache bedient und diese für ihre Zwecke einsetzt. Es ist die kommunikative Verständigung, die zur Gesellschaftsbildung führt und durch die sich diese Gesellschaft reproduziert. Kommunikation ermöglicht Gesellschaftsbildung, sie ist nicht deren Produkt. Lebenswelten beschreiben utopische Räume eines herrschaftsfreien Diskurses. Sie kennen keine Privilegien, keine Böswilligkeit, keinen Dissens. In ihren

Räumen sind Diskursergebnisse jederzeit revidierbar und alle Themen sind von Tabus befreit.

Solche lebensweltlichen Räume, wie immer man sie näher beschreiben mag, sind weit entfernt von jenen Lebenswelten, die uns z.B. die griechischen Tragödien vermitteln. Die Lebenswelten in den antiken Tragödien beschreiben häufig scheiternde Diskurse. Habermas' lebensweltliche Kommunikation findet dagegen nicht in Räumen misslingender Verständigung, pathologischen Verhaltens oder dilemmatischer Konflikte statt. Die Konstruktion gleichsam heilsgeschichtlicher Orte der Verständigung folgt bei Habermas aus einer Rekonstruktion idealtypischer Lebensgeschichten, die wohl das genaue Gegenteil einer Beschreibung realer Kommunikation unter Zeitdruck und Risiko darstellen.

Dieser Einwand ist Habermas natürlich bekannt. Dennoch gilt für die Verfechter der kommunikativen Verständigung, dass es nicht Aufgabe einer Kommunikationstheorie und Diskursethik ist, empirische Kommunikationsforschung zu betreiben, sondern jene Bedingungen theoretisch zu erfassen, die eine mit sich selbst versöhnte Gesellschaft und ihre Kommunikationspraxis beschreiben sollen. Ethik in der Form der Diskursethik ist für Habermas eine zukunftsorientierte Kommunikationstheorie für eine den Pathologien der Moderne ausgesetzte Gesellschaft, die sich einerseits ihrer lebensweltlichen Bedingungen besinnen soll, andererseits in einem System sozial verflochten bleiben muss, das zu ihrer fortgesetzten Selbstentfremdung beiträgt.

Wir begegnen hier einer Theorie des kommunikativen Handelns, in der eine Spaltung von Lebenswelt und System zu beschreiben ist, eine Spaltung von Basis und Überbau, von zweckfreier Verständigung und taktischer Instrumentalisierung der Sprache. Auf der Seite des Guten, um es etwas plakativer zu formulieren, finden wir jedenfalls nur eine Gemeinschaft vorreflexiver und unhinterfragter Gewissheiten, bedroht durch die kolonialistischen Ansprüche einer Gesellschaft (des „Systems"), bedroht vor allem auch durch die Zumutungen der Moderne. Aus der lebensweltlichen Perspektive birgt bereits der Verständigungsversuch mit dem „System" die Gefahr, ein Opfer der Pathologien der Moderne und ihrer Rationalisierungsprozesse[74] zu werden. Der Zusammenhang zwischen Ethik und Gesellschaft entscheidet sich hier, an der Schnittstelle zwischen System und Lebenswelt, zwischen objektiver, subjektiver und sozialer Welt. Die Lebenswelt ist gleichsam das Handlungszentrum dieser drei „Welten". Vernünftig ist in dieser Lebenswelt die erwähnte zwanglose symmetrische Kommunikation, unvernünftig aber sind alle Versuche, diese Lebenswelt an das System anzupassen, sie arbeitsteilig zu organisieren oder für die Durchsetzung politischer Ziele in den Dienst zu nehmen. Habermas überlässt den Begriff der Rationalisierung natürlich nicht jenen, die diesen Begriff und dessen Gebrauch in einer „verwalteten Welt" zu definieren vorgeben. Vernünftig ist für Habermas ein Diskurs *nur*, wenn wechselseitige

---

[74] Das Konzept einer in realen und idealtypischen Formen gleichsam verdoppelten Gesellschaft findet sich in theologischer Verwendung bereits bei Augustinus, darf also eine gewisse Bekanntheit voraussetzen, auf die Habermas aufbauen konnte, wenn auch mit dem Unterschied, das hier die Lebenswelt zur Basis idealer Kommunikation wird.

Geltungsansprüche in einem Verständigungsprozess intersubjektiv ausgehandelt und anerkannt werden. Dieser Verständigungsprozess ist gerade *nicht* zielgerichtet (TdkH Bd. 1, p. 525), sondern dient der durch gute Gründe motivierten „gegenseitigen Überzeugung".

Geltungsansprüche

Bleiben wir zunächst bei der Frage, was ein „gutes Argument" unter den genannten Bedingungen der Kritik des instrumentellen Denkens ist bzw. sein könnte. Offenbar ist ein Argument in dieser Theorie nur dann ein gutes Argument, wenn es nicht im Verdacht steht, die Interessen derer zu verletzen, die es vorbringen. Ein Argument ist auch dann ein gutes Argument, wenn es den „Geltungsanspruch" erfüllt, ein objektiv wahres Argument zu sein. Objektive Wahrheit ist aber nur einer von mehreren Geltungsansprüchen, die in einem nicht instrumentalisierten Diskurs erhoben werden. Wer aufrichtig und objektiv die Wahrheit sagt, liefert ein besseres Argument als derjenige, der nur die Wahrheit sagt, aber subjektiv nicht von ihr überzeugt ist. Subjektive Wahrhaftigkeit, oft auch als Authentizität bezeichnet, steht ebenfalls für einen Geltungsanspruch, dessen Realisierung nicht automatisch gelingen kann. Wir erwarten von einem Argument auch, dass es in Übereinstimmung mit bestehenden Konventionen vorgetragen wird. Die Übereinstimmung eines Arguments mit bestehenden Konventionen - Habermas spricht von „Richtigkeit" - ist nicht als opportunistisches Zugeständnis an beliebige gesellschaftliche Konventionen zu deuten, sondern versucht, einer intakten Lebenswelt gerecht zu werden.

Neben den genannten Geltungsansprüchen der objektiven Wahrheit eines Arguments, der subjektiven Wahrhaftigkeit und der normativen Richtigkeit (= Berücksichtigung von Konventionen) fordert Habermas auch den guten Willen der Diskurspartner, ihre sprachliche Verständlichkeit und die Erfüllung einer Reihe weiterer Rahmenbedingungen kommunikativer Verständigung. Bei den genannten Kommunikationsbedingungen ist allerdings nicht immer klar, ob sie als Vorbedingungen eines idealen Diskurses zu interpretieren sind oder ob sie gewissermaßen für die Ergebnisse eines gelungenen Diskurses, einer gelungenen kommunikativen Verständigung stehen. Für Habermas kommt es nicht darauf an, ob sich eine vollständige Liste aller offenen oder verdeckten Geltungsansprüche überhaupt erstellen ließe, sondern darauf, ob der ethische Diskurs ein Diskurs auf Augenhöhe ist. Alles, was geeignet ist, ein diskursives Ungleichgewicht zu erzeugen, muss zuvor aus dem Diskurs entfernt worden sein. Beispielsweise ist nicht zu erwarten, dass ein Mensch, der um die materielle Sicherung seines Überlebens kämpft, ein gleichwertiger Diskurspartner sein kann. Unterstellen wir aber, dass alle Geltungsansprüche der Kommunikationspartner erfüllt sind, dann wäre diese Form der Verständigung als „kommunikatives Handeln" zu beschreiben. Treffen wir dagegen weiterhin auf Diskursbeschränkungen, die sich aus dem Einfluss von Geld, Macht bzw. Wirtschaft, Politik und Verwaltung auf die Kommunikationsteilnehmer ergeben und deren Lebenswelten bereits „kolonialisiert" haben, dann haben wir es wiederum mit einem Fall strategischer Verständigung zu tun, also mit einer Fehlform des Diskurses, sozusagen seiner uneigentlichen Form.

Eine ideale Diskursethik kann nur dort gelingen, wo die erhobenen Geltungsansprüche nicht strategisch formuliert sind. Dies kann nur dort gelingen, wo rationale Argumente um ihrer selbst willen vorgetragen werden und die Sprecher/innen guten Willens sind, zudem nicht unter Zeitdruck stehen und auch sonst von allen Zwängen strategischen Argumentierens befreit sind.

Wer ein Argument vorbringt und für dieses einen Geltungsanspruch erhebt, erwartet nicht nur den guten Willen anderer, mit diesem Argument umzugehen, sondern er erwartet auch die Anerkennung seines Geltungsanspruchs. Im Kontext des lebensweltlichen Argumentierens ist darüber hinaus zu erwarten, dass unser sprachliches Handeln nicht durch unser Wissen über zukünftige Ereignisse beeinflusst wird. Wir kennen unsere Zukunft nicht und in der Regel auch nicht den Zeitpunkt unseres Todes. Wäre uns dies nicht verborgen, würde unser prognostisches Wissen unter Umständen auch unsere Kommunikation massiv beeinflussen. Mit anderen Worten: Wer ein Argument vorbringt, verbindet damit nicht nur offene Geltungsansprüche, sondern auch verborgene Geltungsbedingungen, etwa den „Schleier des Nichtwissens" über unsere zukünftigen Chancen in der Gesellschaft. Nichtwissen" schützt uns auch vor instrumentellem Denken. (Auf dieses Problem hat z.B. J. Rawls hingewiesen). Diese im Diskurs entstehenden Voraussetzungen bzw. Geltungsbedingungen lassen sich nicht erzwingen oder durch strategisches Denken in Gang setzen. Ein gelingender Diskurs ist immer nur ein Beispiel für einen kommunikativen Glücksfall der Verständigung.

Gelingende Kommunikation

Was können die Diskursteilnehmer/innen tun, um ein gelingendes kommunikatives Gespräch herbeizuführen, wenn dieses nur ein Glücksfall zu sein scheint? Die Teilnehmer/innen an einem Diskurs können zumindest dafür Sorge tragen, dass die Voraussetzungen gegeben sind, die diesen kommunikativen Glücksfall ermöglichen. Oder - um einen Vergleich zu bemühen: Nur wer an einem Spiel teilnimmt und sich an die Spielregeln hält, kann dieses Spiel mit anderen Mitspielern spielen. Niemand kann sein Glück erzwingen, aber es muss auch nicht das Ziel eines Spiels sein, es zu gewinnen. Gesellschaftsspiele werden oft nur gespielt, um miteinander zu kommunizieren. Die Voraussetzungen, ein Spiel mit anderen zu spielen, können also gezielt geschaffen werden, unabhängig davon, wer das Spiel gewinnt. Übertragen auf die Frage, unter welchen Voraussetzungen ein Diskurs gelingen kann, lässt sich zumindest eine positive Antwort geben: Ein Diskurs kann gelingen, wenn alle Maßnahmen ergriffen wurden, die es ermöglichen, ein Gespräch zu führen, das den genannten Voraussetzungen entspricht. Ob dieses Gespräch stattfindet oder ob ein Diskurs gelingt, ist damit noch nicht entschieden. Jedenfalls sollte die Wahrscheinlichkeit des Gelingens einer kommunikativen Verständigung deutlich höher sein als die eines reinen Glücksfalls, denn sonst wäre die Theorie des kommunikativen Handelns eine Theorie des Glücksspiels. Dass sich aus dieser Überlegung neue Fragen und Probleme ergeben, kann hier wiederum nur angedeutet, aber nicht weiter behandelt werden.

Erinnern wir uns an dieser Stelle an die Form der sokratischen Gespräche und an die in diesen Gesprächen erhobenen Geltungsansprüche objektiver Wahrheit, authentischer Verständigung und normativer Richtigkeit (der Übereinstimmung eines Arguments mit den Sitten und Gebräuchen). Auf den ersten Blick scheint Habermas die uns bekannten Elemente der sokratischen Methode aufzugreifen, doch bei näherer Betrachtung unterscheiden sich sokratische Gespräche deutlich von Gesprächen im Rahmen der Theorie des kommunikativen Handelns. So spielt beispielsweise die Frage des strategischen Argumentierens in sokratischen Gesprächen eine ganz andere Rolle und erfährt eine andere Bewertung als in einem Habermasschen Diskurs. Sokrates versuchte, seine Gesprächspartner auch mit rhetorischen Mitteln zu einer bestimmten Lebensführung zu überreden, sie sozusagen zu einer bestimmten Sichtweise ihres Lebens zu verführen. Rhetorik ist bei Sokrates - wie überhaupt in der Antike - ein Instrument der Argumentation, auf das zu verzichten höchst unklug wäre. Im Rahmen der Diskursethik hingegen ist Rhetorik nicht nur verzichtbar, sondern wird als instrumentelles Denken generell abgelehnt. Nicht durch Rhetorik sollen wir in der Ethik überzeugen, sondern durch die Kraft der Argumente[75]. Vor allem aber finden wir – zumindest in den frühen sokratischen Dialogen – Gesprächstechniken, die Habermas nicht als kommunikativ

---

75   Der Begriff der „argumentativen Kraft" ist ein Begriff aus dem Repertoire auch der Rhetorik und nicht nur aus jenem der Logik. Wie ein Argument „Kraft" entfalten könnte, wenn ihm jeder rhetorische Schwung fehlte, sei dahingestellt.

374

betrachtet, nämlich den Abbruch eines Gespräches, dessen zeitlich unbestimmt verschobene Wiederholung oder auch das Phänomen der Sprachlosigkeit und des fruchtbaren Nichtwissens, das zu neuen Fragen und Antworten führt. Wenn wir davon ausgehen, dass diese Gespräche in nicht-kolonialisierten Lebenswelten der Philosophen der griechischen Antike geführt wurden, dann ist es umso erstaunlicher, dass in diesen Gesprächen ein Diskurs gelegentlich einfach vertagt, abgebrochen oder überhaupt auf vernünftige Weise beendet werden konnte. Dennoch begegnen uns auch in den sokratischen Diskursen Formen kreativer Verständigung, sei es in der Gestalt eines Dissenses, eines produktiven Schweigens oder in den Widersprüchen der Beschreibung eines Handlungsdilemmas (→ Ethik der Stoiker). Derlei Kommunikationsformen nimmt Habermas jedoch nicht näher in den Blick, denn ihm dient die Diskursethik der „Idee der Versöhnung und Freiheit" und der Herstellung symmetrischer Kommunikationsbeziehungen; sie wurde aber nicht konzipiert, um die heuristische Kraft eines Dissenses zu begründen.

Es ist allerdings fraglich, ob ein solcher idealtypischer Ort kommunikativer Verständigung überhaupt zu finden wäre. Letzteres ist keine Kritik an den Prozessen kommunikativer Verständigung, sofern diese ohnehin nur unter idealisierten Bedingungen zu denken wäre; aber es zeichnet sich hier ein Problem der Voraussetzungsbedingungen idealisierter Diskurse ab. Gespräche, die zwar unter idealen Bedingungen gelingen können, unter realen Bedingungen aber scheitern, begründen möglicherweise eine Ethik, die zwar gedacht, nicht aber gelebt werden kann. Üblicherweise wird eine solche

Ethik als Gesinnungsethik bezeichnet, nicht aber als Diskursethik.

Diskurs und Kategorischer Imperativ

Habermas erhebt den Anspruch, mit seiner Diskursethik eine Theorie formuliert zu haben, die wesentliche Schwächen der Kantischen Ethik vermeidet. Kants Ethik sei keine Konsensethik und verlange keine Form der Zustimmung zu einer Handlungsabsicht. Für Habermas unterliegt Kant einem abstrakten Fehlschluss, wenn er meint, aus bloßen Verallgemeinerungen der eigenen Handlungsabsicht entweder die Zustimmung anderer Subjekte konstruieren zu können, oder wenn er die tatsächliche Zustimmung anderer Personen zu seiner Handlungsabsicht für irrelevant hält. Es waren aber - so könnte man an dieser Stelle einwenden - durchaus rationale Gründe, die Kant dazu veranlassten, Fragen der Ethik nicht zu erörtern, denn auch Fragen der Physik oder der Mathematik sind für Kant letztlich nicht diskursfähig. Die Gründe für den Verzicht auf Konsensverfahren lassen sich besser verstehen, wenn man einen mathematischen Beweis oder ein physikalisches Gesetz (für Kant war dies die Newtonsche Mechanik) als eine Theorie betrachtet, deren Funktionsweise mit der eines Gesellschaftsspiels verglichen werden kann. Der Philosoph Ludwig Wittgenstein hat dieses spieltheoretische Konzept des Funktionierens einer Theorie näher untersucht, und auch für Wittgenstein ist es - ähnlich wie für Kant - keine rationale Handlungspraxis, das Funktionieren eines bestimmten Spiels innerhalb des Spielgeschehens überprüfen zu wollen. Was sollte es auch bedeuten, etwa die Regeln des Schachspiels intersubjektiv zur Diskussion stellen zu wollen? Sicherlich lassen sich für jedes Spiel Varianten entwickeln, in denen die Anzahl der Figuren oder die Form und Anordnung der Spielfelder verändert werden. Auch Schachvarianten können durchaus das kreative Produkt unzähliger Diskussionen unter Freunden des Schachspiels sein; aber auch in diesen Fällen können die Regeln dieser Spiele in jedem Einzelfall befolgt oder nicht befolgt werden. Es kann sein, dass sie nicht befolgt werden, weil ein Spieler die Schachvarianten verwechselt. In diesem Fall wird ihm wahrscheinlich gesagt, dass er eine andere Schachvariante spielen soll, wenn er mit der gegebenen Variante nicht einverstanden ist. Eine Diskussion über die Regeln eines Spiels kann zu einem anderen Spiel führen, aber nicht dazu, die Regeln eines Spiels außer Kraft zu setzen. Ein Spiel nicht zu spielen oder dieses Spiel anders spielen zu wollen, setzt die Regeln des Spiels voraus, die abgelehnt oder geändert werden sollen.

Um mit Kant zu sprechen: Die Regeln, die uns eine Theorie der Ethik zur Verfügung stellt, mögen strittig sein, aber eine Diskussion über diese Regeln kann nur dazu führen, dass wir sie durch andere Regeln ersetzen, also ein anderes Spiel spielen. Bis zu diesem Punkt dürften sich Freunde und Feinde der Pflichtethik Kants in ihrer Interpretation seiner Ethik vermutlich einig sein. Worin sie sich nicht mehr mit Sicherheit einig sind, ist die Einschätzung der Antworten auf die Frage, ob alternative Formen der Rationalität möglich sind. Gehen wir davon aus, dass sich alle Menschen prinzipiell rational verhalten wollen. Nehmen wir weiter an, dass die menschliche Vernunft ungeteilt und nur eine ist. Wäre es unter diesen Voraussetzungen sinnvoll, von der Möglichkeit einer alternativen Logik, Mathematik oder Naturwissenschaft zu sprechen? Nicht nur Wissenschaft und Logik, auch die Ethik beruft sich auf universelle Regeln. Bisher ist es nicht gelungen, eine alternative Logik oder Mathematik zu entwickeln, die z.b. mit eingeschlossenen Widersprüchen arbeitet. Aufgrund dieser Erfahrung kann man also nicht sagen, dass Regelsysteme einander widersprechen können. Ob wir universelle ethische Normensysteme in Frage stellen können, wenn es um die Bandbreite menschlichen Verhaltens geht, scheint eine andere Frage zu sein, als wenn wir uns z.b. mit Mathematik und mathematischen Regeln beschäftigen. Ethik scheint anders zu funktionieren als Mathematik. Diese mögliche Einschränkung können wir jederzeit einräumen, aber sie trifft nicht den Kern des Problems, das hier verhandelt wird. Im Kern geht es nicht um den Unterschied zwischen einer weichen und einer harten Handlungslogik. Im Kern geht es bei der Frage nach der Verallgemeinerbarkeit einer Handlungsregel vielmehr um die Frage, ob eine Handlungsregel diskursiv verhandelbar ist. Da Abstimmungen a priori keine Widerspruchsfreiheit garantieren können, verzichtet Kant auf das Instrument der Abstimmung. Nicht nur Kant verzichtet auf Abstimmungen, auch über die Axiome der Logik oder die Grundlagen der Zahlentheorie wird nicht abgestimmt.

Wenn eine Handlungsregel als allgemeingültig gilt, dann schränkt schon der Versuch, über sie abstimmen zu wollen, ihre Allgemeingültigkeit ein. Wir können zwar darüber abstimmen, welches räumlich und zeitlich regionale Regelsystem einer Handlung wir zur Anwendung bringen, aber wir können nicht über die Anwendbarkeit universeller Regeln abstimmen, weil dies ihre Universalität von vornherein, nämlich schon in der Absicht, über sie abstimmen zu wollen, verletzen würde. Auf die Frage, warum wir aus logischen Gründen nicht über Handlungsabsichten abstimmen können, wäre aus der Sicht eines Anhängers der Kantischen Ethik zu antworten, dass die Verallgemeinerung einer Handlungsabsicht in Form einer universellen Handlungsregel nicht gelingen kann, wenn diese Handlungsregel jederzeit und nach Belieben der Diskursteilnehmer durch andere Handlungsregeln eingeschränkt, erweitert, widerrufen oder ganz ersetzt werden könnte.

Nun ließe sich natürlich mit guten Gründen gegen die Prämissen der Kantischen Ethik einwenden, dass der Versuch, eine Handlungsabsicht in Form einer universellen Handlungsregel über alle Zeiten, ja über alle möglichen Welten hinweg zu verallgemeinern, unsinnig ist, weil unter endlichen Lebewesen auch zeitlich und räumlich begrenzte Verallgemeinerungen ihren Zweck erfüllen würden. Ein Handlungsgebot könnte - wie zur Zeit der alten Griechen - auch im Kontext einer überschaubaren Gemeinschaft, an einem Ort und zu einer bestimmten Zeit Geltung beanspruchen. Wenn wir aber eine solche Relativierung der Geltungsreichweite eines Handlungsimperativs zulassen, können wir die von Habermas geforderten Universalisierungen in Geltungsansprüchen nicht begründen, weil diese nur durch zufällige Gesprächskonstellationen einlösbar wären, also gerade keine universelle Geltung beanspruchen könnten. Es wäre auch nicht möglich, eine Abstimmung über Geltungsansprüche in Gang zu setzen, da zu keinem Zeitpunkt feststeht, wann ein universeller Geltungsanspruch tatsächlich im Konsens erreicht wurde, zumal eine Liste möglicher und berechtigter

Diskursteilnehmer als offene Liste ohnehin nicht abschließbar wäre. Kants Vorschlag, universelle Handlungsregeln nur an das Merkmal ihrer Widerspruchsfreiheit und an die Übereinstimmung mit einem guten Willen zu binden, erscheint durchaus schlüssig, wenn wir ihn mit den zahlreichen und in ihrer Vielfalt unbestimmt bleibenden Voraussetzungen für die Durchsetzung von Geltungsansprüchen im Rahmen der hier diskutierten Diskurstheorie vergleichen.

Geltungsansprüche

Bleiben wir noch einen Moment bei diesen Rahmenbedingungen für das Gelingen diskursiver Verständigung. Habermas fordert neben dem schon erwähnten „guten Willen" eines Akteurs auch andere universelle Voraussetzungsbedingungen rationaler Geltungsansprüche, nämlich in der Beschreibung jener Handlungsszenarien, auf deren Grundlage Geltungsansprüche kontextbezogen formulierbar werden, nämlich

- die Verständlichkeit der Sprecher/innen
- die objektive Wahrheit einer Aussage, auf die sich Geltungsansprüche stützen
- die subjektive Wahrhaftigkeit einer Aussage
- die normative Richtigkeit der Beschreibung einer Situation
- die Zwanglosigkeit im Diskurs
- die Revidierbarkeit aller Diskursbeiträge
- die zeitlich unbegrenzte und stressbefreite Verhandelbarkeit einer Frage

- die politische Nichtinstrumentalisierung aller verhandelten Fragen
- die formale Widerspruchsfreiheit eines Konsenses
- den Verzicht auf Rhetorik und Propaganda
- den Verzicht auf Allianzen und Kompromisse
- die Berücksichtigung eines Schleiers des Nichtwissens, um Verzerrungen der chancengleichen Voraussetzung in der Argumentation zu verhindern

Diese Liste ist unvollständig, zeigt aber auch in dieser Form, dass die in Geltungsansprüchen artikulierten Voraussetzungsbedingungen eines rationalen Diskurses weit über die von Kant geforderten Voraussetzungsbedingungen („guter Wille", „Widerspruchsfreiheit") hinausgehen. Habermas lässt - aus guten Gründen - nicht die Bereitschaft erkennen, diese universalisierten Geltungsansprüche zu diskutieren oder darüber abzustimmen, denn jeder Diskurs über diese Geltungsansprüche setzt deren universelle Geltung bereits voraus, ist also zirkulär verfasst und wäre dadurch selbstreflexiv-idealistisch begründet. Habermas ist bemüht, genau solche selbstbezüglichen Begründungsformen zu vermeiden.

Leider ist nicht zu erkennen, wie umfangreich diese Liste von stets vorauszusetzenden Geltungsansprüchen tatsächlich ist oder sein könnte. Beispielsweise hat Axel Honneth zu Recht darauf verwiesen, dass in diesen Listen das Moment der wechselseitigen Anerkennung von Geltungsansprüchen fehle, denn auch „Anerkennung" wird in einem Diskurs wechselseitiger Geltungsansprüche vorausgesetzt. Noch deutlicher wird dieses Problem der ständigen und erweiterten Neueinführung universeller Geltungsansprüche,

wenn von den zukünftigen Bedürfnissen der
Gesprächspartner/innen die Rede ist. Letzteres finden wir z.b.
bei Karl-Otto Apel, der eine diskurstheoretische Variante des
Kategorischen Imperativs formulierte:

> „Handle nur aufgrund einer Maxime, von der du,
> aufgrund realer Verständigung mit den Betroffenen
> [...] unterstellen kannst, dass die Folgen und
> Nebenwirkungen, die sich aus ihrer allgemeinen
> Befolgung für die Befriedigung der Interessen eines
> jeden einzelnen Betroffenen voraussichtlich ergeben,
> in einem realen Diskurs von allen Betroffenen
> zwanglos akzeptiert werden können.[76]"

Es ist fraglich, in welchem Umfang diese Neufassung
substanziell etwas zur Lösung des oben genannten
Universalisierungsproblems beiträgt, denn die
Berücksichtigung der voraussichtlichen Folgen und
Nebenwirkungen einer Handlung macht einen Konsens
zusätzlich zu allen bereits genannten
Voraussetzungsbedingungen auch von unwägbaren Faktoren
abhängig; Faktoren, die schon aufgrund ihrer ungeklärten
Eintrittswahrscheinlichkeit dem Diskurs entzogen sind.
Kant forderte nur zwei Universalisierungsbedingungen einer
Handlungsabsicht: ihre Widerspruchsfreiheit im Falle einer
fiktiven Universalisierung nach dem Muster eines
Naturgesetzes, und einen guten Willen, durch den diese

---

76   Apel, Karl-Otto (1988) Diskurs und Verantwortung. Das
      Problem des Übergangs zur postkonventionellen Moral, p.
      123, Frankfurt am Main.

Handlungsabsicht in jedem Falle motiviert sein *kann*.
Habermas hingegen fordert eine deutlich größere Anzahl an
Universalisierungsbedingungen eines Argumentes in Form
von universellen Geltungsansprüchen.

Es ist in einer Einführung nicht sinnvoll, die Diskussion dieser
Probleme weiter zu verfolgen. Es dürfte aber deutlich
geworden sein, dass sich das Problem der Universalisierung
einer Handlungsabsicht, sei es in Form von
Geltungsansprüchen im Diskurs oder sei es in Form einer
universalisierten Handlungsmaxime wiederholt. Eine
Diskursethik kann nicht nur nicht jene Probleme vermeiden,
die schon in Kants unterschiedlichen Fassungen des
kategorischen Imperativs sichtbar wurden, sie hat es auch
unterlassen, praxistaugliche Modelle ihrer Anwendbarkeit an
alltäglichen Beispielen kommunikativen Handelns
durchzuspielen.

Stärken der Diskursethik

Ethik, in der Form der Diskursethik, ist für Habermas eine auf
die Zukunft ausgerichtete Kommunikationstheorie für eine
den Pathologien der Moderne ausgesetzte Gesellschaft, die
sich einerseits ihrer Lebenswelt-Bedingungen besinnen soll,
andererseits in ein System gesellschaftlich verwoben bleiben
muss, das zur ihrer fortgesetzten Selbstentfremdung beiträgt

- Habermas Versuch, soziologische, philosophische,
  religionswissenschaftliche, anthropologische und
  lebensweltliche Formen der Rationalität zu
  verbinden, war neu.

- Die *Theorie des kommunikativen Handelns* berücksichtigt unterschiedliche wahrheitstheoretische Begründungen vorgebrachter Argumente und behandelt diese im Rahmen einer neuen Wahrheitstheorie, der „Diskurstheorie der Wahrheit".
- „Vernünftig" ist für Habermas der Prozess der Vergesellschaftung von Geltungsansprüchen durch zwanglose symmetrische Kommunikation. Mit dieser These war Habermas einer der ersten, der eine Theorie der Kommunikation jenseits der Mittel-Zweck-Rationalität sprachlicher Verständigung entwarf.
- Habermas verbindet die diskursiven Geltungsansprüche der objektiven Wahrheit, subjektiven Wahrhaftigkeit und normativen Richtigkeit auf der Basis lebensweltlich unproblematischer und nicht erfolgsorientierter Handlungspraxis.

Schwächen der Diskursethik

- Die Geltungsansprüche einer Diskursethik lassen sich niemals vollständig einlösen, nämlich die Geltungsansprüche der
  - objektiven Wahrheit einer Aussage, auf die sich Geltungsansprüche stützen
  - subjektiven Wahrhaftigkeit der Aussage
  - normativen Richtigkeit der Beschreibung einer Situation
  - der Zwanglosigkeit im Diskurs

384

- der Revidierbarkeit aller Diskursbeiträge
- der zeitlich unbegrenzten und stressbefreiten Verhandelbarkeit einer Frage
- der politischen Nichtinstrumentalisierung aller verhandelten Fragen
- der formalen Widerspruchsfreiheit eines Konsenses
- des Verzichts auf Rhetorik und Propaganda
- des Verzichts auf Allianzen, Kompromisse und andere taktische Argumentationsstrategien

- Habermas Begriff der Lebenswelt steht für ein archaisches Ideal einer von den Zumutungen der Moderne befreiten Kommunikation. Das Problem ist, dass wir in seinem Werk kaum Beispiele für diesen Naturzustand lebensweltlicher Kommunikation finden. Ähnlich wie bereits Rousseau, steht auch Habermas vor dem Problem, einen lebensweltlichen Naturzustand ungetrübter Verständigung beschreiben zu wollen, für den die uns die Kulturgeschichte keine Beispiele bietet.

- Das Scheitern einer idealtypischen Kommunikation lehrt uns, das Phänomen des Dissenses nicht als kommunikativen „Betriebsunfall" einzuschätzen, sondern diesen als treibendes Moment, gleichsam als Motor einer stets zu erneuernden Kommunikation zu deuten. Wenn sich überhaupt ein „Grabenbruch" auf den Theorie-Landkarten der Frankfurter Schule und ihrer Vertreter finden lässt, dann läuft dieser entlang der Frage, welche gesellschaftsbildende Funktion der

Dissens in unser kommunikativen Verständigung hat. Kein anderer Vertreter der Frankfurter Schule, abgesehen von Habermas, hat je von einem „Dissens-Risiko" gesprochen.

Praktische Bedeutung der Diskursethik

Habermas bietet für das bekannte Problem Kants, nämlich eine mögliche Verallgemeinerung des eigenen Handlungsgrundsatzes einfach zu unterstellen, statt diese Verallgemeinerung kritisch und diskursiv zu prüfen, eine – zumindest dem Anschein nach – einfache Lösung: Wenn wir die Menschen befragen, ob sie bereit sind, unsere Handlungsabsichten anzuerkennen, dann können wir feststellen, ob ein Konsens gelungen ist. Letzteres wäre eigentlich eine Aufgabe der empirischen Soziologie oder Kommunikationsforschung, aber Habermas ist natürlich bekannt, dass eine solche Umfrage niemals wirklich vollzogen werden kann, weil noch nicht einmal der Anfang oder das Ende eines Diskurses verordnet werden darf.
Das erwähnte Paradoxon, dass wir über Diskurse nicht abstimmen können, ohne Diskurse vorauszusetzen, beschränkt von vornherein die Möglichkeit einer widerspruchsfreien Universalisierung von Geltungsansprüchen.
Dennoch steht die von Habermas versuchte Verallgemeinerung von Geltungsansprüchen für ein interessantes Gedankenexperiment. Jemand der einen Satz wie den folgenden äußert „Ich möchte, dass dies und das geschieht" fordert nicht nur die Anerkennung seines Wunsches, sondern auch die Klärung der persönlichen,

mündlichen, schriftlichen oder visuellen Mitteilungsform der Kommunikation dieses Wunsches. Anders gesagt: Der von Habermas angestrebte universelle Diskurs zerfällt, bei näherer Betrachtung, in eine Vielzahl höchst unterschiedlicher Mediendiskurse. Hier wäre ein Diskurs-Universum zu erforschen, dessen Bedeutung für die praktische Ethik zwar nicht unmittelbar erkennbar wird, weil noch nicht einmal verlässlich zu klären ist, wie ein realisierbarer Konsens unter den Bedingungen von Zeitdruck, Risiko und Stress herzustellen wäre. Doch an genau diesem Punkt erweisen sich Habermas Ausführungen über Ethik-Diskurse als hilfreich, denn der „zwanglose Zwang zum besseren Argument" zeigt sich – wie schon bei Sokrates – als ein Tun und Handeln, das in seinen vielfältigen Ausformungen für etwas Gutes stehen kann, auch jenseits jeder Garantie, dieses Gute auch tatsächlich zu finden. Ein Zwang zum besseren Argument ist immer auch ein Zwang zum Dissens und genau dieses Thema verbleibt gewissermaßen im Schatten lebensweltlicher Diskurse. Dennoch eignet sich die *Theorie des kommunikativen Handelns* als methodischer Versuch, in Rede und Gegenrede zu erforschen, *wie etwas zu beschreiben oder näher zu bestimmen ist, auch wenn kein Konsens in Sicht ist.* Das nämlich charakterisiert den *Normalfall* unserer Verständigung, innerhalb und außerhalb lebensweltlicher Kontexte.

Lernziele

- Funktionsweise der Diskursethik im Rahmen der „Theorie des kommunikativen Handelns" (TdkH)

Übungen

- Nennen Sie einige zentrale Thesen, die Adorno und Horkheimer in ihrem Buch „Dialektik der Aufklärung" vertreten
- Was ist unter „instrumenteller Vernunft" zu verstehen?
- Was unterscheidet strategische und kommunikative Verständigung?
- Nennen Sie Beispiele für Geltungsansprüche in der *Theorie des kommunikativen Handelns*
- Erläutern Sie die System/Lebenswelt-Differenzen in der TdkH
- Sind Absprachen, Allianzen oder Mehrheitsmeinungen in idealen Diskursen vorgesehen?
- Was unterscheidet eine Korrespondenztheorie der Wahrheit von einer Diskurstheorie der Wahrheit?

Literatur

- Jürgen Habermas (Campus Einführungen), von Walter Reese-Schäfer, 197 Seiten, Verlag: Campus
- Jürgen Habermas zur Einführung, von Mattias Iser und David Strecker, 224 Seiten, Verlag: Junius
- Jürgen Habermas: Eine Einführung (Philosophie kompakt), von Detlef Horster, 112 Seiten, Verlag: Wissenschaftliche Buchgesellschaft (WBG)

.